山海相生

——思明·临夏教育协作录

颜跃喜　方勇财　主编

厦门大学出版社 XIAMEN UNIVERSITY PRESS
国家一级出版社
全国百佳图书出版单位

图书在版编目(CIP)数据

山海相生:思明·临夏教育协作录/颜跃喜,方勇财主编.—厦门:厦门大学出版社,2020.10

ISBN 978-7-5615-7894-0

Ⅰ.①山… Ⅱ.①颜…②方… Ⅲ.①教育—扶贫—文集 Ⅳ.①G52-53

中国版本图书馆 CIP 数据核字(2020)第 176881 号

出 版 人 郑文礼
责任编辑 高 健
封面设计 李嘉彬
技术编辑 朱 楷

出版发行 厦门大学出版社
社 址 厦门市软件园二期望海路 39 号
邮政编码 361008
总 机 0592-2181111 0592-2181406(传真)
营销中心 0592-2184458 0592-2181365
网 址 http://www.xmupress.com
邮 箱 xmup@xmupress.com
印 刷 厦门市竞成印刷有限公司

开本 787 mm×1 092 mm 1/16
印张 19
字数 388 千字
版次 2020 年 10 月第 1 版
印次 2020 年 10 月第 1 次印刷
定价 136.00 元

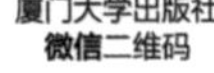

厦门大学出版社
微信二维码

厦门大学出版社
微博二维码

序　言

山海的呼唤，帮扶的深情

正如在鼓浪屿看白鹭碧浪翻飞的我们想倾听古河州的“花儿”是如何在沟壑间纵横萦绕一般，大海也是高原的梦中佳人，彼此都是心之向往的远方。习总书记对贫困地区群众的殷殷牵挂，党中央“到2020年全面建成小康社会”的庄严承诺，让厦门和临夏这两座东西部城市，跨越了万水千山，牵了手、结了亲。

“临夏”——我们思明教育人默念着这陌生而亲切的名字，背起行囊，带着情怀，带着使命，也带着希望，飞奔而去。这里，黄河亘古流淌，高山静默守望。曾经的古丝绸之路南道重镇历经千年风霜，扑面而来的是漫无边际的黄色，以及那像是用刀子划刻出的沟壑，让人在心生苍凉的同时，对党中央的英明举措和大爱情怀不禁肃然起敬，对党中央的精准扶贫政策也有了更深的理解。

“扶贫必扶智，治贫先治愚”。“志”“智”双缺，正是导致贫穷落后的根源。扶贫当治本，在这一过程中，教育责无旁贷地成为治本的力量源泉，被赋予了“阻断贫困代际传递”的使命。我们知道，贫困家庭只要有一个孩子考上大学，毕业后就可以带动整个家庭脱贫；贫困地区只要有了文化和知识，发展就有了希望。

我也到过临夏州，看望了我们的帮扶老师，感受了教育帮扶的生活。我们思明的帮扶老师深知肩上担子之沉，更知高质量的教育扶贫是提升贫困群众“造血”能力的重要抓手。他们牢记“授之以鱼，不如授之以渔”，努力提升教育扶贫的辐射面。不仅创设活动立学生之志，言传身教授老师之法，还积极参与扶贫车间职工“周末学堂”，向少数民族农村妇女传授文化、卫生、安全、生活等方面的知识，激发她们内在的动力，欢快地奔向小康。古河州的大地上，写满了我们思明教育工作者帮扶事迹的深情。

同时，我们思明还张开双臂，将远方的教育同行拥入怀中，再热情地挽起他们的手臂，将他们请进思明的教育天地。这番亲历，如化雨的春风，启发了临夏教师教学的智慧以及对未来的希望。

如今，我们欣喜地看到，山海携手相生的美好，已如凤凰花般热烈娇艳，又如河州牡丹那样端庄大气。

我们思明区的帮扶教师，这些新时代最可爱的人，用青春年华书写了一篇篇感人至深的文章，汇集成这本书，这是一份沉甸甸的收获。我们可以追随老师的帮扶日志，触摸他们的欣喜与感动；可以在老师的文字里，听到他们伴着黄河的轻淌，诉说高原的梦想，还分明听到，在高原的皓月下，传来“临夏孩子一点不差”的感慨……

“海岳殊途同月圆，思明临夏手相牵。鹭飞千里花香艳，守望帮扶又一年。”所有往日时光中的那些动人的故事，都已珍藏在书中。它们正向你我，徐徐地、徐徐地展开……

中共厦门市思明区委教育工委书记
厦门市思明区教育局局长　**方勇财**

2020年7月17日

目 录

第一篇　遇见临夏

第二篇　支教往事

第三篇 感恩厦门

第四篇　夏天的回响

第一篇

遇见临夏

东西协作共筑梦，教育帮扶谱新篇

——思明区政府许霖副区长带队赴临夏开展教育对口帮扶活动

黄益冬

“六月花香满临夏，不只牡丹领群芳。”2020年6月4—7日，思明区政府许霖副区长，区委教育工委书记、区教育局方勇财局长一行，赴临夏州调研教育对口帮扶工作进展情况，并在临夏市、临夏县举行名师送教、物资捐赠、走访结对学校等活动。

深入调研座谈暖人心

6月5日，许霖副区长、方勇财局长一行来到临夏县调研教育对口帮扶开展情况，先后来到刁祁镇石家河中心小学、临夏县思明幼儿园、韩集镇双城中心小学，详细了解学校办学规模、师资配备、教育教学管理等方面情况，并听取了学校负责人的相关汇报。在随后召开的座谈会上，听取了临夏县教育扶贫工作基本情况介绍后，两地教育部门围绕教育对口帮扶及教育教学管理等当前教育重点、热点工作进行交流。临夏县委常委、副县长苏智峰和县委常委、宣传部部长王有华陪同调研。

6月6日上午，许霖副区长、方勇财局长一行来到临夏市开展教育对口帮扶活动，走访单子庄思明小学、建国小学，并召开座谈会，临夏市副市长康鹏、市教育局负责同志及思明区送教教师参加活动。

座谈会上，许霖副区长对三年来思明—临夏两地的支教、送教以及跟教、跟学工作取得的成效给予充分肯定，对对口帮扶的计划性、针对性、深入性表示赞赏。她强调，思明区支教教师一定要发挥自己特长优势，助力“美丽临夏”的繁荣发展；思明区教育系统要充分利用自身优质教育资源，从硬件投入、资金扶持、技能培训、线上资源共享等方面对口帮扶临夏结对学校。

思明区教育局方勇财局长表示，思明区教育局将根据计划，按照“按需帮扶”的原则，加强与临夏教育教学、常规管理、教研教改和师资培训等方面的交流，不断将优质资源和先进理念进行辐射，促进临夏教育均衡发展。

爱心捐赠图书显真情

帮扶丹心化雨露，滋润桃李细无声。为了促进东西之间教育帮扶事业的全方位合

2020年6月5日，思明区许霖副区长，区教育工委书记、教育局方勇财局长一行到韩集镇双城中心小学调研

在临夏县韩集镇双城中心小学与当地领导和支教老师代表合影

到临夏县思明幼儿园调研

2020 年 6 月 5 日，思明区许霖副区长，区教育工委书记、教育局方勇财局长一行参与临夏县教育扶贫工作座谈会，临夏县委常委、县长苏智峰发言

作，思明区教育局携手招商银行厦门分行开展“情系临夏，爱心传递”教育对口帮扶图书捐赠活动。

此次帮扶之行，思明区教育局携手招商银行厦门分行为临夏市、临夏县的师生们带来了合计 30 万元的图书，并分别于 6 月 5 日、6 日举行了简单又温馨的捐赠仪式。

思明区教育局携手招商银行厦门分行为临夏县师生捐赠图书

名师送教促成长

教书千秋伟业，育人万世丰功。教师的专业成长直接决定学校教育的发展。6 月 5 日和 6 日早上，省名师培养对象、省学科带头人、思明区教师进修学校郑志生校长以及省学科带头人、市专家型教师、厦门第二实验小学吕珈臻副校长，分别在临夏县韩集中

学和临夏市实验小学，为全县、全市中小学校长及教师代表进行题为“新时代背景下的教师专业发展”和“在学生心中种下阅读的种子”的专题讲座，受到校长和老师们的一致好评。

2020年6月6日，思明区许霖副区长，区教育工委书记、教育局方勇财局长一行走访单子庄思明小学、建国小学

对口帮扶出成效

近三年来，思明区教育局共选派22所学校与临夏州35所学校开展结对帮扶，其中，临夏市学校21所，临夏县学校14所。两地学校从学校管理、课堂教学改革、教师专业能力提升、教育科研、学校特色建设和内涵发展等方面进行全方位对接，有力推动了临夏学校教育的内涵发展。

同时，思明区教育局积极选派教学名师、教研员和优秀骨干教师，前往临夏州开展为期1年的长期支教和为期1个月、9天的短期支教活动。截至目前，思明区共选派113名教师参与临夏支教活动。近期，马上又将选派24名幼儿园骨干教师到结对学校开展一对一送教送培及交流活动。

鹭海听涛传两地，临风成长又一夏。辉煌的成就鼓舞人心，美好的前景催人奋进。在决胜脱贫攻坚、全面建成小康社会的决胜时期，思明区教育局将继续砥砺奋进，以更加饱满的精神、更加务实的态度切实做好教育对口帮扶工作，为2020年决胜全面小康、打赢脱贫攻坚战贡献力量！

临夏，我来啦

——思明区支教教师事迹入选教育部全国扶贫日典型宣传案例

傅龙金

临夏，我来啦！
临州晚春牡丹开，
夏河迎风缘梦来。
我爱寻师师访我，
来朝此地满心怀，
了然共度百花开。

思明区第四批赴临夏支教团队——临夏县支教小分队

临夏县支教小分队首唱《临夏，我来啦！》

“临夏，厦门是一家……”如此欢快的曲调回荡在临夏的远山之中，让芳菲尽散的4月又增添一分色彩。这首由思明区赴临夏支教的老师们改编的《临夏，我来啦！》，不仅记录了他们支教的经历和感悟，而且表达了他们在支教生活中传递出的爱与快乐。

2019年10月15日，《临夏，我来啦！》及其背后的事迹登上教育部网站，成为教育部全国扶贫日典型宣传材料，为思明区支教送教工作送来阵阵暖意。

这首歌的由来，还有一段小故事。2018年4月11日，来到临夏县的六位老师踏上了支教的“圆梦之路”。他们沿途看着两边的黄色山丘，不约而同哼唱起同一个曲调，这个旋律在他们的脑海中萦绕。大家一时兴起，决定用这个曲调改编成一首支教歌曲。4月14日，恰逢周六，在临夏县支教的老师们都没有出门，他们决定用周末的两天时间完成歌曲的大样，于是，就有了《临夏，我来啦！》这首歌曲的雏形。起初，支教的老师们只是想用这首歌为自己、为彼此打气，用这首欢乐的歌来润泽支教生活。随着支教生活的深入，他们与临夏孩子的感情逐步加深，大家决定完善它，并用这样的方式感恩同伴，感谢支教生活中遇见的每个人，也希望能感染更多老师参与支教。

“支教如此美好，我带歌曲盼你来！”带着这样的心愿，支教的老师们在没有录音棚、没有专业机器、没有宽裕时间的情况下，克服了重重困难。在共同努力下，《临夏，我来啦！》这首支教歌曲出炉了。完成那天，赴临夏支教的老师一行六人，举行了一个小小的发布仪式：没有观众，没有掌声，只有彼此。播放时，他们从欢呼到相拥，从相拥到泪奔。眼泪里交融了多少经历，也许只有他们自己知道……

思明区第四批赴临夏支教团队中的中学生物老师陈希梅

思明区第四批赴临夏支教团队中的语文老师王筱韵

思明区第四批赴临夏支教团队中的音乐老师黄颖敏

思明区第四批赴临夏支教团队中的科学老师詹志娟

思明区第四批赴临夏支教团队中的幼儿园老师吴凡

思明区第四批赴临夏支教团队中的幼儿园老师戚晓琼

《临夏，我来啦！》记录了他们支教的心情、见闻以及对厦门、临夏两地友谊的祝福。本是心情之作，不料推出后引起了强烈反响，不仅成为厦门市 2018 年 5 月举行的活动“我想要个新书包——两岸青年为爱‘益’起跑”的主打歌，更是在临夏市电视台、厦门市特区新闻广场、思明教育、临夏市官方微博等媒体及网络平台播出，收获各界好评。

近年来，思明区教育系统积极贯彻落实习近平总书记关于精准扶贫的重要指示精神，大力开展东西部协作对口帮扶临夏市、临夏县的支教送教工作，共选派 19 所学校与临夏州 32 所学校结对，选派 20 名校（园）长到临夏开展讲座、送教送培，8 名优秀教师开展为期一年的长期支教，44 名优秀教师开展为期一个月的短期支教。同时，思明区属学校共接受临夏州来跟岗挂职和培训交流的校长及骨干教师 563 人。此外，今年思明区还选派赴新疆、西藏、宁夏支教的优秀教师共 6 人。

同享一片蓝天，共育祖国花朵

——思明区教育系统赴临夏开展对口帮扶活动

傅龙金

2019年5月9日，由思明区委教育工委书记、区教育局局长方勇财带队的思明短期支教团，来到与福建厦门距离2485公里的甘肃临夏市、临夏县开展教育对口帮扶工作。思明短期支教团一行由10名区属学校校（园）长、骨干教师和教育局相关科室负责人组成。

思明短期支教团与临夏县教育局领导、思明区支教教师合影

走访座谈解难题，沟通交流促发展

9日上午，思明支教团走访了临夏市单子庄思明小学（由思明区政府援建）和建国小学，通过走访校舍和调研交流，了解了当地教育发展情况。单子庄思明小学的整体环境布置、心理辅导中心、附属幼儿园和建国小学的书法教室、电子云钢琴室、录播教室等，给大家留下深刻印象。

参观建国小学的电子云钢琴室

参观临夏市单子庄思明小学的功能教室

9 日下午，思明支教团走访调研了临夏县中学、临夏县思明幼儿园和临夏县韩集镇双城中心小学，参观校舍校貌的同时，对学校的日常教育工作进行了解与关心。

走访临夏县思明幼儿园

校园走访调研结束后，思明短期支教团与临夏市、临夏县教育局均召开了教育对口帮扶工作座谈会。会上，临夏市、临夏县教育局对思明区给予的项目援建、人才支持、教育教学帮扶等表示感谢，并简要回顾了对口帮扶工作取得的阶段性成果。思明教育赴临夏的 16 名教师结合自身支教经历，谈体会、说想法、提建议。

思明短期支教团与临夏市教育局召开教育对口帮扶工作座谈会

区委教育工委书记、区教育局局长方勇财充分肯定了自双方开展对口帮扶工作以来，在开展优质学校结对、校（园）长交流跟岗学习、学科骨干教师培训、班主任培训方面所做的工作和取得的成效，并就互派学生参加夏（冬）令营活动、建立教育信息资源共享机制方面，与临夏市、临夏县教育局开展了深入交流，对后续活动的开展达成了一致意见。

思明区委教育工委许华娟副书记一行到临夏市一中调研

专题讲座搭平台，经验分享促成长

除了走访调研，此次思明短期支教团还派出 1 名校长、2 名心理学科骨干教师为临夏市、临夏县的老师送去了 3 场精彩纷呈的教育专题讲座。

厦门市前埔南区小学肖淑芬校长的“校本课程体系：学生特色发展的推进器”专题讲座，吸引了临夏市中小学校长、分管教学副校长、教务主任、教研室主任、年级主任等 200 多人参加。肖校长结合自己学校创建学校特色课程的实践体会，图文并茂地讲述，对临夏市深入推进校本课程工作做了全方位、多方面的指导。

厦门市金鸡亭中学陈婷老师为临夏县初中老师带去了“共筑心桥——班主任工作中的心理健康教育”专题讲座。陈老师从心理老师的角度列举了初中阶段学生常见的心理问题，分析原因，概括表现，探究辅导的有效途径，同时结合班主任工作，分享了心理主题班会课的开展，心理咨询技术在师生谈心工作中的运用和心理剧技术在班主任工作中的简单使用。陈老师的讲座风趣幽默，以一个个生动的案例呈现，听课的老师们在讲座中积极互动，彼此间的交流让“心育”之花在讲座中绽放。

厦门市金鸡亭中学陈婷老师“共筑心桥——班主任工作中的心理健康教育”专题讲座

厦门市思明第二实验小学林慧珊老师，在韩集初级中学的报告厅为临夏县的小学教师们作了主题为“秉承积极理念，践行品质培养”的讲座，分享了心理团体辅导活动。

讲座中，通过远程互动设备的支持，使用了远程教学的方式，让临夏县的老师们感受到了来自思明第二实验小学五年（3）班学生们的热情。同时，林慧珊老师通过远程设备为身在厦门的同学们开展了心理团体辅活动“风中劲草”，临夏的老师们可以清晰地看到、听到活动中学生们积极参与、积极体验和积极协商的过程，当地的老师们也因此对团体辅导的具体流程有了直观了解。

远程设备的技术支持，可以让厦门市思明区优秀教育教学经验得以更直观地展示给更多的人，发挥出更广的积极影响，也促进了教育的现代化。

厦门市思明第二实验小学林慧珊老师主题为“秉承积极理念，践行品质培养”讲座

林慧珊老师通过远程设备为临夏县展示思明二实小心理团体辅导活动

临夏之行虽然短暂，但思明与临夏的教育火花在双方充分、积极、有效的沟通下，碰撞出了更多更美好的色彩。此次走访与交流，必将有力助推东西部扶贫协作教育工作，促使两地教育协作工作迈向新台阶。

思明短期支教团与临夏市教育局领导、单子庄思明小学老师们合影

支教故事校长讲

黄益冬

2020年5月31日，思明区43名老师踏上了甘肃临夏这片熟悉又陌生的热土。这次，他们要分头在临夏市、临夏县开展为期9天的送教活动。他们中，有8位是思明区优秀的副校长。

支教团合影

6月的临夏，凉风习习，月季枝头含笑，芍药灿若云锦。今天的支教故事，校长们来开讲。

一堂心理课的震撼

“我知道，我的未来不是梦，我认真地过每一分钟……”临夏县韩集镇双城中心小学六年级的孩子们正在学校礼堂里放声高唱这首熟悉的歌。带领孩子们歌唱的是一位他们陌生的老师。她就是来自厦门市民立小学的王萍副校长。此时，王老师的“我的未来不是梦”心理课堂已经接近尾声。

在早前与韩集镇双城中心小学的老师们关于“行为偏差学生的教育问题”的沟通中，王萍老师意识到当地心理健康教育比较薄弱，于是，便决定给六年级的孩子们上一堂示范课。

这堂课的主题是“我的未来不是梦”。课堂从孩子们伴随着《海草舞》的音乐随心舞动开始。随后，王萍老师带领孩子们初步了解人生路线图和美国职业心理学家霍兰德职业六边形理论，一点点唤醒孩子们的生涯意识。紧接着，她通过心理意象游戏，带着孩子们一起闭上眼睛穿越时光的隧道来到二十年后，让孩子们去遇见二十年后的自己，并把那时的自己画下来与同学分享。

孩子们一声声发自肺腑的自我寄语，感动着现场的老师和同学

在王萍老师的鼓励下，孩子们纷纷上台分享自己的未来。分享中，孩子们那一张张各具特色的职业梦想图，一双双炙热的眼睛，一声声发自肺腑的自我寄语，感动着现场的老师和同学们。

课堂在孩子们高声歌唱的《我的未来不是梦》中结束。此时的孩子们，个个紧握拳头，仿佛身上充满了向梦想前进的力量。

“我们相信共情的力量，也相信爱的力量。只要做到这两点，我们就能够唤醒孩子们面对问题和未来的勇气与决心，就能够点燃孩子们对未来的憧憬。”王萍副校长说。

一封手书的情谊

厦门市群惠小学刘媛副校长此行不仅给当地带来了群惠的办学理念和课程开发分享、保护环境等讲座，还为结对学校临夏市西关小学、临夏县石家河中心小学的孩子们带来了群惠娃的暖心和友谊之手。

“六一”儿童节前后，群惠小学对两所帮扶友校开展了“书香传情，心手相连”图书捐赠及“手拉手”书信交流活动。

刘媛副校长此次赠送了涵盖古典名著、名人典故、科普书籍、童话绘本等方面的课外有益书籍，凝结了群惠娃们的爱心。她鼓励当地的孩子们，在知识的海洋里畅游，在智慧的星空里寻找自己的启明星。

厦门市群惠小学刘媛副校长走进临夏友校西关小学为孩子们赠书送信

鸿雁传书，见字如面。刘媛老师还给临夏的孩子们带来了一封封群惠娃亲手书写的书信。书信中，群惠的孩子们分享自己的学习、生活与快乐，表达架起友谊桥梁的愿望。收到刘老师带来的信件后，临夏的孩子们迫不及待地读了起来，脸上不时露出会心的微笑。

100 条竹节绳的温暖

思明第二实验小学陈夏兰副校长此行为临夏市南龙学区 60 位语文教师上了一堂习作指导示范课“汉字听写大赛之心理体验”，还跟当地的老师们分享了思明二实小近年来在新基础理念指导下重建学校活动的心得与体会。

早前，思明第二实验小学结对学校单子庄小学马校长来厦跟岗学习，对二实小的花样跳绳非常感兴趣，却缺乏专业的师资。

这次，陈夏兰副校长特地带着体育组长蔡玉萍老师到单子庄小学帮助推广花样跳绳项目。临行前，得知单子庄小学的孩子使用的是布的跳绳或塑料绳，思明二实小全校的党员教师自发捐款，购买了100条竹节绳捐赠给单子庄小学。

在“花样跳绳”指导课及“在绳彩飞扬中启智育德”讲座中，听课的老师和孩子们把跳绳“玩”出新花样，在有限空间里“跳出”无限的可能。为了能够长期推广花样跳绳项目，蔡老师挑选了一批协调能力好的孩子，每天坚持训练，以带动其他孩子的训练。现在，这批孩子已经能熟练掌握花样跳绳的一级动作，并初步掌握二级动作。

一次特别家访的感动

在执教语文示范课、开设语文学科和德育管理专题讲座、参加多场学科教研活动之后，周末，演武小学的庄少芸副校长走进临夏市建国小学和临夏县新集中心小学的四位贫困生家中，进行了一次特别的家访。

建国小学两位贫困生，其中一位同学的母亲打零工每月仅1500元的收入，要负担两个孩子的生活和教育支出，孩子因为家庭原因，无法安心学习，扶贫让他们看到了希望。另一位同学因患进行性肌营养不良症无法和其他孩子一样自由活动，但是他在学习上刻苦努力、成绩优异。

每到一户，老师们都与家长进行交谈，深入了解学生的家庭情况，为孩子们送上六一节礼物——学习用品、书籍和红包，鼓励学生和家长要敢于面对生活的困难，通过自身的努力去改变家庭的现状。

“孩子，生命至上，健康第一，好好学习！”庄少芸副校长朴实的激励，让患进行性肌营养不良症的小马同学倍受感动。老师们回去后，他还发来了感谢短信：“厦门的老师们，感谢你们不远万里来看我，鼓励我，我一定会加油！”看得几位老师热泪盈眶。

一串携手走过的足迹

共情源于了解，帮扶贵在真诚。九天时间里，校长和老师们边走边看，边看边思考，个个都绞尽脑汁利用有限的时间与当地的教职工、同学们多交流分享，助力当地教育事业破茧成蝶。

厦门市前埔南区小学张雯副校长走进临夏市八坊小学和临夏市逸夫第一小学，面向两所结对学校的全体教师，开设了专题讲座“‘单元统整’教学——落实语文要素的路径与方法”“微型课题：‘私人定制’的教育科研新样态”。张雯副校长以生动的课例和简明的语言，以“核心素养”“语文核心素养”“语文要素”等关键词为切入点，围绕“单元统整”的教学优势、教学策略、教学设计，为结对学校的老师带去了学科教学新理念。同时，张雯副校长还通过讲座，逐一解答一线教师如何进行课题研究的疑问，为老师们今后的课题研究指明方向。

6月2日，厦门市思北小学副校长徐蕾发挥专业优势，在对口帮扶学校临夏市东关小学开设了一堂精彩的音乐欣赏课“玩具兵进行曲”。徐老师用富有感染力的语言、优雅的教态、巧妙的教学设计、娴熟的课堂调控能力，让孩子们沉浸在音乐的美好中。

此外，徐蕾老师开设了多场有关音乐教学、德育活动、教科研、备课组活动等方面的专题讲座。这些精心准备的讲座，为东关小学的老师们带来了教学的新思路和新方法，激发老师们的思考，得到老师们的高度赞扬。

厦门市第十一中学林国斌副校长面向结对学校临夏市第一中学和临夏县三角中学校领导和教工团队，开设了讲座“厚德以涵育，怀虚而求真”，介绍了十一中“厚德求真”的立校之本、多措并举的青年教师培养体系、精专博研的教学团队建设方法和精细科学的课堂教学管理流程。

林国斌副校长还通过讲座“依山面海，春暖花开”，鼓励临夏的青年教师们把握好教师生涯的黄金时期，走好专业成长的上坡路。

厦门市第九中学邱东华副校长此行给结对学校临夏市枹罕中学和临夏县马集中学的同学们捎去了九中初一、初二学生为枹罕和马集中学同龄人募集的爱心捐赠物资。一句“心心相印、志存高远”表达了两地学生心手相依的情谊。

6 月 3 日，邱东华副校长通过讲座“立足数据谈教学质量管理”，与枹罕中学老师们分享九中在教学质量分析中的一些做法，探讨如何通过数据分析进行教学质量管理。

6 月 5 日，针对教师的专业成长问题，邱副校长在临夏县马集中学做了“教师专业成长，助力学校发展”的专题讲座，向马集中学的老师介绍了九中教师专业成长的宝贵经验。老师们认真聆听，纷纷表示收获良多，感受到专业成长是实现自我发展的重要组成，也将为学生和学校的发展提供源源不断的动力。

鹭海听涛传两地，临风成长又一夏。教书育人非一朝一夕之事，教育扶贫让我们有幸在千里之外的临夏，留下了思明教育人的思考和足迹，而临夏又给了我们继续前行的动力。未来，思明教育人将秉承教育初心，用心务实地推进教育帮扶工作，让智慧、成长之花在美丽的土地上绽放。

不忘使命，精准支教

——2018 年 3 月思明区校（园）长、骨干教师赴甘肃临夏开展支教活动

为进一步推动厦门市思明区教育局和甘肃省临夏市教育局、临夏县教育局的教育东西部协作对口帮扶工作，2018 年 3 月初，思明区教育局选派 4 名小学、幼儿园骨干教师赴临夏市、临夏县进行为期一年的支教工作，局属 7 所与临夏市、临夏县帮扶结对的学校校（园）长也远赴结对校开展精准帮扶对接工作。

来自前埔北区小学的张秋玲老师、洪宝慧老师以及华侨幼儿园的陈彦老师、第二幼儿园的冯丽娟老师将在临夏市和临夏县支教一年。她们秉着对教育事业的执着情怀和特区教师的责任担当，离开家人，驾乘鹭岛的碧波，飞跃刘家峡的壮阔，来到了河湟雄镇——临夏。在这儿，他们将充分发挥自身专业与教学优势，为提高甘肃省临夏州教育教学水平做出自己的贡献。

第六幼儿园书记、园长李嫔琦与临夏县思明幼儿园的孩子在一起

同行的校（园）长们进行了为期四天的短期送教帮扶工作，为确保支教帮扶工作的

针对性、实效性，各位校（园）长不顾舟车劳顿、高原反应等不适，累计走访了 14 所中小学幼儿园，与临夏市教育局、临夏县教育局就教育帮扶工作进行深入对接，并对结对的七所中小学幼儿园办学情况进行了指导。

在深入调研、帮扶过程中，各校（园）长实地察看了学校教学设施、课堂状态和学生情况，与学校领导及教师进行面对面的交流座谈，征询了结对学校在结对帮扶工作中的需求和意见，并对他们提出的困惑和问题进行了诚恳、细致、全面的回答。

厦门市第十一中学书记、校长陈晖，厦门市第九中学副校长潘海红与结对临夏县三角中学、临夏市枹罕中学分别就结对学校中的教育教学管理、学校文化建设及内涵提升等关乎学校发展的重大问题，把脉献策；湖滨中学副校长陈文星为结对临夏县中学全体教师开设讲座“与新高考同行”，带来了当前高考改革最新动态。思明第二实验小学书记、校长王跞，厦门市第六幼儿园书记、园长李嫔琦在结对的临夏市单子庄小学、临夏县思明幼儿园，分别悉心指导结对学校的课题项目活动；厦门市民立小学书记、校长蔡梅珍以“基于学校特色发展，构建校本课程体系”为题，第九幼儿园副园长赵菁以“混龄活动”为题，分别为结对的临夏县韩集镇双城中心小学和临夏市第九幼儿园的校（园）长以及骨干教师带去了精彩的讲座。七位校（园）长把思明区先进的办学理念和科学教育管理策略传送给临夏各帮扶结对学校，圆满完成了此次短期支教任务。

爱心帮扶，不忘使命！精准支教，我们在路上。

新年伊始，思明支教人以温暖教育化开寒冬

傅龙金

不知不觉，2018年已悄然来临，思明区支教队到达临夏县已有两周，寒冬的风雪中他们度过了一个特别的新年。他们不畏高原严寒之气，不仅用听课评课、教研交流、讲座指导、实地帮扶等形式为对接学校送去了帮助，而且在第二周的尾声，还以多种形式开展了县级活动，为临夏县的老师带来了思想上的碰撞。

中学组：生动课堂，激发师生互动

湖滨中学的黄新惠老师以同课异构的形式，为全县的教师代表带来了一节别开生面的“变色龙”。黄老师在课堂中巧妙地使用小视频，便于学生理解内容，整个课堂注重师生互动、生生互动。金鸡亭中学的高福长老师开展了一节示范课“方程式的运用”，以分层激发学生学习数学的斗志，为了“晋级”，学生专注投入，合作与竞争在课堂中被体现得淋漓尽致。课后，临夏县韩集初级中学的领导、老师均高度赞扬，并表示期望在高老师的指导下开展九年级数学分层教学试验。

黄新惠老师在临夏县韩集初级中学初二班级指导学生

紧随其后，黄老师、高老师分别开展了题为“初中语文以学生为主体的学生观如何呈现”“初中数学优生几何直观想象能力的直观培养”的讲座。讲座当天，会场不时爆发

出热烈的掌声。

小学组：快乐教学，传递教育理念

小学组的洪玲、陈春明、郑雯雯老师分别开展道德与法治、美术、科学示范课后，临夏县的老师纷纷表达了钦佩之情："洪老师，我们在你的课上看到了满满的爱，这些爱都化成了语言，化成了行动，化成了孩子们显而易见的成长！""陈老师，谢谢你给孩子们带来了一顿美的大餐，让孩子们既陶醉又快乐！""郑老师，在你的课堂上孩子们真正感受到了实验探究所带来的快乐！"

滨东小学洪玲老师开展道德与法治示范课

前埔南区小学郑雯雯老师开展科学示范课

在之后的研讨中，三位老师热情地和与会人员进行互动，对大家提出的困惑一一加以解答。三位教师在讲座中，以浅显易懂、生动形象、事例丰富的精彩内容，告诉当地教师如何融合学科、如何关注方法、如何陶冶情操，让临夏县教师接触到耳目一新的教育理念，感受到来自特区教师的快乐教学。讲座均得到了与会教师和当地教育部门领导的肯定。临夏县的教师们纷纷表示要进一步转变观念，加大教育教学改革步伐，改革教学方式，实施素质教育。

幼儿园组：语言活动，将游戏还给孩子

厦门市第六幼儿园的张燕君老师指导临夏县第二幼儿园的张晶晶老师开展了一节语言活动课，并与到场园长、老师共同研讨语言活动应如何开展。活动现场，大家踊跃发言，各抒己见，取得了良好效果。张老师作了题为"主题背景下区域活动的组织与开展"的讲座，为与会人员详细讲述了区域与主题整合的思路、具体事例、注意要点等内容。讲座后，临夏县教育局周股长做了总结发言，号召全县教师在下学期全面展开区域游戏的准备工作，将游戏还给孩子！

回顾支教第二周的工作，思明赴临夏县支教队老师都有同样的感受：虽然因受高原气候的影响，大家都出现了不同程度的身体不适，但是所有人都没有停下支教的脚步，而辛苦付出也没有白费！看到临夏县老师在活动后的赞叹、深思，听到他们充分的肯定和好评，支教队老师深切地觉得：气温虽然零下十几度，心里却暖暖的。

厦门市第六幼儿园张燕君老师开展讲座“主题背景下区域活动的组织与开展”

厦门市第六幼儿园张燕君老师指导临夏县第二幼儿园张晶晶老师开展语言活动

厦临共建，促学前教育共发展

傅龙金

根据《厦门市思明区教育局—临夏州教育局东西部扶贫协作教育工作协议书》，思明区教育局组织厦门市实验幼儿园、厦门市华侨幼儿园、厦门市第二幼儿园园长及骨干教师赴临夏幼儿园开展为期一周的幼儿园管理、幼儿园教研等专题讲座以及教育教学现场观摩与培训活动。

下园指导

支教第一站，老师们走进对口帮扶园，结合每个园区的特点和需要，进行相应的指导，如区域活动、自主游戏、主题探究的开展及环境创设等。

厦门市实验幼儿园罗盈、谢雪晶、周明珠老师与临夏市二幼的老师们交流研讨

公开示范课

思明区幼儿园骨干教师为临夏市幼儿园老师们呈现开放、自主、游戏化的教育教学活动，凸显了孩子是游戏的主人，把真游戏还给孩子，让孩子在游戏中收获、在游戏中成长。

专题讲座

在下园指导的过程中，根据临夏教师提出的问题与需求，思明区幼儿园园长及骨干教师们开展有针对性的专题讲座与案例分析，及时为老师们答疑解惑，有效地提高了当地教育教学水平，助推学前教育再上新台阶。

厦门市实验幼儿园林远龄园长在临夏二幼观摩指导区域活动

华侨幼儿园卢慧萍老师在临夏市实验幼儿园与临夏老师们分享区域环境创设与材料的投放

厦门市第二幼儿园周燕老师在临夏市实验幼儿园呈现中班数学活动：听音数糖

华侨幼儿园郑馨老师在临夏市实验幼儿园呈现中班健康活动：小脚丫之旅

厦门市第二幼儿园林海生老师在临夏市第五幼儿园呈现大班体育活动：快乐篮球

厦门市实验幼儿园周明珠老师面向临夏市老师上公开观摩课“蚂蚁与西瓜”

华侨幼儿园的傅立萍副园长在临夏市实验幼儿园开展“幼儿园的教研活动和你有关吗？”专题讲座

临夏市第五幼儿园小朋友将自己创作的作品赠送给支教老师

一周的交流与学习，拉近了厦门市思明区与临夏之间的联系，构建彼此在学前教育方面共同发展的新平台。

支教，是一场美丽的遇见。厦门临夏一家亲，心手相连，情暖河州，让我们共同为临夏孩子的健康快乐成长保驾护航！

暖心冬日，以书画为媒，为临夏献新年爱心大礼

傅龙金

厦门市第六幼儿园、日光幼儿园捐赠的150册幼儿绘本、211套游戏材料，厦门市思明区前埔南区小学和莲龙小学捐赠的7000册精美图书，展出400多张思明学子亲笔绘制的儿童画、版画、剪纸、中国画、书法作品，以及100张思明区美术青年教师共同体倾情献上的大师名画印刷作品……它们跨越千山万水，飞跃冰雪高原，这是思明区政府、教育局、各所学校为临夏县的孩子们献上的新年大礼。

爱心捐赠，暖心桥梁

2018年1月4日，临夏县教育局在韩集镇双城中心小学组织了一场特别的捐赠仪式——“思明区—临夏县对口帮扶学校助教物资捐赠仪式暨学生书画展”。

思明学子自发捐赠图书

思明区—临夏县对口帮扶学校助教物资捐赠仪式暨学生书画展

当天，临夏县教育局陶局长、思明区挂职临夏县政府白县长、思明区挂职扶贫办吴主任、临夏县师训处周股长、临夏县双城中心小学校长、临夏县思明幼儿园园长以及思明区赴临夏县的支教教师队伍共同参加了捐赠仪式暨学生书画展。150册幼儿绘本、211套游戏材料、7000册精美图书等礼物，承载着思明区孩子对临夏小伙伴满满的爱，是爱的传递和美的分享。这些新年礼物让临夏县孩子的脸上露出了无比开心的笑容，他们幸福地徜徉在书海中，感受着来自东海之滨——美丽鹭岛厦门的温暖！

临夏县教育局领导、思明区挂职临夏县政府领导、支教教师参加捐赠仪式暨学生书画展

据悉，仅三天时间，前埔南区小学的孩子就自发捐出2820本崭新图书、12708.3元善款，前埔南区小学的老师和家委代表细心整理了两个小时，马不停蹄地将书籍打包寄送，希望这份爱心跨越2000多公里的路程直达临夏孩子的手中，为思明和临夏的教育架起一座桥梁！为他们送去最暖心的新年关怀。

爱动全城，美在心间

捐赠仪式后，一场“爱动全城，美在心间”的迎新年学生书画展随即如火如荼地开展起来。这些展出的作品是厦门市思明区12所小学的孩子为韩集镇双城中心小学的伙伴准备的最美、最特殊的礼物——亲笔绘制的儿童画、版画、剪纸、中国画、书法等400多张作品，而思明区美术青年教师共同体也倾情献上100张精致高清大师名画的印刷作品。

思明学子绘制的中国画、书法作品

思明学子绘制的儿童画、版画

韩集镇双城中心小学学子参加“爱动全城，美在心间”迎新年学生书画展

一同展出的还有韩集镇双城中心小学孩子的精美作品。在展会上，各位领导和韩集镇双城中心小学的全体师生都对作品赞不绝口，他们惊叹于思明孩子的想象力、创造力、审美能力和表达能力，也更加深刻地认识到：美术教育能陶冶学生情趣，提高学生审美能力，是促进学生个性形成和全面发展的重要载体！

支教架桥，山海牵手

张春燕、王晓菁老师在临夏实验第二小学支教

黄琪彬、严智勇老师参与临夏县帮扶工作会议

随着厦门市—临夏州东西部扶贫协作教育支教活动不断深入，3月6日起，思明区教育局组织区属的滨北小学严智勇、日光幼儿园黄琪彬、园南小学张春燕、前埔南区小学王晓菁四位优秀教师赴甘肃省临夏州对口帮扶县开展支教工作，四位支教老师主要承担教研员的职责任务，指导教科研和教师培训工作，带动教研组、备课组建设和骨干教师的培训培养，支教期一年，目前，他们的支教工作已取得阶段性进展。

根据安排，严智勇、黄琪彬两位老师分别在临夏县韩集镇双城中心小学、双城中心幼儿园开展支教工作。严智勇老师为了迅速摸清学校情况，分别与双城中心小学的陶校长、教研处、德育处等校级领导和中层干部进行详谈，了解学校的教育教学常规、德育规划等各项内容。随后严智勇有针对性地听了六节从二年级到六年级的随堂课，既包括初出茅庐的新教师也有经验丰富的教研组长，大致了解学校的教育教学水准。严智勇老师还参加了两次校级研讨活动，并对教研活动的形式和制度提出建设性建议，学校表示将据此加以整改。

严智勇老师在双城中心小学开展教研活动

在得知严老师从事德育工作多年后，双城中心小学的陶校长希望他对学校德育工作多提建议。除了日常教研活动，严老师还参与德育处办公，对双城中心小学学期德育计划、少先队计划提出建议，并协助德育处构建德育常规和德育体系。

黄琪彬老师在双城中心幼儿开展教研

在双城中心幼儿园，黄琪彬老师在了解了幼儿园的实际情况后，与幼儿园刘园长商定了教育教学活动计划，并着手开始支教的具体工作：每周进行一至两节听课评课活动，及时反馈探讨出现的问题情况，并予以指导；根据教师需要，每周开展一次培训；创编新早操，并坚持每天上台带操，与幼儿亲密互动；立足于平时，每周开展一次观摩示范课，积极分享教育教学经验；带领老师进行环境创设，将双城幼儿园门口创设成森林公园。

支教期间，严智勇、黄琪彬两位老师还参加临夏县帮扶工作队例会，认真学习了习近平总书记参加十三届全国人大二次会议甘肃代表团审议时的重要讲话精神以及临夏州帮扶工作队管理制度。此外，两位老师还走进临夏县其他幼儿园和小学参与听评课和教研活动，全方位了解临夏县教育教学情况，以便更好地开展下一步的支教工作。

张春燕、王晓菁两位老师到临夏市实验第二小学进行支教活动。临夏市实验第二小学的老师非常珍惜这难得的学习机会，认真听取张春燕、王晓菁两位老师精准的点评，倾听她们对如何备课、习作的有效批改、课外阅读的拓展、美术社团活动的开展等方面的指导。两地教师积极互动，为学校的老师在平时教育教学中的困惑找到了满意的答案。

王晓菁、张春燕老师与临夏市实验第二小学校长进行互动研讨

张春燕、王晓菁两位老师让临夏市实验第二小学的老师们深受感动。首先是她们认真的工作态度。张春燕老师深感学生课外阅读的匮乏，为培养学生的阅读习惯，她自己设计“阅读单”，选取五（2）班作为试点，坚持每天批改反馈，再忙也从未落下，并让年轻老师全程

张春燕老师指导临夏市实验第二小学教师

跟随，为日后学校阅读活动打下了良好的基础。

王晓菁老师为了学校美术社团活动更有效开展，不仅自己手绘了各区域的标志，还手把手教会社团老师如何开展“区域活动”，以及据“区域划分”进行有效的教学，并共同探讨今后活动延伸的方案，切实提高了美术社团活动的实效性。

其次，两位教师皆怀揣朴实的匠人之心。张春燕老师给临夏市实验第二小学的老师们示范了一堂“阅读测试讲评”，课堂没有任何华丽词藻，却让他们明白了测试后讲评的意义远远大过测试本身，课堂实实在在向他们呈现了什么是“授之以鱼，不如授之以渔”。

王晓菁老师指导临夏市实验第二小学美术社团活动

张春燕老师在临夏市实验第二小学开设示范课

王晓菁老师的示范课“神奇的线”，针对听课中发现的问题，课堂设计致力于关注孩子的视野、孩子的思维，课堂引导遵从孩子的天性，很好地挖掘了孩子们的绘画潜力，给了现场教师极大的启示。

此外，思明区的老师还无私地与大家共享了自己所有的教学教研资料。不仅如此，她们还深化了支教内涵，牵手山海，积极组织临夏市实验第二小学五年级学生与厦门市前埔南区小学、厦门市园南小学五年级的学生开展互通书信和“好书推荐”视频互动。

教育是润物无声的渐染，是春风化雨的默化，思明区赴临夏支教的老师们展现了师者应有的姿态。临夏学校的领导和老师们认为，这次支教活动促进了学校教师业务水平和教育教学能力的提升，实现优势互补、资源共享，相信有了这座沟通交流的桥梁，今后学校的各项工作一定会越来越出色。

山海牵手："为所需，尽所能"促教育发展

傅龙金

2019 年 9 月 29 日上午，厦门市思明区赴临夏州支教小分队的八名教师，与临夏州的对口学校进行了面对面交流对接，希望厦门和临夏两地能紧密携手，共同促进教育事业的发展。

思明区赴临夏州支教小分队的八名教师与临夏州的对口学校进行面对面交流对接

交接会议由临夏市和临夏县的两地教育局领导主持。会议首先传达相关支教文件精神，并向支教教师介绍了各个帮扶学校的概况和办学特色，精心部署支教工作方案，做好支教教师在临夏工作、生活的各项保障。

接着，临夏市和临夏县的各学校领导分别与对口帮扶的支教教师进行细节沟通。大家针对各校情况，就本次支教活动相关事宜进行了商议。双方表示将充分利用此次支教契机，总结交流经验，提升内涵发展，互通有无，携手并进，共同成长！

临夏市第三中学督导室谢主任和教研室徐主任向厦门市金鸡亭中学蔡桂琴介绍本校情况

前河沿小学副校长杨丽、教导主任马秀兰与思明区松柏小学郭淑静、厦门市演武小学虞佳鸿讨论工作计划

临夏市实验幼儿园马园长、大段教研组长张老师与思明区华侨幼儿园许淑芳制订支教工作计划

临夏县思明幼儿园徐园长向思明区第九幼儿园杨琳媛介绍本校教育教学情况

思明区演武二小叶伟敏向临夏县双城中心小学德育处主任丁玉芳了解该校教学理念

思明小学陈沁向临夏县双城中心小学德育处主任丁玉芳了解该校教学特色

支教教师们纷纷表示，在今后的支教工作中，他们一定会竭尽所能，各展所长，尽自己的微薄之力，为临夏的教育事业发展添砖加瓦；同时，临夏州支教小分队带队组长蔡桂琴老师勉励各位教师把临夏教育中的有用经验带回去推广，为山海携手共进做一番努力。

厦门和临夏两地紧密携手，共同促进教育事业的发展

会后，思明区赴临夏州支教的教师们再次深入探讨，大家畅所欲言，通过头脑风暴，集思广益，给每位教师的支教计划和方案提出可行性建议，明确了各自的任务和要求，因校制宜，各施所长，为所需，尽所能。

走近学生，把脉课堂

——思明区赴临夏县、临夏市支教

近期，思明区教育局组织教师赴临夏县、临夏市等地支教，开展教育对口帮扶工作。在过去的一周时间里，思明区支教队伍“分兵多路”深入学校、走近学生、把脉课堂，通过了解当地对接学校的情况，针对具体问题开展教研、交流，提出建议和改进措施。

中学组湖滨中学黄新惠和金鸡亭中学高福长两位老师，小学组莲龙小学陈春明、滨东小学洪玲、前埔南区小学郑雯雯三位老师，第六幼儿园的张燕君老师分别深入临夏县韩集初级中学、韩集镇双城中心小学、临夏县第二幼儿园等学校，通过观摩课堂、听课、评课等教研活动，讨论课程改革、教学改革，都取得良好效果。

陈春明、洪玲、郑雯雯老师参加临夏县课改汇报工作

了解临夏县韩集初级中学的现状后，中学组黄新惠和高福长两位老师提出“老师备教材也需备生情，课堂应多让学生动起来，给学生多一些时间、空间，做到以生为本”等教学建议。

其间，三位老师还冒着风雪、严寒，坚持走访了临夏县姚川、山阴洼以及位于山顶上的沙塄沟等多所乡村小学，与乡村学校的校领导、老师就东西部教育现状、各个学校的教育教研工作深入交流，并提出了诚恳的建议。小学组陈春明老师在韩集镇双城中心小学指出，课堂除了要传授知识与技能，还应重视过程、方法、情感态度等方面的教育，不能厚此薄彼。他还向学校建议，教师在备课时应多思考学生怎么学、通过什么方式学。三位老师还深入课堂，与乡村小学的孩子们积极互动。

张燕君老师针对临夏县第二幼儿园情况，与园领导讨论，提出以一个班级为范例，帮助教师创设区域环境、制作区域材料、开展区域游戏，并以点带面，带动全园教师，让游戏逐步成为该园的主要活动。随后几天，张燕君老师与临夏县第二幼儿园的老师们克服材料短缺、人手不足等困难，圆满完成工作。

张燕君老师指导临夏老师整理区域材料

中学组的十一中田新平和逸夫中学陈泽清两位老师，小学组的莲前小学陈惠萍、思明第二实验小学陈雪曦、梧村小学吴毅三位小学组老师，第九幼儿园的连平老师则分别赴临夏市的临夏一中、临夏市建国小学、临夏市第二幼儿园等学校开展帮扶行动，进校听课点评、观摩课堂，开阔教育思路。

陈泽清在临夏一中参加学校七年级备课组的教研活动指出，学校在开展学生活动，以及运用自主、合作、探究的教学方式等理念上有所转变，但在解读教材的基础上设置教学目标，建构学生学习支架的教学策略上有所欠缺，可以进一步提升。

陈惠萍、陈雪曦、吴毅在临夏市建国小学参加教研组活动和五年级的体锻活动。在教研组活动中，吴毅从信息技术角度，建议语文教研组设立课件资源库，方便更多的老师。三位老师也对学校坚持体锻活动表示肯定。

连平老师观摩了临夏市第二幼儿园四个集中教育活动时，针对当地教师的实际需要和可接受的角度，她从活动的设计意图、活动目标、活动过程进行了点评，为临夏市第二幼儿园教师的开阔了思路视野，并通过具体的活动实例中提出，如何进一步理解了如何以幼儿为主体发挥教师的引导作用。

一周来，临夏县、临夏市纯朴善良的孩子，热情有礼的老师，有教学改革的需求和愿望的各个学校领导，让思明区教育局赴临夏的支教老师们十分感动。为不负重托，老师们尽力克服干燥寒冷的高原气候带来的不适以及语言生活等方面的不便，根据当地学校的实际，对口帮扶，提出行之有效的教育教学建议及改良措施，将思明区先进的教育教学理念传递到临夏县、临夏市。

第二篇

支教往事

那天，霜降，飘着雪

厦门市园南小学　张春燕

我趴在窗户上，久久地，久久地……

不知有多久没有抬眼望过窗外了。现在是夜的主场。百叶窗外灯光璀璨，大夏河被灯光辉映得像盛装的新娘，羞涩成了静止的画。而远山，隐在了夜的怀里，我知道，它今夜无眠，它和白雪久别重逢，满腹的柔情要诉说，满怀的蜜意要流淌。

是的，临夏昨夜下雪了，远山忽地一夜白了头。我早上一出门一抬眼便看到了，可心中没有狂喜，连多看上一眼的时间都没有。踩着细细密密的步伐，两眼呆呆望向地面，任凭思维活跃：等会儿要上的课，即将开的讲座，都如电影胶片，快速闪过。

没错，这两天正在做培训，给临夏市小学语文老师做关于“如何培养学生阅读兴趣”的全员培训，为期两天，今天结束。

“张老师，你下周做个全市语文老师的全员培训。”记得那天教研室柳主任说得风轻云淡，空气里满是信任的味道，“杜校，敏老师，你们全力配合……”

心，一阵慌乱。之前主任对我提过此事，但我自己盘算着 11 月底或 12 月初完成，现在突然提前一个多月……头立马开始晕起来。不行，我得努力保持清醒。

“下周四、周五，行吗？”我竭力为自己争取时间。

“时间尽量靠前，这样才有回旋余地，周五尽量不安排，不和各个学校的教师会议冲突。”柳主任是江湖神话，兼顾全局，思维缜密。

七天，只有七天的时间准备。但我知道，悲壮点头是唯一选择，可我还是想方设法为自己争取有利条件——

“培训可以不放在逸夫小学吗？他们一个班级 69 位学生，我想上随堂课，但随堂课必须要在现收现改全班学生的阅读单后，才可进行示范点评，担心时间来不及。”

“好，那就放在红园小学，离教研室近，班级人数也不会超过 50。现在我们大家一起去红园小学做个接洽，看下场地。”柳主任回答得干干脆脆。他向来雷厉风行，极具魄力。

见面，问好，握手，欢谈……教研室和红园校方“两情相悦”，会场也是“一见钟情”，一切都 OK。临走前，为慎重起见我问了班级学生数。“65 人。”当这个数字清晰传至耳边，我努力稳住即将踉跄的脚步，报以僵硬的微笑。

65 人，仅仅少了 4 人而已，但为此付出的代价是一个完全陌生的学校和班级。若按照我原先的设想，给老师们呈现“点燃孩子们的阅读热情”直至“形成习惯”这一“起承转合”的完整过程，还要有孩子们阅读体验及活动的体现，那只能用逸夫小学的学生，而逸夫小学到红园小学有半个多小时的路程，学生的安全问题也难以处理……

那天，最懂我的是路边的落叶，片片都是我零乱的心！但我连“崩溃”的时间都没有。这虽只是一场阅读习惯培养的培训，但对我而言，这“阅读梦”就是我的支教梦。

“应似飞鸿踏雪泥”。“让孩子们爱上阅读”是我想留下的支教痕迹。“大量阅读”不仅是应对一切考试的基石和利器，更是孩子们生命成长的需要，而且阅读不受家庭条件及地理位置的限制，是门槛最低的高贵。只要有书，只要引导孩子们爱上阅读，即可成就他们更为广阔的未来。书，临夏是不缺的。况且，我有足够的自信，在每一个试点班，自己至少可以影响十个以上的学生，让他们爱上阅读，是一定可以留下的痕迹。所以，一踏上临夏的土地，我就致力做这件事。

当然，这次全员培训，既是我一年支教工作的答卷，对支教岁月的交代，对临夏土地的深情，更是我最大的“野心”。想想影响并培训到哪怕只是其中一位老师，就可影响他一届又一届学生，就绝对是一件足以让我笑醒的事。故这培训，绝非能随意敷衍应付的。

可该怎么做呢？那天晚上，我清空了所有情绪，静静地想。

所谓“培训”，就是通过这场活动，与会老师学会“如何点燃学生阅读的兴趣”，回去即可热火朝天干起来。这正如教会他们炒一道菜。倘若只告诉他们需要哪些材料，火候如何掌握，步骤分别有哪些，那肯定是不行的，还得现炒给他们看。可还有个问题，万一人家对炒菜压根儿不感兴趣，怎么办？告知这道菜的神奇功效，再让纯美的色泽绝妙的口感刺激他们的感官进而滋生出强大的实践欲望和动力？也许可行。不过要得到他们真正的认可，还要用临夏本地的菜籽油，本地长出的一切所需材料，乃至本地锅本地的水，最好让本地的厨师再演示一遍，不然他们还会质疑，还不能信服。

这也就是说，对于“如何培养孩子们的阅读习惯”，我要耐心说给各位老师听，再认真地现场演示给他们看，还要请上这将近一年跟着我试点的老师，也就是本地的“厨师”，用他们的现身说法打动在场的老师，给他们勇气，给他们动力。

思路便由此渐渐清晰。先以我的讲座切入，告知各位为什么要做阅读，可以怎么做，我在临夏较为成功的做法。接着以我在陌生班级的第一堂阅读点评随堂课，以及学生关于阅读的分享活动课把讲座内容具体化形象化。再请上那几个试点班级的教师，把他们的做法、收获以及困惑和思考，用小讲座的形式分享。最后，我在讲座中梳理小讲座的困惑，提出“解决方案”，进一步诚挚邀请各位和我一起走进并实现“阅读梦”。

这是个近乎“疯狂”的计划。纵观全程，能事先准备十拿九稳的唯有第一个讲座。阅读点评课是现改现评，学生情况毫不了解，阅读情况也无法预测。但我喜欢这“现买现卖”，那些“千锤百炼”的公开课适合“走秀”，普通老师过的是普通日子，是日复一日的关注与引导，对于孩子们“阅读习惯的培养”而言，尤其如此。而阅读活动开展是刺激孩子们坚持阅读的兴奋剂，它能让孩子们找到阅读的快乐，并不动声色地传递该如何阅读的信息，非常必要。那可以有哪些活动呢？逸夫小学是有过一堂原生态的活动课，但那堂课质量粗糙且形式单一，培训时要呈现的是“精品”，呈现所能想到的各种活动形式，以此打开与会老师和课上同学的思路。这一块，现在几近荒芜。几位老师的小讲座貌似独立，实质是我最后一个讲座的基础，只有梳理出他们的困惑，才有我讲座中的“策略”，对老师们的动员方可“走心”。

恰巧我是“疯狂”之人，只要认准是对的，我是不怕“冒险”的。第二天，我火速召集那几位跟班试点教师，一一交代。再立马跑去逸夫小学，和校方沟通自己的设想：让孩子们进行“好书推荐”“我和书的故事”“诵背那些让我怦然心动的句段”三个方面的分享。其中“好书推荐”又分“以读者身份推荐”“以文中人物口吻进行推荐”“书中某一精彩情节表演式的推荐”“融叙述表演歌舞等为一体的推荐”，从四个角度以四个节目的形式呈现。最后我强调，这三个方面的活动分享素材全来自先前那堂原生态的分享课，只不过我们帮助孩子在他们的材料基础上进行“精装修”。

“这些我们不太会，我们只排过课本剧，也没有老师能写剧本排歌舞。”对方学校的老师很实诚。“没事，能配合的你们尽量配合，不会的我来。”“悲壮”又成了我唯一的选择。

找歌、排舞、写剧本、修改学生稿子、串排节目、纠正孩子的语言表达、写讲座的稿子、做 PPT……白天我匆忙奔波，晚上脑汁绞尽死守电脑一个字一个字地拼命敲。那几天，我从未在深夜 2:00 前睡觉。夜里发热拉肚子仍止不住高兴，毕竟我的嗓音仍清亮不影响培训。白天又是打了鸡血般“匆忙”。

灵感是个可怕的东西，它会不期而至。我忙得晕头转向差点记不起自己是谁时，它还是会时不时冒出来……

那些试点班的同学会是怎么看待阅读的，又有哪些感受？对，这可以让老师对他们进行采访，录成视频，孩子的心声，很真实很有说服力。到时视频可以放在我讲座的 PPT 上……

家长们对班级开展阅读持什么态度，孩子们都有了哪些变化，又有哪些建议？我似乎可以设计一张家长问卷调查表，到时再进行数据统计分析。我的讲座有了这些数据的植入，应该更容易打动在座的老师。

那些已开展课外阅读的不同学校的同学们，可否对新开展阅读活动的红园同学隔空鼓劲喊话，让他们觉得阅读路上并不孤单，阅读是件很酷很时尚的事。这也可以交代老师们拍成视频，到时可以在学生阅读活动课上播放。

……

极度忙碌容易亢奋，容易只注重自己手中的活而忽略其他。如果我稍稍留意，就完全可以感知我们教研室对这场培训的重视：杜校一再和我核实每个环节的时长，培训通知是字字句句在斟酌……

可是，这点直到培训的前一天我才发现。逸夫小学的家长问卷表一送到教研室，晓梅和尕沙两位美女同事立刻拿走还笑着说："我们来统计，你有什么事尽管吩咐，这几天我们全力为你服务。"当课件的视频播放出现问题，费老师立即放下手中的活赶来帮忙，我的课件还在改动，但又急着去红园安装试运行，毕竟第二天就要粉墨登场了。杜校和敏老师故作轻松一再宽慰："没事没事，不着急，你什么时候弄好了，我们就什么时候去。"……我成了重点保护对象，同事们的工作竟成了全力配合我。突然我觉得自己像一位"待嫁的姑娘"，而我的"娘家"教研室，正准备把我风风光光地"嫁出去"。不知不觉中，"压力"向我袭来，我开始有点紧张了。

这一天终于来到了。同事们早早来会场忙开了。柳主任带着春天般的笑容，过来握了握我的手："我是特地早点来给你鼓劲的。"心跳，立刻加快了。杜校找到了我："张老师，大家对你的讲座很期待，所以全市中学的语文教研组长和分管教学的副校长都来现场了。"心，蹦跶得更"慌"了。

我站在了主席台上，看到了主任正端坐在会场的右侧，那些同事在不同的方位期待地看着我。我深深吸了一口气，悄悄告诉自己：阅读，我一直在做，一直踏实，一直努力，准备得很充分，我可以的。我清脆的声音在会场愉快地响起，那些被我敲进讲稿的一个一个字，又从我的口中一一蹦了出来。我看到主任的笑容，看到了大家抬着头专注地听着，我那颗端着的心被一点一点地放了回去。

第一天培训结束了。主任欣慰舒心的笑容，同事热切欣喜的眼神，都没能让我放松下来。那天夜晚，我仍孤独坐在电脑前，细敲培训的每一个环节，把文稿默记了一遍又一遍，直到星星月亮轮番催我睡觉。

"最后一天培训了，加油！"我边蹦起床边对自己说。站在镜子前，我仍有些沮丧。我虽是标准的中国大妈，仍是爱美，认为让自己美美的是天大的事。可这次，我放任我的天塌下来：来不及洗头发，那头及腰长发杂乱地粘粘地贴着，具化成"飘逸"的反义词。没时间挑衣服，胡乱拿了件裙子就套上……我很清醒，比美更重要的是，我这份支教"答卷"。

"张老师，你昨天的培训反响很好，今天穆局长和教研室的同事全都来了。"杜校的话又让我有了空气稀薄之体验。好在突然想起老师们的小讲座 PPT 不知是否已拷在电脑上。于是，匆忙又模糊了一切，只剩下培训的内容。

当在热烈的掌声中结束我的最后一场讲座时，当看到离场时，老师们眼里的那束光亮，我突然间有要流泪的冲动。

我相信单凭单子庄小学那 37 位学生，这些偏僻乡村的娃们，好多在 5 月份我进行

张春燕老师在上阅读课

试点之前从未接触过课外书的娃们，对着镜头的那份落落大方和侃侃而谈，单凭他们的梁老师谈到娃们的变化，谈到至今为止除了3位同学，大家做到了每天坚持阅读，谈到仅因几个月的阅读坚持，孩子们期末市质检成绩的莫大进步和傲人排名时，梁老师那飞扬的神采，那兴奋和骄傲，一定给了大家震撼，一定点燃了好多老师心中的希望。

这就是我的支教梦，这就是我的“阅读梦”，只要让孩子们捧上书本，爱上阅读，他们就有了无限的可能。为此，我竭尽了全力。只是这个“梦”，在此时是如此真实，如此清晰。

怎么回到家，已经记不太清楚了。而先前清晰的记忆——会后八坊小学的陈副校长找到了我，热情地和我交流了对“阅读”的尝试及向往，盛赞了我设计的阅读单，互加了微信；和同事及红园小学的校长们拍了张合影；费老师的一声长叹——“我以为自己重视阅读，给孩子买了一柜子我认为她该看的书，都是不对的”；敏老师一脸激动——“其实，这阅读在幼儿园也是可以推广的”；同事们的声声祝贺……都渐渐淡去。

我只想趴在窗户上，久久地，久久地……

那天，10 月 24 日，霜降，飘着雪……

母子音乐支教，东西曲短情长

——记东西部协作厦门对口帮扶临夏教育支教老师朱丹红

民族日报 张原厂

5 月 28 日下午 3:00 许，从临夏市八坊小学五年级（2）班教室传来深沉委婉、曼妙悠长的大提琴独奏曲，一场特别的音乐课正在进行中。

只见一位红衣男青年手持大提琴坐在讲台一角忘我地演奏着，全班学生和 10 多位前来听课的老师围坐在讲台下，沉浸在优美的乐曲中。

“同学们，刚刚大家听到的这段乐曲是大提琴独奏曲《天鹅》，是法国著名作曲家夏尔 · 卡米尔 · 圣桑的代表性作品……”乐曲结束，一位短发、戴黑框眼镜、说话略带南方口音的中年女教师登上讲台，向现场的同学和老师讲授起来。

朱丹红老师母子为同学们同上音乐课

这位女教师，就是 2020 年东西部协作厦门对口帮扶临夏教育送教活动中，厦门市教育局选派到临夏进行为期一年支教活动的副队长、音乐教师朱丹红，刚才在课堂上演示拉大提琴的红衣男青年，是她正在读大学的儿子朱元丰。

“这是我第一次来甘肃临夏，作为四年后即将退休的音乐教师，我觉得来临夏支教既是一份责任，也是一份荣耀。”当谈起在临夏支教的感受时，朱丹红说。年近 51 岁的她，1988 年从师范学校毕业后就开启了教学生涯。如今她是厦门市前埔南区小学一级教师、综合教研组长、片区教研组长，厦门市骨干教师，多次获得市级小学生合唱比赛优秀指导奖。“我从事音乐教育已经 21 年了，也积累了一些教学经验和体会。这次来支教，将毫无保留地与临夏的老师们分享，希望对临夏中小学的音乐教育有所帮助。”

“朱老师和我 4 月 15 日从厦门一起乘飞机到兰州，然后再转车来临夏。如今已经一个多月了，虽然有些高原反应，但也慢慢适应了。”一同前来支教的英语老师江文联说，“气候干燥可以多喝水缓解，比较难受的是高原反应。初来时，饮食不习惯，朱老师经常闹肚子，伴随着高反头疼，睡眠质量很差，黑眼圈很重。”

“晚上睡不着的时候，我就起来做课件、备备课。”面对记者，她谦虚地说道，“我刚来临夏不久，对这里的音乐教育状况不太熟，得多做功课。”

“朱老师非常敬业，为了上好音乐示范课，每次都要提前来学校，实地了解各学校音乐教育情况，与学生提前沟通，精心准备课件，有针对性地提出专业化意见建议，对八坊小学和片区内其他小学的音乐教学帮助很大。”临夏市教育局教研室主任马耀文介绍说，“朱元丰是朱丹红老师的独生子，上海音乐学院大提琴专业的学生。这次跟随朱老师一同来爱心支教，现场演奏大提琴，同学们都很喜欢。很多同学第一次见到大提琴，第一次现场听大提琴演奏，反响特别好，效果也特别好。”

1999 年出生的朱元丰，4 岁就开始学大提琴，每天坚持练琴。从小上进好学的他，2018 年以优异成绩考进著名音乐学府上海音乐学院大提琴专业，2019 年考进 NYO 中华青少年交响乐团，受到多名国际音乐家指导，并前往英国、意大利和德国进行巡演。

“受疫情影响，学校还没复课。我就向妈妈申请能否也来临夏支教一段时间。我是学音乐的，一方面生活中可以陪伴妈妈，另一方面可以用我学到的知识和技能协助妈妈教学，学以致用，回报社会。妈妈同意后，我 5 月 10 日就从厦门赶过来了。”来到临夏后的朱元丰，同样面临着高原反应和饮食不适。

“我年轻，坚持得住！”朱元丰满脸阳光地笑着说道。根据支教安排，朱元丰需要跟随母亲送教下乡。每到一个学校，除了当场演奏、配合母亲上好一节音乐欣赏课，还要为学生送上一场精心准备的大提琴演奏会，为学生们演奏乐曲。

“这里是我和元丰合作送教下乡的第五个学校，这段时间共安排送教七个学校，明天还要继续。”朱丹红老师说。每次授课结束，朱丹红都会开展教育教学讲座，分享自己的授课心得，与一线老师探讨优化小学音乐教育的方式方法，协助临夏提升教育教学水平。

朱丹红老师与临夏市教育局领导及八坊小学校长合影

“朱丹红老师把厦门先进的教育理念和方式方法送到临夏，送到八坊小学，对我们学校的帮助很大。朱老师的授课很专业、很新颖，师生互动性非常强，学生的积极性都被调动起来了。我们要多向朱老师学习，多向厦门支教的老师们请教。”谈及朱丹红老师的授课情况时，八坊小学校长马阳梅激动地说。

“今年一起来临夏支教的老师有 16 名，个个都是教学骨干。和他们比，我需要做的工作还有很多。条件允许的话，我想邀请临夏的老师到厦门去交流学习，我还准备在临夏策划一场主题为‘厦门临夏一家亲’的合唱音乐会，邀请厦门和咱们临夏的师生一起演唱，届时，元丰也会参与到乐曲的大提琴声部录制。音乐虽短，相信厦门和临夏的这份情谊将地久天长。”说着，朱丹红老师向记者展示了一首近期创作的歌词《河州的花儿，鼓浪的琴》：

河州的牡丹花儿开
有那潮来潮往的香味
鼓浪的琴声响起来
是那山海情深的旋律……

唱响东西协作曲，念好陇厦山海经

——厦门市第十一中学临夏支教纪实

厦门市第十一中学　潘丹桂

踏着晨曦，经过一天的奔波，我校支教团队，终于踏上了这片海拔2000多米的牡丹之乡——甘肃省临夏回族自治州，开启了为期一周的支教生活。

三代同行

此次支教，十一中派出了副校长林国斌老师、教师发展中心副主任廖燕老师和学校语文青年教师潘丹桂老师。这是一支跨越老中青的全年龄黄金组合。支教团队合理分工，发挥各人所长，通过专题讲座、听课评课和教科研活动等形式，真正把帮扶落到了实处。

支教团合影

在校园管理、教学团队管理和青年教师培育等工作上，林国斌副校长深谙十一中倡导的"厚德求真"之道，与对口帮扶学校的领导进行了深入的交流。他主讲的"厚德以涵育，怀虚而求真"讲座，更是毫无保留地介绍了十一中"厚德求真"的立校之本，多措并举的青年教师培养体系，精专博研的教学团队建设方法和精细科学的课堂教学集备方案。

面对临夏市一中的课题立项困难问题，廖燕副主任开展了以“课题研究”为主要内容的教师职业发展讲座。讲座中，廖燕副主任根据近日的课题立项交流，总结了老师们的实际困惑，分享了解决办法。不少一中老师们渴望成长，在讲座后主动寻求课题研究方面的指导，他们和廖燕老师边走边聊，从五楼的报告厅到校园门口的芍药花圃，讨论不断，启发不止。一中老师们的求实勤奋、真挚严谨，令人深受感动，他们对自我成长的投入与付出会筑成学校发展的基石，稳固有力。

青年教师潘丹桂老师介绍了十一中中考复习时阅读写作训练的具体措施。在名为“心之所向，行之所往”的讲座中，她介绍了十一中常年以来坚持的“以老带新”的传统，分享了自己在带教师父的热心帮助中逐步成长的故事，也分享了在教学和德育两个方面的经验积累。生动的例子常常引起在座青年教师的共鸣。

北塬上的炬火

临夏市的北边是高高的山墙，沿着盘山公路爬行向上百来米，便能看到宽阔的平地，这就是塬。北塬的中部坐落着点对点支教的学校——临夏县三角中学。

支教团队在三角中学观摩了杜金龙老师和陈玉娟老师的英语课，两堂课同课异构，风格截然不同。三角中学的陈玉娟老师2018年曾至厦门十一中跟岗取经，她把自己所见、所感和所得带回三角中学，现在的她教学设计灵动，课堂气氛活跃，公开课上学生们发言积极，学习投入，良好的学习状态令人眼前一亮。这一堂课的小组竞赛等课堂组织形式颇有十一中特色。一堂课后，林国斌副校长和廖燕副主任立即与三角中学胡校长交流。大家非常惊喜，东西之间的协作互助不仅仅是一篇篇新闻报道，不仅仅是一次次来来往往，而是真实的促进，教学智慧的渗透。陈老师的进步像是北塬上的炬火，发挥自己的光与热，用情怀和行动照亮北塬的孩子们求知的路途。

课堂教学是人才培养的主渠道和主阵地，是提高教学质量的关键环节。在为期九天的支教中，十一中的支教团队立足课堂，通过观课评课，了解对口帮扶学校的教学实际，诊断把脉，提出切实有效的提升建议。通过走进课堂，支教团队也感受到了两所学校青年教师钻研教学的热情，进行教学改革的决心，看到了两所学校的美好未来。

唱好山海经

临夏芍药正艳，中考备考也正如火如荼。十一中支教团队根据实际情况，对症下药，进行针对性的指导。

林国斌副校长精心准备讲座，用朴实的话语，切实的建议，鼓励临夏市一中和三角中学的初三教师团队，精诚钻研，中考再创辉煌。他说：“埋头做事，抬头看路，两者并重，成长之路一定会是一条上坡路。”他鼓励青年教师把握职业生涯的黄金时期，加快成长的步伐，为学校的发展提供支持。

林国斌副校长作讲座

面对毕业班复习的关键节点，廖燕副主任以“重视诊断数据，精准冲刺复习”为题，带去了十一中近几年在“精准教学”上的成果，带去了高效可行的质量分析方法。讲座中，各个学科丰富生动的备考具体举措，给对口学校的教师们在实际中运用创新带来了可能性。依据两所中学不同的教学实际，带去了十一中的实践成果，助力中考复习。

讲座结束后，三角中学胡校长鼓励初三各科备课组积极和支教团队进行交流。三角中学初三备课组认真就备考策略的细节进行了提问交流。霎时间，会场变得热闹起来。

这次点对点支教，正是芍药灼灼之际。通过合理分工和精准解惑，十一中支教团队给临夏市一中和三角中学带去厦门的教育智慧，助力埋头苦干的老师们总结一线教学经验，利用有效的教学管理手段，促进德育教学工作双开花，更全面地发展起来。

同时，临夏市一中老师们在课题研究上的创新意识，以及三角中学教师们在提升业务能力上的钻研精神，也将跨越千里被带回厦门，感动更多的十一中老师们。交流学习，双向互动，共促发展，才是念好陇厦山海经的关键所在。

支教，是一场美丽的遇见

厦门市大同中学　陈希梅

受思明区教育局委派，我参加了2018年4月11日—5月11日赴甘肃省临夏县支教工作。支教期间，我不仅带领本组教师出色地完成教学和教科研指导工作，而且积极承担思明区教育局委派的做好临夏县支教一年教师思想和生活协调工作，发挥了重要的作用。

陈希梅

引领支教校师生共成长

每周承担临夏县中学高二（9）班3节的生物会考教学。为了激发学生的学习热情，我不仅每节课制作生动丰富的课件，而且通过密切联系学生的生命、生存和生活教育，激发学生喜欢生物、热爱自然、珍爱生命的情感，较好地提升了学生的生物核心素养。

每周聆听临夏县中学生物及其他教师的5~10节常态课。课堂中我密切关注师生的教与学状态，课后积极与授课教师交流，倾听他们的教学意图，给予中肯的改进建议，引导他们通过有效反思提升教学的实效性。针对支教校有些学科实验设备不齐全、教师无法课上给学生演示的情况，我通过微信和厦门市大同中学教师联系，请他们帮忙拍摄实验演示视频，以支持支教校教师更好地开展实验教学。

定期参加支教校每周四下午的化生备课组活动。通过观察混合备课组开展活动的方式及内容，指导备课组长规范设计每周例会的方案，指导组内教师科学的说课、观课、评课，引领备课组活动由规范走向理论研究和深度教研，较好地提高了支教校教师的团结协作及专业素养。

春风满面，努力和支教校师生交朋友。通过广泛地了解，我得知支教校教师存在的最大问题是不懂得撰写论文和开展课题研究，进而影响教师的职称评定和专业发展。于是我和支教校分管教科研领导及教研室主任协商，分别开设理念提升、论文撰写和如何开展课题研究的系列专题讲座。我以支教校仅有的三个立项课题为抓手，在如何选题，如何确立课题研究的方法和思路，如何有效撰写开题、结题报告以及如何规范汇报等环节进行指导，进而引导支教校教师把教学和课题研究有效整合。这些讲座不仅引领支教校教师开始关注学生的核心素养发展，更利于教师的专业发展，因而获得支教学校教师的高度认同。临别前，他们纷纷通过微信、QQ 发来感激祝福的话语，让我深切地感受到手把手地指导他们通过课题研究和反思论文成长远胜于我们给予他们的每一场讲座和授课。

支持教师以赛促教。支教期间，临夏州举办 2018 年理科教师实验技能大赛，支教校杜发利老师代表学校参赛。于是我热情地给予指导，从选题到实验器材的准备、实验步骤的实施以及实验过程说明等，并多次陪着杜老师完成实验，给予指正。最终杜老师不负众望，获得临夏州 2018 年中学理科教师实验技能大赛高中组生物第二名的好成绩。

引领支教战友共发展

此次支教，我担任临夏县支教教师组长，5 位成员分别来自思明区各小学和幼儿园，都是“80 后”“90 后”教师。这些教师有热情、有能力，我们设立“家规”，要求大家要全身心地投入支教工作。这些教师早出晚归，通过上课、听课、评课、指导课外活动、指导教师参赛等形式为各个支教校教学和教科研做出了重要贡献，每个人都开设了 3 ~ 5 节的公开课或讲座，获得支教校师生的喜爱。针对这些年轻教师喜欢唱歌的爱好，我鼓励他们把休闲歌词转变为支教之歌，并和她们一道不断修改，上报厦门驻临夏县扶贫办。最终，《临夏，我来啦！》这首歌不仅飞回厦门，为两岸青年为爱“益”起跑公益活动助力，而且走进临夏州电视台、福建教育电视台、厦门电视台、厦门新闻广播和厦门思明教育网，得到临

家访

夏州代州长、州委书记的高度重视，责成厦门市委分管领导协调，拟请厦门六中合唱团翻唱。

我们还利用周末学生放学回家之际，在厦门驻临夏县扶贫办及支教校领导的大力支持下，上山到留守儿童家中进行家访。通过观察留守儿童的起居住所、生活饮食，和他们的监护人促膝谈心，指导他们如何更加有效地促进学生健康成长。支教期间，我要求支教教师必须在微信中传播正能量，于是很多厦门家长通过我们十天一期的宣传，知道我们正在为国家级贫困县做贡献，他们纷纷献出爱心，厦门旅游集散中心、园南小学、大同小学分别为临夏县学生带来旅游纪念品和学习用品，通过我们的手传递出厦门人民的爱，让更多的临夏县学生知道厦门，受惠于厦门，爱上厦门。

为一年支教教师搭建平台

临夏县目前有两位支教一年的女教师，我们去的时候，她们也才到临夏县一个多月，不仅生活交流不方便，而且遇到学科瓶颈。于是我受思明区教育局委托，通过深入了解，决定为两位支教教师申报支教工作室，拟通过这种形式让她们更好地发挥支教作用。于是我指导她们完成工作室工作方案，不断修改并提交给临夏县教育局，得到教育局领导的高度认同，马上责成相关部门给两位老师各拨付每年5000元用于开展支教指导工作。两位支教教师所在校领导高度重视，不仅提供工作室场所，而且挑选精兵强将，加盟工作室，进而不断成长。支教期间，我每周多次看望她们，和她们深入交流，疏解她们的困惑，解决她们的困难，指导她们如何在支教工作中更好地发挥作用，使她们感受到家人般的关怀，对支教工作更加充满热情和信心。

你们的笑和凡·高的画一样美

厦门市前埔北区小学 洪宝慧口述 黄益冬写

支教于我是一个梦，20 多年了，没承想 2018 年初，梦成现实！儿子赞叹："妈妈，没想到你这么有情怀！"

紧张准备的日子是忙碌而又盲目的，网购、逛超市……积攒了半辈子的购物欲好像一下子被释放了，竟不知不觉添置了整整十二箱行李。里面有投影仪、净水器，还有各种各样的生活用品。抵达临夏时，来接我的当地领导们与行李堆中的我面面相觑。看着他们哭笑不得的表情和四周现代化的城市建筑，我也不禁觉得自己太孤陋寡闻了。

安放好行李，我便马不停蹄地去逛当地的历史博物馆、彩陶馆、八坊十三巷、东宫馆……一件件深具文化底蕴的传统工艺品看得我如痴如醉。只是，我不知道这里的孩子们是否认识到家乡的美。

发现家乡的美

我的支教任务是美术教研员，被安排在临夏县韩集镇双城中心小学，以此为中心开展我的支教工作。这是一所百年老校，2014 年迁址新校区，有 20 个班级，管理 4 个村校、5 个幼儿园。这么多所学校中，只有中心校有一名代课专职美术老师，见此情形，我内心暗觉不妙。

我主动向校长申请美术课堂教学，中心校 4 节、村校 2 节、兴趣组活动课 2 节。学校也有投影仪，但是大都坏了，每次上课我都背着自己从厦门带来的投影机，给孩子们播放他们自己家乡的风景、美术作品、工艺品，引导他们阅读其中的美，孩子们眼里泛着光，好像第一次认识自己的家乡一般。

我教孩子们写生，让他们写生窗台上的鲜花、地上捡起的树叶、天上飘过的云朵、家乡盛开的牡丹……临近下课时，我会点评孩子们的画作，画得好的孩子可以带着画作到黑板前面合影，孩子们热情高涨，进步的速度让我惊讶，对美的感知能力和表现能力更是令我惊喜。

有一次，我在黑板上写板书，一转身正想提问时，发现孩子们一双双明亮的大眼睛，眼神里充满清纯、质朴。我突发奇想，想要留住这绝美的瞬间，随即拿出手机拍下这动人的画面。孩子们看到我的举动，先是一愣，然后会心地笑了，听课的老师也忍不住笑了。多么可爱的孩子们，我内心告诉自己：面对这样一群小天使，我愿竭尽所能！

孩子，你慢慢长

有一个“小调皮”，上课时候总喜欢“捣蛋”，可以在书桌底下从最后一桌钻到前面，还悄悄卸掉桌椅的螺丝。有些老师对他“敬而远之”。第一次写生课堂，我便从他的习作里看到了孤独和无助。

我赶紧去了这个孩子的家，家里就他和奶奶两个人，一座土炕几乎占满了整个房间，写作业就趴在炕上写。听孩子奶奶说，孩子母亲在他三岁时候就不知去向了，此后没多久，父亲也去了西藏，几乎没怎么回来，家里就剩一老一小。听到这些，我摸摸孩子的头，告诉他：奶奶爱你，你也要爱奶奶，老师会经常来看你的。

第二次去看孩子的时候，我带了美术和书法工具。我给他看美丽的画作，教他安静地画画和写字，鼓励他大胆表达出内心的想法。他画得很认真，每画完一幅，就兴奋地跟我讲画里的故事。此后，我隔三岔五到他家去跟他聊会儿天、画会儿画。渐渐地，我发现，尽管他还是会搞丢画笔，但是，画中的景象越来越美好了。

你们的笑和凡 · 高的画一样美

比起中心校的孩子，村校的孩子显得更加质朴、腼腆、怯弱一些。我每周要去三个村校上课，其中一个是沙塄沟小学，学校在黄土高坡的山顶上，离我住的双城中心小学有十几公里的山路，道路蜿蜒曲折、坑坑洼洼。我随机走访了几个学生家庭后发现，学校的孩子多是留守儿童，很多家庭经济状况不太好。

洪宝慧举办乡村画展

我利用投影机引导孩子们看凡·高眼中的麦田、塞尚笔下的乡村、米勒画里的土地，告诉他们乡村在艺术史上的价值。偶尔，我也跟他们提起，艺术作品不仅只有审美价值，一样也有很好的经济价值，凡·高一幅画可以值几千万。有一天，一个孩子怯生生地跟我说："老师，你经常跟我们说凡·高，能不能多给我们看一些他的画。"

于是，我决定在村校办乡村画展。我带去了几十张以凡·高的作品为主的名画，在树和树之间拉起了绳子，用夹子把画作挂在绳子上……没有专业的灯光，无需精美的画框，画作在高原的阳光里自然夺目。清风徐来，孩子们的笑脸与风中摇曳的作品又构成了一幅绝美的图画。

美好的改变不期而至

可能是意识到自己这辈子在职期间也许就这么一次支教的机会，我恨不得把支教日子的每个缝隙都填满。除了上课，我还指导兴趣小组，见缝插针地给当地老师们普及美术教育的相关知识，拜访本地艺术家共商如何让孩子传承民俗艺术，跟随公益组织到各个乡村开展公益活动……我并没有期许我个人些许微薄的努力能够产生多大的效应，但是，改变的不期而至令我倍感鼓舞。

暑假时候，我接到了一个意外的"礼物"，我指导的三位书法兴趣组的学生，在临夏市首届中小学生书画比赛中荣获了优秀奖。

下学期一开始，我看到学校里的投影仪等荒废的电教设备全都修好了，县教育局也开始重视音体美课程的教研工作，成立了音体美教研组，认真实效地开展听课、备课、教研活动，中心校派更多的音乐、美术老师到村校援课……是的，改变不仅发生了，而且比我想象中的更快、更多。

执拗挑战"不可能的任务"

欣喜之后，我接到了一个令我"紧张无眠"的工作，当地教育部门安排我于10天过后的9月14日，在"临夏州小学书法教师教材培训"活动中，承担小学书法学科示范课教学，给全市的200多名老师上一堂小学书法公开课。

思考再三，我决定选择一年级开课，我的同行朋友提醒我，这是一项"不可能的任务"，刚刚入学的一年级学生并没有认识多少字，更何况，只有10天的时间准备。但是，在支教之前，我的确也思考过如何在一年级的学生中开展书法教学，也试教了两年，觉得是可行的。

在准备公开课的那几天，我十分焦虑，甚至失眠，大量翻阅资料，总结过去试行经验，执拗地挑战"不可能"。

在不安和些许兴奋中，我走上了公开课的讲台。我先让学生握笔，学画线条，安静耐心细致地让笔墨慢慢走，从自己家走到外婆家，从山脚走到山上，从家走到学校，感

合作学习课堂作业展示

受笔与纸的交流，体会笔墨行走的美……线条练习完了，我给孩子们看视频，了解汉字起源，听象形文字的故事。孩子们静静地听，积极地举手发言，认真地练习象形文字，成功的喜悦洋溢在脸上，那一刻，我知道我的执拗成功了！

一束微光的力量

在日常教学中，上学期，我让孩子们爱上了写生，欣赏了家乡的美。这学期，我想让他们发现自己的美，体会友爱协作的好。

我让孩子们观察自己，认识自己，描述自己，还让孩子们共同创作，一起收获成功的喜悦。

我还鼓励孩子们大胆和外面的世界建立友好的联系，牵线厦门公园小学和临夏县沙塄沟小学的高年级同学们互相通信，了解彼此不一样的生活，建立相互之间的友谊。

在不断传递的善意中，爱意在滋长。我身边的同事朋友、家人亲属纷纷打听我在临夏的所见所闻，并踊跃献出了自己的爱心。我的初中同学和他的同事各爱心资助了临夏县1位贫困学生从小学到大学毕业的所有费用。我的邻居捐赠了180件全新羽绒服，给临夏县贫困山区的孩子送去一份温暖；我的同事和学生们，捐助了大量的课外读物和玩具，给远方的朋友们奉上一束束微光的力量……

临夏情，教育扶贫梦

厦门市演武小学　庄少芸

6 月的临夏，气候宜人，温暖如春。更暖的是临夏人的淳朴、真诚与热情。在临夏支教的九天时间里，内心深处一直有一份柔软在荡漾，有一份感动在传递。择取其中的几个小故事，述说我与临夏的不了情。

一

6 月 3 日，临县市建国小学五年（3）班，下课间隙，我无意中路过这个班级，一声声“庄老师”把我呼唤进了教室。一进去，孩子们簇拥过来，也不知道是谁的手，握住了我，一双又一双。“庄老师，您能不能再给我们上一节课？”“庄老师，太喜欢您给我们上课了。”“庄老师，您回厦门后还再来看我们吗？希望您能再来。”……稚嫩的童音里透露出满满的依恋。一一回答孩子们的问题后，上课铃响了，我走出教室，一些孩子从座位上移步，送了出来。个子小小的班长——一位小女孩追了出来，拉住我，一脸的不舍与期待。我忍不住泪湿眼眶。

所有的一切，源于前一天给这个班级的孩子上了一节主题阅读课“再读《慈母情深》”。短短的一节课，孩子们从拘束到积极发言，从低着头默默听课到抬头希望表达，从神情胆怯到目光充满自信……孩子们在阅读中思考，在思考中阅读，逐渐学会用发现、整合、建构的策略在文字中徜徉。多么幸福的共享时空。我分明感受到了孩子们对我带来的“新鲜事物”充满兴趣，感受到他们对外面世界的渴望与向往。

同样的场景在临夏县新集中心小学五年（2）班教室重演。隔着口罩的距离，我依然感觉到孩子们兴奋而剧烈的心跳，感受到阅读的种子已经播撒在他们心间。以至于，一节主题阅读课上了五十分钟，孩子们还摇摇头，不想下课，期待庄老师带领他们继续上下去……此情此景，作为一位老师，能不感动吗？能不幸福吗？一滴水滴，能荡起波纹；一点星火，可以点燃希望。我，一位热爱教育的人民教师，在临夏，用微薄的力量，燃起知识的火把，照亮孩子们心中的梦想。

和临夏孩子们在一起

二

临夏市建国小学三年（4）班教室，有孕在身的见习期教师马老师在执教习作指导课“我做了一个小实验”。前一个晚上，学校通知老师们，第二天庄老师可以再进课堂听随堂课并作指导。马老师第一位报名获得了此机会，连夜修改教案，制作课件，准备教具，听说结束这些活动时，已是凌晨。求知欲强烈的马老师全然不顾孕吐带来的麻烦，第二天精神饱满地站在讲台上，满脸笑容地和孩子们做实验，看实验，写实验。见习期教师的课堂尽管稚嫩，但是充满热情，积极上进的情绪和氛围感染着我，感染着孩子们。

上完课，我和三年级备课组伙伴们围坐在一起，借助马老师的课开始评课议课。虽然，我们没有见过面，或者只见过一回，对有效课堂的追求、对教育的热爱，一下子拉近了彼此的距离。大家畅所欲言，教过的，说说想法，还没有上这个内容的，说说预案，我们谈习作教学目标，说习作教学策略，不亦乐乎！我在伙伴们的期待中进行了指导性的点评——我讲述习作课与科学课的本质区别，介绍观察作文的指导方法，结合自己的实践经验分享习作教学的有效做法。两节课的研讨活动时间过得真快，马老师和几位伙伴都开心地表达，今天学会了如何上习作指导课，这样的指导策略太接地气了，真好操作。看着即将当妈妈的马老师一脸开心，我真幸福。

整场评课活动中，有一位年轻老师发言特别积极，给我留下深刻的印象。于是，评课结束后，我和她聊了起来。一聊才得知，这位刘老师是代课教师，因为种种原因，无法参加正式教师招考。已经在这里代课 7 年，每月工资 1500 元。家人多次劝她转行，随便干点别的，收入一定比代课老师高。可是，对三尺讲台情有独钟的她不肯离开她热爱的事业、钟爱的学生，执意留了下来，一代就是 7 年。校长告诉我，刘老师说，即使不给工资，只要学校需要，她依然要留下来教学。这段小插曲，让我内心涌动着一种特别复杂的情绪。在物欲横流的今天，在临夏，一个需要扶贫的地方，有这种对教育充满挚爱的年轻老师，让很多人汗颜，也让人产生无限思考。

我，一位平凡的支教教师，能做些什么呢？除了对她充满无限敬意，我可以给的，就是教育教学经验的共享。期待东西部的教育均衡梦、发展梦在我们这群拥有教育情怀的人心中扎根。

三

习总书记曾说过，“要把发展教育扶贫作为治本之计。”来到临夏支教，一定要到贫困孩子家走一走，看一看，送送温暖和祝福。这是我们演武小学四位支教教师的心愿。在两所共建学校领导的支持下，我们如愿以偿。首先我们来到小马家。小马是一位先天性肌无力综合征的患者，从九岁开始依靠轮椅生活。身残志坚的他对学习从不放弃，心中一直怀揣着一个梦想——站起来，读大学。看到因为给孩子治疗家庭困难的境况，看到孩子一双澄澈而聪慧的眼睛，我们四个人不断给予鼓励，希望将来能在厦门大学与他重逢。当天晚上，家访过后，小马同学的班主任给我们发来孩子写的一段话，“今天，班主任王老师告诉我，厦门市演武小学的支教老师要到我家来看我，听到这个消息后，我开心极了。终于，放学了，爸爸接我到家后，我如愿以偿地见到了厦门的老师们，她们给我送了慰问金、书包、文具……庄校长和我交流了学习、生活等方面，还鼓励我说：‘孩子，生命至上，健康第一，好好学习，早日康复，我们在厦门大学等你哦！’听完后，我热泪盈眶。厦门的老师们，感谢你们不远万里来看我，鼓励我，我一定会加油！”读完孩子的感受，我们几位老师百感交集，无比动容……

在临夏县，我们特地走访异地搬迁到新型农村的两位住户。在田间地头，路遇热情的老大爷，听说我们来自厦门思明，无比激动，一定要和我们说说心里话。老大爷质朴的述说中，讲到了党中央的扶贫政策，让新型农村的老老小小住上了新房子，过上了暖心的好日子，讲到了思明区政府对他们的关心与扶持，讲到了思明区很多老师都来到他们这里，教孩子们念书……大爷的话语中流露出的欣喜、感恩和惜福的神情，在夕阳的映衬下显得特别有精神，似一股暖流涌进我们心田。作为思明教育人，我们能为教育脱贫做点事，觉得无上荣光。告别大爷，我们走进孩子家中，映入眼帘的是“中华民族一家亲，同心共筑中国梦”的对联，听到的是一句句感恩国家、感恩共产党的话语，看到的是孩子们烫金的奖状。很欣慰的是，我们感受到了扶贫要扶智的力量在这些新住户中间传递。

听大爷讲述思明扶持的故事

九天的短暂支教生活，留给我太多故事，太多感动，太多念想。好友曾说过，一次临夏行，一生临夏情。果真如此。好几个晚上，我都做了同样的梦——临夏的孩子们在书海中遨游，课堂中，老师们一脸灿烂地和孩子们积极互动，共享教育的幸福时空……

月季香，临夏行，支教情

——记 2020 年 6 月九天临夏支教活动

厦门市演武小学 陈诗卉

怀着一腔热血和一颗惴惴不安的心，我作为演武小学此行最年轻的支教教师第一次踏上了远赴甘肃省临夏回族自治州的路途。思明区 43 位老师结伴而行，一路互相帮助，互相鼓励，九天的支教之旅，让我们成为相知相熟的一家人。

演武小学四位支教教师合影

6 月，是临夏花儿绽放的季节。一簇簇婀娜动人的月季花，不仅让河州城的大街小巷涂抹上了几分艳丽之美，也让厦门来的支教老师们抬头见绿、起步闻香，时刻感受着这座城市的勃勃生机、缤纷多彩以及人们的热情。

抵达当天，临夏县委书记和县长就亲自迎接，隔天临夏县教育局周副局长还专门召开了2020年临夏县迎接厦门市思明区对口短期支教工作会议。在会议上，周副局长倡导扎实、有效、深入基层的支教工作，避免蜻蜓点水和走马观花的走形式支教工作。与会支教老师纷纷表示认可。我们也感受到了此次临夏支教的任重而道远。

支教工作会议结束后，我和同行的温芳丽老师就一起前往对口的支教学校——临夏县新集中心小学参加了新集学区的欢迎仪式，并受邀参加新集中心小学的少先队扩队仪式，与孩子们共庆六一。活动伊始，温老师代表厦门市演武小学向临夏县新集小学的孩子们送上来自演武小学王校长、老师和同学们的视频祝福，并赠送演武小学的校园人物卡通公仔——小文小武一对，希望新集小学的孩子们能文能武，成为文武双全的新时代好少年。在六一庆祝活动中，新集中心小学的师生们载歌载舞，多才多艺，展现了健康向上的积极面貌。新集小学张校长以生为本，全面培养孩子，希望每个孩子和老师都能有机会站上舞台展示自己的教育理念，让我们感受颇深。

接下来每天的支教活动在开课听课和讲座、座谈交流中有序进行着，我们深深地感受到了临夏市和临夏县老师们渴望学习的热情和校领导对于学校有更多发展可能性的展望。

陈诗卉老师在新集中心小学授课

七天时间里，演武小学四位支教老师在两所学校开设了8场专题讲座，执教了6节示范研讨课，听取11节研讨课和随堂课，参加了9场研讨活动和5场座谈会。支教成果得到两所学校领导、老师和学生的高度评价，体现演武人团结协作、敬业爱岗、认真工作的精神风貌。

哪怕是周末，支教活动也没有停下脚步。为了积极响应国家精准扶贫的政策，充分发挥教育在扶贫中的作用，加强学校与贫困家庭、教师与家长的联系，周六和周日我们四名老师携手新集中心小学和建国小学的班主任们分别走访了四个生活较为贫困的学生家庭。

刚和建国小学校长老师们走到马同学家楼下，看到熟悉的轮椅和一张朴实可爱的脸庞，我的心就仿佛被针扎了一下。熟悉的场面，让我想起了同样患有先天小儿麻痹症的表弟。到马同学家中看到熟悉的复健器材，表弟从小含着眼泪努力练习站立和走路的画面一下子又涌入了我的脑海。

还记得表弟他从小就无法和其他孩子一样自由活动，但是身残志坚的他在学习上刻苦努力、成绩优异，现在已经大学毕业顺利在IT公司就业。作为相差两岁从小一起长大的表姐，我知道他的每一步都是艰辛的，在学校受过同学欺负，在公司也曾经被同事排挤，一点一滴的成绩都是他付出比常人更多倍的努力才换来的。看着同样坐在轮椅上却扬起笑脸努力憋住感动泪水的马同学，看着面对前来关心慰问的老师们激动地连连握手的马家父母，我们的关心和慰问显得如此微薄。他们遇到这样的困难是不幸的，每天来回接送，在生活和学习上要比一般的孩子操更多的心，下雨天尤其辛苦，但他们又是幸运的，有关心他们的领导和老师们，因为马同学情况特殊，为了方便他的出行，班级教室总是被特意安排在教学楼的一楼方便他轮椅的进出，对于马同学的表现，班级老师总是看在眼里积极予以鼓励和肯定。这次我们支教老师从厦门远道而来，不仅给他和家人送上了亲切的关怀，也给马同学送上了六一节的礼物——学习用品、书籍和红包，鼓励他和父母勇于面对生活中的困难，努力复健，争取早日治愈到厦门这个第二故乡来走走看看。

告别马家父母，我们和临夏建国小学的老师们又一起来到张同学家。看着破旧而简陋的房屋，不禁感慨贫困学子的不易，张妈妈打零工每月仅1500元的收入，要负担两个孩子的生活和教育支出，孩子因为家庭原因，无法安心学习。扶贫让他们看到了希望。

隔天，我们和新集中心小学的老师们一起走访了两户异地搬迁到新型农村的住民家庭。老师们亲切问候家长和孩子，切实了解他们的实际情况，为后期寻找多种资源帮扶提供依据，购买了适合孩子的学习用品和书籍，并送上暖心的红包，鼓励家长要敢于面对生活的困难，积极通过自身努力改变家庭现状。让人欣慰的是，两户走访的贫困家庭孩子学习认真自觉，成绩优异，班主任们对两位孩子在学习上的表现赞不绝口。

通过走访，老师们也感受到了家长对孩子教育态度的转变，意识到读书才能有走出贫困的出路。这次家访，让学生感受到了学校与老师对他们的关爱，树立乐观面对生活的积极态度，珍惜学习的机会。受访家庭的家长，很感谢政府与学校的关心和支持，对孩子和家庭给予的鼓励，很感动。家长也表示，一定会想方设法让孩好好读书，做对社会有用的人。

此次支教活动的入户走访，演武小学的支教老师们更进一步地了解临夏市和临夏县贫困家庭以及贫困学生的生活、学习情况。加强了两地间家校的通力合作，让他们感受到来自国家、学校和老师的关爱，促进学生的健康成长。

九天的支教生活短暂却又充实，每天都是天一大亮就整装准备出发，晚上伏案准备授课和讲座材料到深夜。通过走访和实地授课，我深深地感受到了临夏学校的不易，面临着经费不足、生源状况复杂、教师工作待遇偏低、环境较差等困难，但是各校的领导老师们却无怨无悔，顾大局，识大体，把一切精力和心血都倾注在学校的教育事业上，这种高度的社会责任感，对教育事业的挚爱和奉献精神，深深地打动着我们。孩子们饱满的精神，对知识的渴望，对劳动的积极热爱，对远道而来客人的尊敬有礼貌，都给我们留下了深刻的印象。这一次支教活动丰富了我的人生经历，给了我一个锻炼自我的平台，开阔了我的视野，将给我今后的人生道路带来更多的启迪，在今后的工作中努力提升自己的专业知识，做一名优秀的人民教师，为这个信念进行坚持不懈的努力，实现自己的人生价值。

临别的夜晚，看着晚上 9:00 才初暗的夜幕，特别舍不得临夏这座城市，特别舍不得这里热情的人们，特别舍不得这里渴望知识的孩子们。赋诗一首，希望下次有机会再来，能积累更多经验分享给这里孩子们和老师们。

月季香，临夏行，支教情

只道支教已九日，
临夏每日沐花香。
授课讲座已完成，
交流研讨仍进行。
归家亲友虽欢喜，
却念今晚是别离。

——记于 2020 年 6 月临夏最后一晚

从“心”激活这片土地

厦门市民立小学 王 萍

离开甘肃临夏县已经快半个月了，每每回想，这一段支教时光就像一部电影，当一帧帧画面在眼前闪过时，泪水还是模糊了双眼。那一段段用“爱”点亮纯真的回忆，那一串串用“心”走出的足迹……恒久难忘。

一幅“房树人”的唤醒

在临夏的艳阳中，我走进临夏县双城中心学区下属的下阴洼小学。当得知我是国家二级心理咨询师时，驻村校校长立马带我到四年级的教室，告诉我这个班级21个娃都不太爱说话，也难得会笑。因为他们都是留守儿童，有十几个还来自单亲离异家庭。

于是，我从游戏开启我和他们的连接，在一次次游戏互动中，孩子们放下了防御的外壳，发出欢快的笑声。接着，进行“房树人”的主题心理绘画。尽管我一次次大声提醒：“孩子们，不是比赛画画，想怎么画就怎么画。没有对错，不需要用橡皮擦、尺子。”孩子们还是很努力地用稚嫩的双手擦了又画，画了又擦，唯恐没有画好。

瞬间，我的内心掠过一丝丝辛酸。是什么让这群孩子那么不安焦虑、刻板压抑呢？当一幅幅“房树人”心理绘画作品展现在眼前的时候，一切都明了。是家，是爱，陪伴缺失让孩子们的心门关闭；是家，是爱，情感缺失让孩子们渴望温暖；是家，是爱，支持缺失让孩子们只能那么刻意努力，想要获得别人的肯定。这些压抑了只有9岁孩子本该有的快乐的童年。我的眼眶湿润了，有个声音一直在耳边呼唤：“快帮帮这群孩子吧，他们都是天使，他们是无辜的。唤醒这群孩子吧，不要让天使折断了翅膀。”于是，我运用积极心理学的方法，让孩子们在发自内心的“我可以！我可以！”的呐喊声中，一次又一次地拥抱自己的身体，感受自己的身体，告诉自己：“无论发生什么，我都要好好爱自己，照顾好自己，努力学习，考上自己梦想中的大学，做优秀的自己。”看，孩子们那一双双纯洁的眼睛里闪烁着光，那一张张高原红的脸庞露出了久违的微笑！

一堂“252名学生”的生涯规划课

“我知道，我的未来不是梦，我认真地过每一分钟……”临夏县韩集镇双城中心小学六年级全体学生在我的带领下放声高唱。这是我为他们带来的“我的未来不是梦”生涯规划心理健康辅导课。

王萍老师与学生共唱《我的未来不是梦》

我从来没有上过一堂有252名学生的心理课。课堂从孩子们伴随着《海草舞》的音乐随心舞动开始，我带领着孩子们初步了解人生路线图和美国职业心理学家霍兰德职业六边形理论，一点点唤醒孩子们的生涯意识。紧接着，通过心理意象游戏，带着孩子们一起闭上眼睛穿越时光的隧道，让孩子们去遇见二十年后的自己，并画下来与同学分享。在我一句句爱的语言的鼓励和肯定下，孩子们纷纷上台分享自己的职业梦想。一张张各具特色的职业梦想图，一双双炙热的眼睛，一声声发自肺腑的自我寄语，感动着现场的老师和同学们。课堂在孩子们的《我的未来不是梦》歌声中结束。此时的孩子们，身上充满了向梦想前进的力量。

一场"拖堂"的教师例会

2020年6月1日，在与陶校长聊支教课程设置时，他被我满满的干劲感染了，立刻决定将下午的教师例会改成教师心理健康讲座。本来只有一个小时，不知不觉我"拖堂"讲到了6:30。因为当时老师们久久不愿离开，我完全没有意识到拖了这么久。

隔天早上，我胆战心惊地问陶校长："昨天'拖堂'，老师们有没有'抱怨'？"他说："怎么会！你没看到吗，他们还不想走，想问你这个问题那个问题呢！"那时，我才松了口气。下午再去学校时，果然有好几个老师跑来找我做个人咨询。在接下来的日子里，每天下午都有学生、老师来找我做个案疏导。虽然很累，但我乐此不疲，很开心可以帮到他们。

来临夏支教前，我和陶校长沟通后得知该校的心理咨询室没有一套完整的沙盘，老师们对沙盘游戏也很陌生。我便自发为学校师生捐赠全套价值近4000元的高级版的沙盘，并为中心小学和四个村校的班主任老师、兼职心理老师开展3个多小时的“方寸之地，聆听心灵的声音”沙盘游戏疗法系列的培训。

一次“沙盘游戏”的看见

德育处组织了15名行为偏差的孩子来到心理咨询室，我将运用沙盘游戏治疗技术开展心理团体辅导。

我带着孩子们从热身游戏“梅花梅花朵朵开”开始，孩子们有了久违的笑容。

接着，孩子们分成两组触沙，告诉我：“沙子让我想起了很久很久以前妈妈的双手”，“让我想起小时候和爸爸妈妈在一起的时光”……因为得不到父母无条件的爱、允许、接纳、支持而产生的种种愤怒、封闭、压抑、自卑的情绪流淌在手中的细沙中。

团体沙盘的创作中，孩子们交流互动，最后给作品取名为“人物各异的小镇”。沙盘中的各种奇形怪状的沙具，孩子们的各种障碍和内心的冲突、恐惧、害怕、不安都一一呈现出来。看到这些，感受到这些，我禁不住想对这些孩子们的爸爸妈妈们说，请用心保护好你的孩子吧，他是我们的天使。

一个“有召必回”的承诺

随着支教结束的时间逼近，一切都变得清晰，晶莹，珍贵。我内心渴望着时间的脚步慢一点再慢一点，甚至幻想自己还可以再申请留下来。因此，我已经忘记高原反应带来的身体不适，几近疯狂地把每一天的日程都排得满满当当。当我拖着疲惫不堪的身躯回到宿舍的时候，我几乎就像一摊泥躺在那里无法动弹。

我不禁思索。支教到底要支什么？帮扶到底要帮什么？支教的本质是什么？此时此刻，我起身翻看着这些天手写的厚厚的个案咨询实录，回溯这些天来承接的一个个心理咨询案例。有老师，有学生，还有家长。我看到了隐藏在这些现实背后的真实，那都是一个个潜意识索取爱的行为啊。其实，每个生命都是本自具足的，每个人内在都蕴藏着巨大的潜力和能量，只受限于我们如何看待自己和自己所处的环境。因此，支教的我所必须做的是成为“爱”，让爱成为一束光，激活他们内在的能量，激活这片充满开发潜力和发展前景的土地。在爱之中，一种自然的重新平衡发生了，就像凤凰浴火般的重生！此时年过半百的我内心突然发出一声呐喊：“为了这一片土地，我将再活50年！”

纵有千般的不舍，别离总是如期而至。最后一天，我本不想再去双城中心小学，因为害怕见到孩子们、老师们，害怕离别的场面，害怕泪水一触即发……可一切害怕终究抵不过内心的牵挂。我再次走进校园，参加了升旗仪式。当陶校长感谢的话语在耳边响起时，泪水还是不听话地冲到眼角。我抬起头，只见两只喜鹊在升旗台上方盘旋，舞动着翅膀，叽叽喳喳的，为离别增添了一份意外的惊喜。

我深知，厦门与临夏虽然相隔千里，却心心相印。这份离别情也会化为彼此重新开启的心流，化为继续前行的动力。吾将不负韶华，有召必回。

短期支教工作会议合影

踏遍青山，风景这边独好

厦门市园南小学 王筱韵

我是一名小学老师。曾经，我游遍国外的大好河山，只因我不喜祖国北方的寒冷、内陆的干燥、东部的嘈杂、西部的贫瘠。我自以为世界的风景尽收眼底，却不知我的祖国，我的母亲，孕育我的这片土地，真实的样貌，直到那次西部支教。

记得很小的时候，看过《美丽的大脚》，那是一部奠定我从教、支教梦想的电影。2018 年，我积极响应号召，报名成为厦门市思明区教育局第四批前往甘肃省临夏回族自治州支教的教师，为期一个月。我带着儿时的梦想，踏上了大西北的土地。

飞机上俯瞰大西北，和蓝绿色的南方相比，那是另一个天地，眼前满是茫茫的沟壑纵横的黄土地。下了飞机，干燥的气候，加上高原反应，我们一行人都有点不适应。但在驱车从兰州前往临夏的路上，满是黄土的视野里，居然渐渐夹杂了许多星星点点的小花，当地同行人告诉我们，那是杏花和梨花。它们有的红、有的白、有的粉，就这样绽放在这片看似贫瘠的黄土地上，让人看到希望。“到了 5 月，牡丹就开了！更美呢！”

这里，是临夏回族自治州，有着和厦门截然不同的风土民情，但不同的地域、不同的文化，都有着同一个根源。我所支教的学校，是临夏县的韩集小学。我与韩集小学的老师和同学们一起上课、教研、唱歌、做游戏……把厦门先进的教育理念带到临夏的课堂，带孩子们一起看更广阔的世界。和大家相处的时光虽然短暂，但那一份特殊、亲切、珍贵的情感，把我们的距离拉得好近好近。我永远都忘不了，当我们要离开的那一天，孩子们自发地唱起了《苔》，“苔花如米小，也学牡丹开。”稚嫩的声音回荡在教室里，有不舍、有深情、有希望。我相信，在临夏这片土地上，这些小小的苔花，终究能像临夏的牡丹花一样盛放。从此，我多了一份牵挂，多了一群可爱的伙伴，多了一个故乡，那一片坚强的土地。

回来之后，我们班和我所支教的班级就建立了笔友关系，每个月，我们都会组织孩子们相互通信，每个孩子，都有他们千里之外的知己好友。在一年多的通信中，我和孩子们更深深感受和见证了临夏发生的变化。教室换了新课桌，图书馆迎来了更多新书……一切，都越来越好。

王筱韵老师与临夏县韩集小学的同学们在一起

这次宝贵的人生经历，让我见识到了祖国的广袤与壮美，那沟壑纵横的黄土地、历史悠久的茶马古道，静静地诉说着几千年的更迭变迁。我也折服于祖国文化的多样与包容，汉族、回族、藏族，各族人民和谐相生，和而不同，美美与共。我更感受到了祖国的发展与强大，那日渐修缮的村道、校舍，那越发幸福的笑脸，是最美的风景。

踏遍青山，方知国之壮美，飞入寻常处，方懂国之强盛。我们，正走在奔向美好生活的大路上的，充满希望，充满力量！

让“爱”远行

厦门市第二幼儿园 冯丽娟

为爱启程

宝贝：“冯老师，你不和我们在一起了吗？”

我：“冯老师要到很远很远的甘肃省当支教老师了，在那儿会认识许多和你们一样大的小朋友，和他们一起唱歌做游戏。”

宝贝：“冯老师，我们好舍不得你，你什么时候才回来呀！ ”

我：“老师去一年就回来了，到时候你们都成长为大班的哥哥姐姐啦！冯老师在很远很远的大西北依然会爱着你们的。回来后老师会讲那边小朋友的故事给你们听哦。”

即将踏上远赴西北的路途，第二幼儿园全体教职工和孩子们，满怀着对我的不舍和祝福，为我举行了一场简短而又隆重的欢送仪式。暖心的叮咛、贴心的礼物……带着厦门的爱心，我来到了海拔 2200 米的临夏县，在临夏县双城中心幼儿园当上了一名教研员。

我们的“家”

初到之时，生活的困难超出了我的想象。没有宿舍，当地教育部门在双城中心小学教学楼的四楼，为我和同批支教的老师各辟了一间教室当宿舍。一张床、一张桌子、一个档案柜、一台电脑，这就是我们的全部“家当”了。每到夜里，学校里冷冷清清，学校外面的街道上也空空荡荡，3 月的冷风吹得人心里发颤。一场沙尘暴还让我这个南方姑娘不小心病了一场。

体谅我们的难处，学校在五楼的厕所内为我们安装了一台热水器。只是每天晚上洗澡，必须顶着寒风，穿过昏暗、狭长的楼道，有时候恍惚觉得自己像是走在惊悚电影场景中。买了一床被子，一个电饭煲，一个布柜和日用品……勉强把这个多功能的宿舍布置出了一点“家”的味道。

爱的教育

安好了家，便要开始好好工作。通过接触，我发现这里的小朋友和厦门的一样，聪明可爱又善良，但当地幼儿园的教育理念、师幼互动的方式和厦门有着较大的差别。究其根本，还是教师的儿童观、教育观和课程观缺乏更好的引领。因此，我以老师们一周一次培训来为我的“爱的教育”破题，逐渐将“爱自己，爱家人，爱学校，爱家乡，爱社会”为主旨的教学模式融入当地实践。

充满爱的课堂

“爱自己”

所有爱的原点都是自己，因此，我要做的第一件事情是让小朋友们认识自己。我给小朋友们发了镜子，让他们先观察镜子里的自己，看自己的五官和别的小伙伴有什么不同，再用手中的画笔将自己画出来。孩子们都画得很认真、很开心，画完自己画同伴，然后，对着画中的自己哈哈大笑。而在我看来，他们欣赏自己的样子真美。

“爱家人”

爱己及人，爱的能力的培养首先从爱家人开始，我到临夏之后没多久，母亲节就要到来了。我们带领着小朋友们一起制作花束，小朋友们带着爱心，认真仔细地把手中的素材缠缠绕绕，变成精美的花束。制作完成后，很多小朋友对着手里的花束凝视良久，一副幸福满足的样子。放学铃声一响，小朋友们就迫不及待涌向门口，美滋滋地把手里的花束送给心爱的妈妈。

有了这样的基础，我再接再厉，和园长商议策划一场亲子运动会。没有合适的场地，我们就借用了隔壁双城中心小学的操场。我和园长带着小朋友们一起准备材料、布置场地。带着新奇和期待，小朋友们干劲十足。终于，在家长和小朋友的欢声笑语中，双城中心幼儿园迎来了第一届亲子运动会。爬地垫、两人三足、拔河……游戏简单有趣，家长和小朋友们并肩作战，虽然满头大汗，但个个都笑得前仰后合，爱意融融。

“爱学校”

学校是小朋友的另一个家，小朋友们自然也要一起装点“自己的家园”。我邀请当地的老师和小朋友们共同设计并创造新的校园环境。我购买了颜料、卡纸等各种美术材料，充分利用学校的长廊、墙壁，带领幼儿剪剪贴贴、涂涂画画。我们把大厅布置成奇妙的动物世界。在小朋友和老师们的巧手下，一只只可爱的小动物形态各异、栩栩如生。孩子们每天一早入园都会先和小动物们打招呼，显得格外亲切，孩子们更加爱自己的校园了。

既然是家，细节的布置更能体现温馨的感觉。我们在楼梯的拐角处做了音乐角、艺术角和阅读角。音乐角里摆满的是小朋友们利用瓶子、罐子、纸盒、纸箱等废旧材料制作的各种手工乐器。孩子们会在这里一起演奏，感受音乐的美好。艺术角里，全部都是小朋友们自己的绘画和美术品，还有丰富多彩的美工材料，小朋友们随时都可以在这里体会美术的乐趣。

“爱家乡”

故乡是每一个人的起点，临夏是个美丽的地方，我希望小朋友们能亲手把家乡的美丽表达出来。于是我利用“百米长卷”的形式，让孩子们手绘“可爱的家乡临夏”。那天，我们把长长的画卷铺在幼儿园的楼道上，五十几个小朋友在画卷两边同时作画，他们有的画鲜花，有的画彩云，有的画大树，有的画房子，也有的画家乡可爱的人们，童真和想象力让窄窄的楼道变成了大大的美丽家园！

“爱社会”

一次，一个孩子拉着我的衣角说：“冯老师，您给我讲个故事吧！”可是幼儿园里找不出一本绘本，我凭着自己的记忆给孩子们讲故事，孩子们都听得津津有味。听完一个，立刻争先恐后地说：“老师，您再讲一个，再讲一个吧！”

孩子们这么渴望听故事，可是幼儿园里一本故事书都没有，我把这一情况反馈回厦门。在六一来临之际，厦门市第二幼儿园全体教职工和全体小朋友们捐赠了丰富多彩的玩具、图书，整整寄了十大箱快递，给西北的小朋友们送来了大大的“六一”惊喜。小朋友收到礼物后，都爱不释手，格外珍惜。

之后，小朋友们利用捐赠的图书和物品创设了“阅读区”。每天闲暇时光，阅读区里都可以看到孩子们的身影。孩子们看完故事书还会与我分享，讲给我听，最后不忘对我说一句：“老师，谢谢您，谢谢厦门小朋友的书，我们很喜欢。”听到这些，我的眼泪也忍不住往下流。孩子们在社会的关爱中，懂得了珍惜，也将阳光反馈给了社会，这是对我“爱的教育”最美的诠释。

来自厦门的“六一”礼物

“爱不会散”

我：“宝贝，冯老师要回厦门了，你们会想我吗？”

宝贝：“会呀，老师不来了吗？”

我：“老师要回到原来的教学岗位了，那里也有很多跟你们一样可爱的小朋友在等老师。但是，老师会常常关注你们的，你们要好好爱自己，分享爱哦！”

宝贝：“老师，可以跟我们讲讲厦门小朋友的故事吗？”

我：“厦门呀，是一个和这里有着不一样的美丽的地方，那里的小朋友……”

临夏支教，永存心底

厦门市华侨幼儿园 许淑芳

对于支教，我是陌生的，但是心中有着支教的梦，有人说有一种青春叫支教，这是一辈子值得珍藏的回忆。在短短的一个月的支教中，在教师生涯中增添的不仅是足迹，更是阅历，增加了我生命的厚度。

声声关心，暖意长存

对于到大西北，作为一个南方人，我很忐忑，不知道是否可以适应当地的生活。但是在短短的一个月中，我感觉很快就融入支教生活，感受到的是家的温暖。临夏市的领导对支教教师的生活起居照顾无微不至，时不时地会问一声："你们缺什么？有什么需要帮助的和我们说。"我所在的支教学校是临夏市实验幼儿园，马园长和大段教研组长张老师向我介绍了园内的情况以及教育教学上的困惑后，我下园熟悉园所环境、了解办园特色及理念，熟悉教材，在后续的帮扶的过程中，他们对我每天衣服穿得够不够多、有没有睡好、饭菜是否合胃口加以关心，在这每一天充实的工作中，心里都是暖暖的。当我回到厦门的工作岗位，一想起临夏支教之旅，这一幕幕场景、一句句问候犹如就在昨天，依旧暖心，温度长存。

孜孜不倦，学无止境

在临夏市实验幼儿园的支教工作中，老师们的上进精神是值得赞扬和学习的。在三大创造游戏中，通过观摩游戏活动的方式，引导教师学会听课进行记录，将自己看到的、想到的进行记录，学会做到有思考性的听课评课。老师们从第一次不知道如何去写听课记录到后来能将自己的思考跃然纸上，从第一次的眼神茫然到不断有老师主动到办公室向我咨询专业上的问题。在交流的过程中，我看到了临夏教师想要成长、想要提高自己专业素养的那股劲和积极的态度。幼儿园万事无小事，每一个细节都是值得探究的地方。从三大游戏、区域材料、观察记录撰写、户外体育活动的设计他们都在高效地学习和调整，即使是我随口一说的小问题，也会铭记于心，积极寻找对策。晚上，在微信上我们也在探讨着相关的问题。在这期间，我也被他们的学习劲儿感动着，看到他们在极度缺乏优质师资的情况下也如此认真和努力，而我工作在一个有着老教师指导带领的环境中，还有什么理由不更加努力呢。我为临夏实验幼儿园带来了厦门先进的教育理念和教学方法，他们也教会了我如何更努力拼搏。用一句话来形容最为贴切，这就是“成人成己，授受共赢”。

2019年10月21日，临夏市领导到临夏市实验幼儿园看望关心许淑芳老师的饮食起居

有爱团队，惺惺相惜

在这短短的一个月中，来自厦门演武小学的虞佳鸿老师、厦门金鸡亭中学的蔡桂琴老师、厦门松柏小学的郭淑静老师和我，变成了一家人，每当想起四人的工作探讨，依旧格外怀念，每天晚上，我们会一起碰面，一起聊一聊当天的工作内容，经验丰富的蔡老师和郭老师会教导我们年轻老师用文字记录我们每天的工作，这份记录是工作路途上一份财富，给予我支持和建议，让我受益匪浅。我依稀记得，一天晚上 9:00 多的时候，我想把支教过程中的一些想法撰写成一篇论文，虽然有想法，有思绪，但是在整理论文的分点概述上较为混乱，于是我向蔡老师请教，在与蔡老师的交谈中，她将我所说的点一一梳理，形成论文框架，用词准确并且富有文学色彩，那是多少年的学习才会有的内化积淀，看到她，便决心未来我就要成为蔡老师现在的样子，学无止境的心境。我们

是个有爱的小团队，我们也是一家人，互相照顾起居，编早操的时候一起探讨动作，准备公开课的时候互相听课给予意见，撰写文案的时候相互传阅进一步修改，当周末的时候一起聊天散步。现已回厦半年，依旧会想起在宾馆里四人拿着笔记本进行工作总结的日子。

2019 年 10 月 18 日，许淑芳老师在临夏市实验幼儿园举行公开课——表演游戏“月亮姑娘做衣裳”

一个月，匆匆而过，但是回忆，永存心底。支教对于我来说是一次珍贵的锻炼和实践的机会，虽然时间很短暂，我与临夏的情却很长。在这一次支教中，我能风雨无阻，用自己的那份执着，为自己画上了浓墨重彩的一笔。我也希望未来的我依靠自己微薄的能量，能为美丽中国的支教事业添砖加瓦！

从大海边来的老师

厦门市第九幼儿园　杨琳媛

为人师者，都曾怀揣着一个关于支教的梦……

或许是绿皮火车都到不了的、人迹罕至的荒漠，或许是翻山越岭、手脚并用拾级而上的深山小村……

但想象里坎坷旅途的那一头定是孩子们纯真的笑脸和渴望知识的眼睛……

传道、授业、解惑，就是我们毕生的追求。

从大海边出发

从大海边出发，经历了汽车—飞机—汽车……一路颠簸着，从大海边跨越山河峻岭来到马集镇多木寺幼儿园。

第一次听到这个名字时，我一脸茫然，翻来覆去读了好几遍，也没把名字记住。

汽车穿过群山下蜿蜒的道路，出了县城，又穿过村庄，稀疏的村落里有出门赶集的人们，也有骑三轮车载着一车四五个娃娃去上学的家长。同行的老师介绍说，那些孩子多数住在附近的山间，每天就由一名家长负责几户人家的孩子一同下山来上学，家长轮流接送。车子左转进了小路，映入眼帘的就是一座墙体褪色但还算五彩的幼儿园，波浪起伏的围墙更是让我感受到了少数民族地区的建筑特色。

不宽敞的操场上容纳了 164 名幼儿，而教师却仅有 6 位。孩子们一双双明亮的大眼睛里，乌黑的瞳孔，清澈得似乎一眼能望得到底。黑黄的皮肤，两腮的高原红是他们独特的地域色。有的孩子戴着帽子，有的梳着小辫儿，清一色的园服听说也是他人捐赠的。看到我的到来，他们时而捂嘴偷笑，时而窃窃私语，与我眼神相碰撞时，有的不好意思地转头，有的不知所措地咬咬手指，也有的偷偷地告诉我，他叫“小凳子”……这就是孩子，纯真、可爱，把想说的都写在脸上，流露在眼神里。

“你是什么老师？”

“我是杨老师。”

“你从哪里来的？”

“我从大海边来。”

“我生活的城市坐落在大海边，它叫厦门。”我说。

“大海？”孩子们面面相觑。

“你们见过大海吗？”我问。

孩子们直愣愣地看着我，空气都安静了。三秒，我的眼泪顺着脸颊流了下来。孩子们的眼神告诉我："大海"是个似乎听过但又陌生的词，甚至根本未曾听闻，大海到底长什么样，他们谁也不知道。

杨琳媛老师在临夏县马集镇多木寺幼儿园实地参观指导班级环境创设

一位孩子用当地的土话告诉我，他来自拉萨，但也没见过大海……

孩子们的状况打破了我的认知。在这个高速发展的时代里，陆上有汽车高铁，空中有航班无数，这里的孩子们却从没有走出过大山，从来没有见过大海。想想日常我的孩子们，寒暑假、节假日穿梭于各大游乐场、科技馆，出国、出境，见识广博、体验丰富。我的心是酸的，也是心疼的，但又庆幸着。心酸是因为我看到了东西部地区祖国花朵们的差距；心疼是因为同是这片黄土地上的孩子，生活水平之差异竟如此悬殊；庆幸是因为这里的孩子独有的纯真、真情被淳朴地保留下来了。

"孩子们，一定要上学，一定要学好本领，将来到大海边去看看。"

想你去大海边看看

我和孩子们一起，在世界地图上找中国。

"中国像一只公鸡。"孩子们说。

"是的，我们的祖国版图像一只雄鸡，屹立在东方。"我说。

我和孩子们在中国地图上找临夏，在中国地图上看厦门。

"我们在哪儿呢？临夏在哪儿？"我说。

"我们在甘肃省临夏。"孩子们告诉我。

"用一个五角星来表示吧。"我将孩子们甘肃省临夏回族自治州的位置用五角星标识出来。

"这么小。"孩子们讨论着。"那我们在哪儿呢？"

"我们是在多木寺村。"又有人补充到。

"你从哪里来？"孩子们问我。

"我从这里来。"我用蓝色五角星标出厦门的位置，并用直线将两个地方连接起来，"我那里的小朋友还在穿短袖呢。"

"他们不冷吗？"孩子们好奇地问着。

"那是南方，天气还热，所以说，我们的祖国真大。同样在中国，你们已经穿上了大棉袄，厦门的小朋友孩子穿短袖呢。"我接着说，正如诗歌里说的——

我们的祖国真大。北方，有冬爷爷的家，十月就飘大雪花。

我们的祖国真大。南方，有春姑娘的家，一年四季开鲜花。

啊！伟大的祖国妈妈，东西南北中的孩子，

在同一个时候，有的滑雪，有的游泳，有的围着火炉吃西瓜。

"祖国真大呀，在同一个时候，有的滑雪，有的游泳，有的围着火炉吃西瓜。"孩子用儿歌里的话回应着我，似乎看到了祖国疆域的辽阔，又似乎惊叹着祖国母亲的神奇。

是的，我们的祖国真大，我希望孩子们健康成长、永葆一颗求知探索之心，有一天也到大海边上的城市去看看。

山海携手是一家

这是一所坐落在临夏县马集镇多木寺村的幼儿园，也是我们九幼的今年新结对的临夏县帮扶对象园。这次来临夏支教，我们就打算务必到这所马集镇多木寺幼儿园去看看，真正深入实地指导，了解老师们最迫切需要的一切。

在参观了园所环境、随堂听课之后，我与老师们就着教学活动以及环境创设、早操编排、功能室使用、一日生活安排等问题进行了交流。老师们主动牺牲午睡时间、下班时间，与我一同围坐在幼儿园里仅有的一台电脑前，时而提问、时而看我的电子资料。他们将自己的问题与我的解答进行对照，及时提出疑问，多次使用一线教学中遇到的实例向我寻求最佳教学方式，在一次次的讨论、推敲中给予老师启发。

进一步的分享中，我们结合《指南》精神从领域核心价值、教师教态、教师引导、幼儿互动等几个方面与老师们开展了教研。老师们的认真深深地打动了我，据我所知，这里的老师多数不是学前教育毕业的，就连园长也是小学教育的背景。她们求知若渴，一个接一个的问题，打破砂锅问到底的精神，展现了想学、愿意学并会认真实践的那股劲儿。相信在她们的坚守下，这里的孩子一定能幸福、快乐地成长。

支教的时间短暂易逝，但支教这件事永远不会结束。山海携手，我们从此成为永不放手的好伙伴。

这里有一群想去看大海的孩子，这里有一支肯钻研学习的老师队伍，这所马集镇多木寺幼儿园的名字深深烙印在了我的心里……

匆匆九日，浓浓深情

——临夏，无悔前来！

厦门市民立小学 郑子吟

从面朝大海的厦门，到藏于深山的临夏，如同穿越时空，来到了另一片天地。在这里，没有喧嚣的车来车往，没有耀目的霓虹灯光。但同样是在这里，我也看到了拒绝千篇一律的景观，拥抱爱与希望的人们。无论是韩集镇双城中心小学的陶校长和老师，还是学生，我都在他们的淳朴里，感受到了一份希望。这份希望，孕育在日复一日的努力中、成长在绝不间断的奋斗里。在短短的九天时间里，我和王副校长想把自己的敬意献给陶校长、老师们，也想把自己的专业知识更多地传授给孩子们。

和王萍副校长机场合照支教照片

我感动于老师们的坚守。在中心学校下辖的各个乡村学校里，我看到扎根村校的老师们的教育情怀。作为同行，我们都有着同样的教育梦想，但所处条件不同，他们的坚守更为难得。在支教期间，王副校长给中心小学老师们分享的心理学沙盘体验课程，我则分享了童声合唱教学课程，对于当地的师生来说是第一次。师生们的学习热情，深深打动了我。

这次课程经历，也让我认识到，我们都需要不断学习，才能够在教学工作中毫不费力。对于他们来说，多学一点新的知识，就能够帮助乡村孩子更好地成长。对于我们来

王萍副校长示范沙盘体验

说，多学一点新的知识，就能够让自己在工作中发挥更大的价值。村校的同行们，给了我很多启发，也让我明确了努力的方向！

我振奋于孩子们的好学。在短短的支教时光中，每一天都有很多令人感动的瞬间。最让我感动的是，有一次课程结束，一个孩子在排完合唱之后默默擦拭着钢琴，久久不愿离去，在我再三追问下，他才憋出了一句："老师，我还想……上你的音乐课……"听完这句话，我的眼泪一下子就模糊了双眼，我没有想到的是，这里的孩子对音乐会有这样的渴望与追求。

我感恩于所有人的支持。在支教即将结束的时刻，我的内心满是收获的欣喜与别离的忧伤。我依然记得，在最后一节课之后，一位回族小男孩对我说："老师，为什么不提前跟我说这是最后一节课，我应该给你准备礼物的。"然后在书包了翻了好一会，拿出一块糖果，说："只有这个能够送给老师了。"非常感谢孩子们对我的认可，他们给了我最多的温暖。

感谢思明区教育局的精心安排，感恩校领导给我这么好的机会，感恩刘队长有序的组织，感谢王副校长在支教期间给我的鼓励和支持，感谢当地县领导的关心。还有平易近人、有情怀、有担当、在岗位工作上奉献自我的双城中心小学陶校长。感谢接过我们传递爱心接力棒的厦门同仁们，以及所有在支教期间和我进行沟通交流的老师们。我还要特别感谢在这里支教一年的两位暖心的兄弟，让我们在遥远的异乡感受到了亲人般的照顾。更要感谢和我一起上课的孩子们，因为他们让我看到了不一样的世界，也让我感受到了音乐的种种美好。

当地县领导关心接待

再见了临夏，让我们微笑地挥挥手告别。我们虽然离开了，但爱心接力棒依然会不停地传递着，有爱就有希望！

纸短情长，未来的日子里，我还会继续关注这个短短九天却给我留下无限感动、令我终生难忘的地方。只要你们有需要我，我定会力所能及地付出。

总之，这一段旅程，未完待续……

与村校校长和学生合影

微言见大义，信中显真情

——“第三只眼看三中”之微信留言摘录

厦门市金鸡亭中学　蔡桂琴

临夏市三中的蒋校长，在我即将离开临夏踏上归程时，微信上问了我一句：“蔡老师，您觉得我们甘肃怎么样？”我想了一下，回他说：“甘肃：甘之如饴，肃然起‘爱’。”确实如此。虽然，去年9月支教临夏至今，一些事，一些人，也在记忆中日渐模糊。但是，那些真心的付出，那些真情的回报，却永远留在我心中。时间是酵母，它让美好过往，发酵成浓郁的芬芳蜜汁，如今细细品来，其香愈馥郁，其味愈清甜。

评课研讨

以下，我摘录在支教临夏三中一个月中，与一些领导、老师们的微信聊天记录，是备忘，更是感动。从另外一个意义来说，这也是我“第三只眼看三中”之教师群英谱。

与章法梅老师

章法梅老师，是三中教务处主任。在我支教期间，她专门负责每天中午陪我用餐。

为了不给他们增加麻烦，也为了更好地了解三中的一些情况，我坚持每天中午到食堂和师生一起用餐。章主任年纪比我小，却像大姐般地嘘寒问暖，关怀备至。她生怕我吃不惯食堂的饭。每次吃饭时，她总是再三问我要吃什么，问我吃得惯不惯。有时还自掏腰包，请我到校外用餐。有次她同事朋友聚餐，她还特地邀上我。她怕我午休不好，还安排了一个床位给我午休。课余，她带我去附近的公园散步。在我眼里，章主任个性爽朗，教学能力特别强。她是一个体育老师，可她竟然把物理教得有声有色，成绩突出。真是个神奇的能人！ 10 月 29 日下午，她特地和丈夫一起，穿过半个临夏城，提着两盒馓子到我的住处，提前为我送行。这让我感动得无语凝噎。于是，10 月 30 日，我在回程车上，给她发了微信。

琴：章主任好。昨天你忙着去学校值班，来不及容我好好道谢。现在我已乘车往机场路上了，傍晚会回到家。在三中短短时间里，感谢你热心“陪吃”，给我介绍三中情况，还把我介绍给你要好的同事，让我能更深入地了解三中。你带我去美丽的东郊公园，吃遍临夏所有小吃。来临夏，因为有你，称得上有了一次视觉味觉盛宴！我的人生历程因此丰厚许多。再次感谢你。请帮我向你办公室的三位男士还有那天中午聚餐的老师们转达我的谢意和问候。还有买“火君”锅给我的语文老师。太谢谢你们的热情！欢迎你们来我们厦门玩。

章：蔡老师太客气了。好的，我会转达，有机会欢迎再来玩。

萍水相逢，相知相惜。时过境迁，但章老师高挑的个子，爽朗的笑声，我印象深刻。这一段难忘的友谊，将是回忆幕布上一抹温暖亮丽的色彩。

与谢文孝老师

谢文孝，临夏三中督导室主任。第一次见到他，是在临夏市教育局主持召开的支教教师与支教校对接见面会上。他讲典型的“临普话”，我总是侧耳努力辨听，可十有八九还是听不懂。但这不影响我对他的尊敬。他是一位衣着打扮非常朴素，为人却非常厚道的长者。他的脸上总是洋溢着笑容，慈祥亲切，让人倍感温暖。我在做讲座或者开课时，他总是坐在前面，像学生一样认真地记笔记，不时地点头微笑，给予鼓励和赞许。下面，是他听我一次讲座和两次作文示范课后，他在微信上发给我的感想。

谢：蔡老师，你讲得太好了，让人耳目一新。我想把你讲的每个细节都记下来，但实在太快了，记了一部分，同时也错过了一部分，有点遗憾。以下六点是震撼到我的地方，也是值得我们班主任学习借鉴的地方。一是你了解掌握班上所有学生，而且能做到百分之百家访。这个工作量大，是许多人做不到的。二是你善于发现并利用“问题学生”身上的闪光点，鼓励、转化学生，这是容易被忽略的。三是你调动学生的力量来教育学生，大家都受教育，更培养了学生分析、解决问题的能力。四是你注重与家长的联系沟通，让家长了解学生和学校活动，从而得到家长的理解和支持，这是一个不可忽视的力量，却常常被忽视了。五是你充分利用身边实实在在的人和事，尤其是你自己的亲身经历作为素材，教育学生，有说服力，比用所谓的名人名言经典故事效果更好。六是你对班会课的现状总结太透彻了，很有启发意义。我能记的就是这些了，也是给我印象深刻的地方，相信会给我们的班主任们带来很大的启发的。我的认识有限粗浅，请蔡老师见谅。

谢：蔡老师，说实话，我学得最差的是语文课，尤其是作文。但你上的两节课，让我大开眼界，恨自己没遇上像你这样会教的老师。经你那么一指点，感觉作文也没那么难。你通过启发引导学生分析一张普通的图片资料，教给学生如何捕捉其中的信息，并总结出实用的写作小技巧，让学生从“感到没什么可写的”变为有话可说、有事可述。你通过大量的材料分析，耐心引导学生学会观察、思考、表达。让学生感到最头痛的写作原来也这么轻松简单，就是说和写，有一种豁然开朗的感觉。你将学生姓名与成语联系起来，让学生体会到简单枯燥的姓名也有文章可做，教会学生捕获信息的思路方法。特别是你分析临夏州近三年中考作文题的思路方法给我们的老师真正上了一堂指导课。我们这边很少有人会这么细地分析。听君两节课，胜读十年书，真的不为过。

作为督导室主任，他为人谦虚，内敛。当我请他写写他听我的课和讲座后的一些感想时，他毫不犹豫，爽快地答应了，而且非常认真。这可从他上面发给我微信的字里行间看得出来。活到老，学到老，这是我从谢主任身上学到的难能可贵的品质。而他的微信留言，又何尝不是对我支教工作的支持？感谢他的鼓励和厚爱。

与周继蕊老师

周继蕊，临夏三中数学老师，班主任。10 月 24 日，我做了个有关德育的讲座。讲座后，一个女教师走了上来，请我加她微信，说讲座给她的启发很大。我们互加了微信。当晚，我微信联系她。下面，是我们之间的微信往来。

周：听蔡老师讲座，反思自己教学之路。想当年自己高考报志愿时，因师范院校学费低，而选择了从师之路，却不知这个行业的辛苦。一晃十年过去了却一事无成，每天忙碌于写教案，阅作业，有干不完的活，操不完的心……现在我不禁回想：师之路就这么难？

听了蔡老师讲座，我似黑暗中见了一线曙光，正因为面对的是一个个蓬勃的生命，所以我们自己的心也要年轻起来，调节好自己的心态很重要。蔡老师说“心怀教学天地宽”，这似乎在告诉我，生活可不是一潭死水，死板的教学也要“活”起来。这样才能与学生活泼的生机匹配。而“活”起来的关键在于教师自己积极投身于教育事业中，热爱教学，热爱学生，这似乎就是“师道”吧！

其二，“欲成其器必承其重”。在“师道”的引领下，教师要勤奋好学，以身为范。蔡老师学识渊博，考取了心理咨询师、导游证、研学辅导师、出国领队证等，还要研究课题、书写论文，种种迹象显示蔡姐的专业水平、专业修养是很高深的。

其三，以这样高深的专业水准工作当然会游刃有余。有句话说会干工作的是轻松的，不会干工作的是很辛苦的，现在我似乎找到了自己教学中存在的问题了，感谢蔡姐的指导。

上面这则长微信留言，是她在10月29日发给我的。而第二天，我就要离开临夏了。她问我是否还会在三中做报告。我告诉她，虽然不会再在三中，但后会有期。

琴：你写得很好。让我看到了一个能反思自己、积极上进的清醒的师者。教书育人路上，我们携手同行。

周：谢谢你的夸奖，其实我是一个迷茫的、学识浅薄的师者，有很多不足还想向你学习与请教，好遗憾。茫茫人海中与你相见相知，是缘分，以后常联系。

琴：没关系，我们互相学习交流。缘来，我在人海中，遇见你。

她只是三中一个普通的老师，班主任。可我从她的言语中，感受到她是一位热爱教育事业、勇于解剖自己、努力向上的好老师。而像这样的老师，又何止一个？

与段世鹏老师

段世鹏，三中语文老师。我一定见过他，但对他没有任何印象。可就是他，却在他的微信朋友圈写下了这首诗。我是从三中一位教政治的肖老师那边读到他的诗。当时，还不知道他的确切名字是段时鹏，还是段世鹏。几经波折，才知真名。我很惭愧，错过认真看一眼他样貌的机会。读他的诗，让我想起了中国诗的源头——现实主义的《诗经》和浪漫主义的《离骚》——

南方有蔡

巍巍三中，其色皎皎，南方有蔡，迢迢远来，勤兮恳兮，只为支教。
浩浩三中，其声朗朗，南方有蔡，滔滔不绝，反兮复兮，忙于指导。
荡荡三中，其势如虹，南方有蔡，娓娓道来，躬兮耕兮，绘声授课。
昭昭三中，如日中天，听蔡一言，如拨云雾，思兮感兮，幸甚至哉！

听章主任和肖老师介绍，段老师还是个年轻人。年轻人有如此国学素养，诗中运用铺陈比兴手法如此驾轻就熟，让我大为佩服。而章主任说，在三中会写诗的能人很多呢。很多吗？确实不假！这不，我就要隆重推出临夏三中的蒋校长了。

与蒋校长

蒋校长，临夏三中副校长，语文老师。我至今不知他全名是什么，和他接触也不多。有印象的只有两次。一次是听课时他坐在我边上，把学生写的错别字展示给我看；第二次就是10月29日在临夏市教育局开支教总结会时，他也参加了，并代表三中发言总结。我与他的联系，更多的是微信上的你来我往。有人说：浓缩的是精华。用在他身上，再恰当不过了。这位自嘲要“笃志——永远做好第一格信号！”的校长，能把自己的矮个子调侃为手机上最短的第一格信号，睿智地幽了自己一默，这需要多大的勇气呀。他给我留下了极深的印象：他微信上的留言幽默风趣，常常让我忍俊不禁，他满满的诗才，让我佩服不已，而他对于临夏当地教育现状、教学上的困扰和学生在书写中出错的问题忧心如焚。这让我不由得想起了忧国忧民的杜甫。爱之深，“恨”之切。倘若不是对教育事业深沉的爱和负责，他又怎么会如此忧心忡忡呢?

我翻看了下微信记录，发现我们互加微信，是在10月24日下午5:00。而半个小时不到，他竟然就给我发来了这么一段话，还巧妙地将我的姓名融入诗中，实在是用心得很——

蒋：小生不才，难耐技痒，大师面前献丑了——

天生我蔡必有用，厦门归去还复来。

闻桂而知香，可以为师矣。

有琴自远方来，不亦说乎?

近日天气渐冷，还望蔡老师注意防寒保暖。

如果说，厦门适合听海，临夏岂能不看花?

待到牡丹花开时，希望蔡老师五月相约临夏，

春风十里不如你，一日看尽河州花!

蒋：我听蔡老师近期讲课和专题讲座的感受：

我感觉蔡老师好有心，好用心，很倾心。蔡老师是在和教学谈一场三十年之久的马拉松式的恋爱。我发誓我也要这样做！因为我爱教学不亚于蔡老师，我与其称她为“语文”，倒不如称呼她为“国学”，后者更能体现她的端庄、高雅、深邃!

蔡老师教会了我，一切生活中的资源，包括突发事件、偶然事件、愉快事件、麻烦事件、旅行感受，都可能是我们可开发可利用的丰富教学资源。

恕我直言，惭愧。我们临夏的教育目前处于基础设施完善阶段，相对贫穷落后的状态是长期存在的。这地方的文化底蕴如缺氧一般稀薄，群众文化水平低，历史文化缺失。地方文化仅限于少数民族花儿，对于学生成长帮不上忙。

如果东部地方的文化遗产如同浩渺的大海，那么临夏的文化气息仿佛是羸弱的小河淌水。

上次听课时我和蔡老师坐在一起，我得空给蔡老师看了几个字，“我”“就”“是”“临”“夏”，这几个字，我的农村初中孩子们写错，屡教不改。

我想，认清现实，我们任重道远。我们一直走在教学食物链底端，而对于教学链条的顶端是望其项背。

我还是爱我的国学，因为，农村的孩子们需要学习!

他们的下一代如果还写错“我就是临夏人”，那就是我的责任了!

肤浅愚见，不妥之处甚多，恳请蔡老师批评指正。

并非妄自菲薄，现实确实如此。全国脱贫看甘肃，甘肃脱贫看东乡，而我们市三中“东乡学生”也比较多。语文教学难，难于上青天。

琴：读你文字，是读一颗爱生爱教的拳拳之心。因为爱，所以恨。你的忧心如焚，你的急于冲破重重沉疴的愿望，我感同身受。老师不是万能，也不能只手撑天下。但我们尽力了，便无怨悔。十年树木，百年树人。假以时日，一切都会好起来的，而且会越来越好。

蒋：我们这里的教育需要强制执行，如若不然，家长岂能配合？的确，因为强制适龄孩童入学，这几年才不会有女孩早嫁，男孩打工。农村教育路漫漫，修远兮，我愿为基石，让农村孩童踩着我过河！

蒋：如果说蔡老师的语文教学是诗和远方，我们的语文教学则是一个人的狂欢，心酸的浪漫。如果说蔡老师的学生求学是为了看得更高更远，我的学生求学则是为了走出东乡大山，跻身城市里的柴米油盐。

琴：我们不是阳春白雪，你们也不是下里巴人。我们的孩子们都各有长短。教育的意义，是让孩子们力争平等有尊严地活着，不只是生存。

蒋：事实证明，农村语文教学立下愚公移山之志，但慢慢发现犹如精卫填海，宛如女娲补天，想努力改变现状，但最后才发现我们是在做夸父逐日的事情。

琴：夸父化手杖为桃林，死而不已，一样造福后代。不悔呀！

蒋：蔡老师，我现学现用，刚才上复习课的时候，我让孩子们回答问题，答错者出列（落水），回答者还要用自己名字说一个成语，答对的可以救回一个落水的人。效果不错哦。

琴：很好。这样，就是快乐学习，趣味学习！

……

10 月 30 日，我们离开临夏，我给蒋校长发了微信——

琴：蒋校长好。我已启程回厦，我的支教暂告段落。爱教爱生，我们同行。互帮互学正进行，常来常往无终时。再次感谢我们三中对我工作的支持和肯定。祝平安顺利，心想事成！欢迎来厦！

蒋：轻轻地，你走了，正如你轻轻地来。你挥一挥衣袖，不带走临夏的一片锅盔，却作别甘肃的云彩。

农村教育任重远，
此恨绵绵无绝期。
座中泣下谁最多？
三中校长青衫湿。
正是河州好风景，
花开时节盼逢君！

琴：心中有诗，满眼皆有诗意！

姑且撇开蒋校长的行政职务，单就他作为一个普通语文老师来说，我相信，大家一定也会从他上面的微信留言中，读出了他为师者的强烈责任感和爱教爱生的丹心。

蒋校长、徐主任和蔡桂琴在总结会上合影

说到语文老师，我想起了其他的几位语文组的老师——

与杨春英老师

杨春英，三中八年级语文老师，班主任。她在听完我的德育讲座和写作示范课后，应我的要求，前后在微信上给我发来两段留言——

杨：教育是一种心灵的唤醒，班级是师生共同的精神家园。面对新课标的“一切为了每一个学生的发展”核心理念，班主任工作被赋予了更新的内容，班主任的角色也同时发生着变化。我在听了蔡桂琴老师“教育无痕亦无根”讲座前，我以为班主任仅是管理班级，管好学生，并不知道班主任这一工作还包含这么深刻的教学理论、教学技巧以及说话技巧，这似乎与上课又是风马牛不相及的事情。

班级由几十名学生组成，要培养好这些学生，就必须调动学生的思想积极性，充分发挥他们的聪明才智，充分挖掘他们的内在潜力，优化他们的成长环境，培养他们各方面的能力，使他们成长为适应时代要求的各类人才。要达到这一目的，必须通过班主任切实有效的管理，在长期的努力和实践中得到经验，再把经验付之于班主任管理实践中，才能在现代育人工程中描绘出灿烂的前景。

杨：刚升入初中的学生，对初中语文的学习还处于一个适应期。经过小学的学习，已初步了解作文的格式要求，在书写认真与合乎规范的方面接受了较系统的训练。但是，作文写作和学生的知识经验、阅读积累、作文思维能力、练笔次数等息息相关，学生们对以上几方面均体现为不足。大多数学生遭遇作文难写的尴尬，主要困难在于无法创新、无话可说，教学实践中发现很多学生怕写作文或因缺乏观察，没有生活积累，内容干瘪，捕捉不到特写镜头。

听了蔡桂琴老师的作文的引导、示范和实训，按照由面到点、以点带面的写作复习指导思路，先授学生以渔，帮助其理性分析审题，然后穿针引线，帮助学生总结审题要点，掌握基本技法，引导学生在读题审题的基础上，让学生更好地进行写作。只有我们帮助学生明确了怎样去写，体验到了写真情实感的乐趣，学生才会自然而然地流露出他们的真情和才情。

从她的微信留言中，可以看出她也是一个好学、能思考、有思想深度的老师。年轻教师的成长，需要肥沃的土壤，更需要自己攒劲，力争上游，汲取阳光雨露，破土而出，茁壮成长。

与徐林忠老师

徐林忠，三中语文教师，语文教研组长。他在微信中称我为“蔡教授”，把我惊吓得一跳。我赶紧跟他说，我不是教授，是你的战友。在教研组建设研讨时，他发了言，话不多，但挺有见地的。他在听了我的讲座后，也写了一篇文章，发了微信给我。

徐：昨天聆听了蔡教授“德育无痕且无根”的报告，潜移默化地从报告中感受到了德育是班主任工作的重中之重。班主任要有良好的师德品质和行为。在班务工作中要有良好的心态，端正自己的工作态度，只有拥有良好的心态，保持乐观积极的心理，才能让所有的相遇变成一种美丽。

学习了蔡教授多年丰富的班务工作经验，我懂得了班会课就是“帮会课”，对学生无痕的教育就是“无恨的教育”。蔡教授将生活中的点点滴滴转化成有效的德育资源，将这些运用到自己的班务工作中，使班会课更贴切于生活。

在班会课中，蔡教授利用形式多样的活动，用自己平时生活中的行动给学生树立榜样，让学生设身处地地沟通，理解，并懂得“孝，要从身边的小事做起”；同学之间相处应该互相欣赏，学会宽容。

蔡教授亲近学生，善待学生，与学生真诚交流。用“真心”和学生交朋友，做学生的良师益友。您那平易近人，努力和学生做朋友，用“耐心”去教育学生，与学生荣辱与共的态度，深深地感染了我们。让我们明白了要尊重学生，让学生充分地表现自己，不要以成绩来衡量一个学生，让每个生命都在课堂里开花。我们明白了，班主任应该要“长存育人心，花开柳成荫”。

支教一个月，微信中的信息实在太多了。我一直都不舍得删去。因为那都是美好过往的明证。

一段经历，其实就是一段成长。临夏支教，是助人，更是助己。临夏三中人了不起！这是我第三只眼看三中后最强烈的感觉，儒雅的李志强校长，学养沉厚、同为语文老师的苟校长，和气的贾主任等三中领导们，都给我留下深刻的印象。

微言见大义，信中显真情。微信忠实记录我和临夏三中人的一段珍贵友谊。借助微信，第三只眼看三中，我看到了一个务实团结的领导团队，一批好学善教的老师，一群热情好客的临夏人。一个月的支教经历，让我感恩相遇，感念相助。山有所呼，海有所应。时空不是问题，微信能超越千山万水，让我们彼此的心贴得更近。

但愿厦夏常来往，久久长相忆！

长风破浪会有时，少年不惧岁月长

——临夏支教课堂小忆

厦门市第九中学 董玲婉

夏天的脚步到来，空气中夹杂着咸咸海风的味道，2020 年 5 月的最后一天，天微微亮，飞机起飞。在厦门的城市上空，我带着好奇与憧憬，和思明区支教小队一同前往千里之外的临夏。九天的支教工作时间很短暂，但是这九天，给我的人生画下了浓墨重彩的一笔，是不可多得的瑰宝。走进临夏县马集中学，我在这里开展了听课、评课、研讨、讲座等工作，最让我难忘的，还是与马集中学八年（4）班孩子们一节地理课堂的相处时光。回来后，支教课堂的画面像胶片一样在我脑海中浮现，我很感谢这群孩子，我仅仅给他们带来一节课，但是他们给我带来的感动和思考很长很远。

从沿海平原到内陆高原，这一路上变化太多，空气从湿润变得干燥，着装从短袖变成毛衣，当我走进课堂，学生的模样也都变成了一张张红扑扑的脸蛋。还有十分钟上课，我提前进入班级准备，突然间四十几双眼睛好奇地看着我，想要一探究竟。尽管好奇，但是他们是一群懂事的孩子，都坐得笔直，地理课本摆放得整整齐齐。课堂开始了，我感觉到他们求知的目光，他们对学习是渴望的，热爱的，谁能说不呢？因为他们知道，他们的求学之路会比别人付出更多汗水。

在课前，我找到了班长，是个伶俐的小姑娘，让她帮我安排四位同学，在课堂上向大家介绍台湾的自然资源，因为马集中学孩子的家基本离学校很远，有的甚至在 40 公里以外的雪山脚下，所以大部分同学都住校，无法使用电脑或者电子产品查资料，我便将材料整理好交给班长。到正式上课时，我心里还是没底，不知道孩子们上台会不会紧张，表现如何。当轮到他们展示的时候，我彻底放松了，因为四个孩子表现得太好了，他们流利大方地向同学们介绍，俨然就是四位小老师。课后交流我才得知，孩子们把我给的材料基本背诵了下来！这让我很吃惊，很感动，我发现他们对待这节课如此认真。

课堂开始，虽然我简化了教学内容，但是孩子们还是显得有些吃力，他们聚精会神，努力想要回答我的每个提问。当他们听懂理解时，回答声音很响亮，虽然基础薄弱，但是这种带着自信的声音让我很感动，从他们声音中传出的自信心让我觉得他们就是世界上最棒的学生，而我也变成了最棒的老师。

这节课上，当我提问时，很多孩子都能举手参与，尤其是一位女生，她的脸圆圆的，头发全部扎成一个马尾，全班就她一人戴了眼镜，校服里面是白衬衫的领子。从第一个问题到最后一个问题，我都看到了她自信地举起手，成为课堂主人。课后我和马集中学的老师交流，才知道这是全年段成绩最好的孩子，平时非常认真刻苦。临夏孩子的质朴和自信打动着我，而这个女孩更是给我留下了极其深刻的印象，因为在这里，女孩上学更不容易，马集中学很多女孩中途辍学，很早就被父母安排好了未来，但是她的眼神中，透露出了一种坚定，努力告诉全世界，命运是掌握在自己手里的！我相信终有一天，她会去更大的世界闯荡，长风破浪会有时，直挂云帆济沧海！

这节地理课上的是台湾，上完课，我分发了厦门带来的明信片，上面印有厦门各地的风景，上课时讲到郑功成收复台湾，拿到印着郑成功雕像明信片的几个孩子开心得朝我挥舞明信片，那一刻我脱口而出："希望大家以后能拿这张明信片，到厦门九中来找老师！"我幻想着带着这群孩子漫步在鼓浪屿，我能够指着郑成功的雕像和他们说，还记得当年老师给你们上的地理课吗？

董玲婉与临夏学生一起

聚散终有时，九天时间相逢太短，最后一天我要离开了，经过八年(4)班的时候我的心跳有些加速，不知是否要说再见。孩子们看到我来了，都从班级里跑到走廊，和我打招呼，向我挥手，一声声临夏口音的"老师好"我听着一点不别扭，反而像夏日的微风，像悦耳的曲调。最终我没能说出再见二字，我仔细地再看了看这些小红脸颊，想把他们记在心里。

这次临夏行，一节课的时间不长，但是这节课带给我的触动很多。也许是当地孩子整齐大声的回答，也许是孩子上台活动时全班的笑声，也许是他们认真的眼神。让我心疼的是当地的学情，大部分孩子都是留守儿童，父母在沿海地区打工，由爷爷奶奶照料，长期缺少父母的陪伴，家庭教育几乎缺失，生活条件也比较艰苦，信息相对闭塞，就好像干旱的大地缺水一样，但孩子们只要遇到水分，就努力吸收。然而庆幸的是，听当地老师讲，学情在近几年大大好转，受教育的人越来越多，政府的生活补贴和教育支持也不断加强，每间教室都装上了电子白板，孩子每天都有牛奶、鸡蛋、饼和苹果补充营养，甚至有的学校能够提供机会让品学兼优的孩子到厦门参加夏令营，这样的变化让人非常欣慰。

九天支教时间很短暂，但是师生之间碰撞的火花，产生的情谊，让我深感幸运。爱是不开口才珍贵，虽然我和这四十几个孩子只有一节课的交流时间，但是他们所有人跑到走廊，微笑着和我挥手告别的场面，我想我会一直珍藏在心里。

播撒希望，收获未来

厦门市前埔南区小学　曾玲玲

初见，花儿的故乡

汽车行驶在兰州至临夏市的公路上。车窗外是艳阳高照，偶尔，从窗前闪过一排排高大的树木，让人想起守卫边疆的小白杨。

2019 年 5 月 31 日，我与同样来自厦门的 40 余位支教老师肩负使命，前往甘肃省临夏市开启这场难忘的支教历程。

临夏市自治州下辖 1 个县级市（临夏市）、5 个县、2 个少数民族县，少数民族占到总人口的六成以上。大河汇聚百川，积石山下，绿叶之间，这里流淌着中华民族的母亲河——黄河。这儿被称为花儿的故乡。第一次踏上这片热土，虽然，已经过了牡丹花盛开的季节。道路街道两旁，依然不乏傲然怒放的各色鲜花争奇斗艳，大方地向来自远方的客人宣告她的浓烈的热情。

相遇，用爱播撒教育的种子

我所在的支教学校是临夏市八坊小学。这所学校成立于 1915 年，最早被称为素琴女子小学，是临夏市最早的少数民族小学。我参加的第一场活动是周一上午的升旗仪式，升国旗后，由副校长领衔诵读经典诗词。百名师生，静默站立，聆听经典。庄重的仪式感令我的心头涌起一丝丝感动。

一位好校长就是一所好学校。八坊小学的校长，这位具有教育情怀的校长，带着支教老师们参观了校史室。她自豪而充满热忱地讲解着学校的建校史，以及历任校长投身教育、立志革新的感人事迹。打动我的不仅是学校尊重生命的理念，更有把这样的尊重生命的理念渗透在校园建设的每一处细节中。在这样一所少数民族小学，虽然没有高大的校舍，却有着一座专门为学生开展社团活动而独立设置的博艺楼。在博艺楼里，有计算机教室、音乐室、美术室、图书室、舞蹈室、科学实验室、心理咨询室、卫生室和电子备课室等，现代教育设施一应俱全。学生在这样的专门教师专用教室里举行着各式各样的社团活动。发展特长，丰富生命的底蕴。这样的条件，这样的办学理念，在这样一所西部的小学中实在难能可贵！党的光辉照耀着这所西部少数民族小学。

扎根，在课堂实践中悄然生长

我支教的第一节课是一堂低年级的写话课。虽然已经做了充分的准备，面对学生生情的巨大差异，我还是得绞尽脑汁进行各种预设。一次课前了解学情时，一个小女孩儿在我心头掀起了波澜。

“你喜欢养小动物吗？如果让你养小动物，你会想养什么小动物？你可以在纸上画一画，也可以跟老师谈一谈。”五十几个孩子在教室里坐得端端正正。有的孩子已经开始动笔画起来。一个扎着辫子的小女孩儿吸引了我。她在纸上一笔一画地画着，那么投入，那么专注！“你喜欢的是小仓鼠呀！”我拿起她的画仔细端详起来。“是呀，妈妈不在家，小仓鼠可以陪我玩儿。”她抬起头，一双忽闪的大眼睛望着我。

“妈妈不在家。”也许，这正是一位父母不在身边的留守儿童。这个班，这所学校，还有多少个这样的留守儿童呢？他们渴望亲情的陪伴，渴望知识，希望通过知识改变命运。这难道不正是作为教育者肩上的一份沉甸甸的责任吗？

课前互动，作品展示

第二次上支教课。一个憨厚的小男孩儿，引起了我的注意。因为在课前，我特意夸奖了他的小动物画得特别好，课堂上他非常积极。显然，我课前对他的赞赏，激励了他。也许，往常的他很少得到这样的鼓励。虽然他的回答口齿不清，表达很不通顺。在这样重要的公开课上，这么多领导和老师的面前，我一次次地请他来回答问题，是需要“冒险”的。课后，我收到了他们老师班主任发来的短信：“曾老师，这个孩子曾经得过一场大病，谢谢你的鼓励改变了他。”

送教课春风化雨润幼苗

相约，在责任中坚定前行

雅斯贝尔斯说：教育的本质意味着一棵树摇动另一棵树，一朵云推动另一朵云，一个灵魂唤醒另一个灵魂。作为一名教师，我愿做摇动学生的一棵树、推动学生的一朵云……

短暂而充实的支教，让我从另一个角度去审视自己作为一名教育者的责任与使命。在点对点的帮扶中，在面对面的交流与碰撞中，提升了个人的思想境界。第一次深刻地认识到，在祖国教育事业的蓝图中，自己所肩负的和努力的方向。

归途路上，窗外，还是那一排排白杨树，屹立在风沙里。未来，要保持初心，前进的脚步啊，永不停歇！

听“她”说支教的那些事儿

——厦门市群惠小学分队赴临夏支教感言

厦门市群惠小学 赖艺艳

踩着5月的尾巴，厦门市群惠小学的她们出发了。天还微微亮，她们拎着大包小包，手里捧着厚外套，从不同地方相聚而来。群惠小分队正在出勤什么任务呢？让我们先把时光的镜头调到一周前，正在各自岗位上忙碌的她们，滴滴滴……进入了一个群聊——临夏支教群。群惠四人小分队正筹划着前往临夏两所帮扶友校的支教计划，开启了为期九日的甘肃临夏支教之旅。品一壶回忆的清茶，聆听来自她们的心声。

书信传情，心手相连

她说，不远千里，做一回信使，是最弥足珍贵的回忆。她是厦门市群惠小学刘媛副校长，由她带领四人小分队，前往千里之外的甘肃临夏。“不打没准备的战”，是她的口头禅，出发前清点着各式各样的“行李”，或是课件板贴，或是精美书籍，或是温馨的“六一”小礼品等。同时，马不停蹄地组织校少队部，精心选择各类适合儿童阅读的书籍，涵盖古典名著、名人典故、科普书籍、童话绘本等，为两所帮扶友校学生送去宝

刘媛副校长参与赠书仪式

贵的精神食粮。

鸿雁传书，见字如面。当她将一封封群惠学子的信递给临夏两所帮扶友校的孩子们时，像孩童般喜悦。她说，传信是一种新经历，看孩子们欢欣的收信、看信又是一种"心"经历。能做一回青鸟使者，搭建起两地学子的友谊桥梁，她的内心充满了自豪感。

一瓣之香，诲人不倦

她说，不虚此行，临夏支教是人生中的一笔巨大财富。短短几日简单并快乐着，平淡并享受着，付出并收获着。她是厦门市群惠小学道德与法治学科的曾怡佳老师。

曾怡佳老师执教"穿越时空的购物"

带着挑战自我体能的她，义无反顾地踏上了临夏支教之路。初入临夏没有明显高原反应，暗自庆幸"自我体能挑战成功"的她，带着满腔热血参与临夏县石家河中心小学教学研讨活动，殊不知呕吐、头晕等高反症状悄然而至。

课前 15 分钟，孩子们已经做好了充分上课准备，听课的老师也排排坐满后场。而此时的她正在学校后院的洗手间呕吐不止，脸色苍白地靠在墙角。当同行老师建议调课时，不远处的课堂似乎在无声地呼唤着她，她的内心闪现着孩子们期盼的眼神。她想，此时没有什么比静坐在课堂中的孩子们更需要她了。

她深深地吸了一口气，擦掉眼角的泪花，微笑着走进了课堂，站上讲台的那一刻，一切不适瞬间被打败。她精神抖擞地开启话题，上了一堂精彩纷呈的课。她走下讲台时，貌似用尽了全身力气，面色苍白，摇晃坐下，头痛恶心等不适感又重新来袭。临夏领导及时送来的氧气袋，缓解了身体不适反应。此时的她感受到内心前所未有的坚定。温暖起于点滴，收获永存心间。

栉风沐雨，砥砺前行

她说，不可胜道，一次临夏行，一生临夏情。短暂的支教时光让她深切地感受到了简单而又美好的幸福，她是厦门市群惠小学体育学科的陈惠珍老师。

陈惠珍老师执教“绳趣”

6月伊始，她来到了临夏市西关小学，在听课、评课中拉开了支教的序幕，她通过听评课教研活动，感受到校长对体育教育十分重视，但也发现课堂教学比较忽略德育渗透和创新、探究的培养。她开诚布公地提出改进建议，并就“如何规范上好一堂常态体育课”进行专题指导，同时上示范课，引起了体育组老师的热烈反响。学生课后也是意犹未尽，“啊，怎么这么快就下课了！”“哇，如果体育课都是这个老师上，那该多好啊！”一句句童言，让她感受到了前所未有的幸福。

春风风人，夏雨雨人

她说，不期而遇，珍藏这段共同奋斗过的时光。朴实无华而又全能的老师们，天真纯净而又勤奋的孩子们是她临夏支教时光中最美丽的风景线。她是厦门市群惠小学科学学科赖芗艳老师。

赖芗艳老师在石家河中心小学执教“食物的旅行”

当她踏进石家河中心小学的那一刻，正在嬉戏打闹的孩子们好奇地望着她，而后羞怯地问了声“老师好”，简单朴实的话语，像颗小石子在不经意间点起了她心中的涟漪。正当她信誓旦旦地将早已准备好的课题做分享时，一个小插曲打破了她整个行程的安排。“赖老师，你能结合甘肃本地生活给孩子们上个科学实验课吗？”“赖老师，你能跟年轻的老师们分享一下希沃白板的使用吗？”“赖老师，你能来上我们学校的第一堂直播课吗？”……

二话没说的她忙碌地穿梭在临夏县的各个菜市场，进行实地考察，最终选择了当地特产——紫甘蓝给孩子们上了一堂有趣而又生动的科学课“变色花”。于孩子们而言，这是一次崭新的体验，于她而言更是自我成长的突破。随后，她将自己已掌握的现代教学信息化技术进行了分享，与年轻教师们一起交流着各种教学软件的使用。在交流中，不断地坚定教书育人的初心。

当群惠小分队重回厦门校园时，收获的不只是教学上的进步，更多的是心灵上的成长。回忆在时光的长河中流淌着，九天的支教生活虽不能说精彩万分，却又是独一无二，像一杯清茶，虽不够醇厚，却让人回味无穷。

有福临夏

厦门市松柏小学 耿 越

6 月，花开最盛的季节。6 月 2 日早上 6:00 过，一同支教的老师们坐上了飞往兰州的飞机，踏上为期一个月的支教之路。经过 5 个小时的飞行和将近 3 个小时的车程，下午 6:00 多，一行人终于到达了临夏县。奔波的路途因为大家的热爱与激动而变得轻松欢快，一路的美景与心情感受遥相呼应。下车时已经没有了在车上的燥热，风吹过来便感到阵阵清凉。因为对接下来一个月的工作安排充满了期待与热忱，即使经过一天的奔波，还是迟迟难以入睡。

支教团抵达临夏

这次支教，我和滨北小学的林老师、思北小学的周老师被安排在临夏县的一所乡镇独立学校——韩集小学。刚进校，我便感受到了孩子们的热情，每个孩子眼睛都和天空一样澄澈，黝黑的皮肤和脸上的高原红也那么可爱，每一声“老师好”都滋润着心田。陪孩子们课间聊天，进行游戏互动，了解他们的学习内容，陪他们一起读英语课文，仿佛自己也回到了学生时代。看着他们求知若渴的眼神和热情洋溢的笑容，我更想不遗余力为孩子们做些什么，让支教初心不仅只是停留在这一个月。

支教的第二个星期，我跟随同行老师的送教活动的脚步，来到了临夏县姚川小学与临夏县麻尼寺沟乡韩家门小学。在姚川小学，我旁听了来自厦门市外国语附属小学的黄福裕老师讲授的“玩气球”一课，这一节课我不仅领略了黄老师课堂的魅力，更对此次支教任务有了更多的认识。姚川小学六个年级仅有 7 个班级，全校 12 个老师也使教学任务显得更加忙碌。课堂上孩子们大大的眼睛对知识充满了渴求，认真专注的样子让课堂变得更神圣，但匮乏的知识储备却让他们胆怯害羞不自信，使在场的老师们多几分怜爱与心疼。在姚川的水泥操场上，孩子们第一次学习叠罗汉，从小心翼翼尝试到互相信任支撑再到自发组队挑战，短短 40 分钟时间，孩子们掌握的不只是技巧，更多的是打开心扉接受新鲜事物，勇于体验。教育不只在于传道授业，更在于滋养育人，在姚川，我还听到了最美的《蓝莲花》，在六年级拥挤的教室里，一位老师忘情地投入在音乐课堂中，用断弦的吉他伴唱，和孩子们一起体验着歌中的无惧无畏与坚韧坚持。

在韩家门小学，一进校门孩子们便好奇地围了上来，你一言我一语与我互动着。被孩子偏爱与宠爱是作为教师能感受到的最幸福的事情，小朋友们簇拥着，脸上的高原红在笑容的衬托下更加漂亮，在学校玩洒脱后脏脏的小手挥舞着更加可爱。突然不知道除了上课，自己还能做些什么，个人力量之小，期望之大，无形中也让自己觉得有些遗憾与不甘。

经过两周在学校熟悉环境，我为韩集小学四年级的孩子们带来了一节科学课程“流动的空气”。在备课的过程中，有太多东西想带给孩子们，又担心过犹不及，迟迟没有定稿。准备实验材料时，为了激发孩子对知识的好奇心，提高未来的动手兴趣，我特别选择了生活中常见的纸杯、筷子与针线来制作中国传统的走马灯。在走马灯的制作与现象中引导学生思考：热空气会上升等空气的流动现象。课堂中孩子与老师的互动、动手实验与规范回答更像是“术”，让孩子掌握这个年龄段需要掌握的知识技能，学会动手尝试，学会团队合作与分享；在课堂中对孩子的操作指导与鼓励评价，更像是“道”，让孩子在课堂中更加放松学习，帮助孩子找到自己的闪光点，建立自信心与学习的动力。

“流动的空气”课堂

在与临夏的老师和孩子们接触交流的过程中，感触最深的并不是相对落后的学习环境，而是在学习环境中孩子们对学习的渴望。每一个孩子都是天使，而临夏的孩子们需要的是让他们起飞的平台与翅膀。全国义务教育的普及保证了孩子们接受教育的权利，但是教学资源的不均衡与信息差也成为新的一大挑战。授人以鱼不如授人以渔，除了基础设施的完善，或许我们能做的更多是让孩子看到外面更广阔的天地，让外面纷繁复杂的奇妙世界成为驱动孩子进步前行的新动力。

东西携手，让爱传递

厦门市滨东小学　洪　玲

2018年6月11日，临夏县副县长白丽城将一份《厦门日报》发给了我，上面赫然写着："东西部扶贫协作国家级考核——帮扶临夏州成绩亮眼，厦门名列东部十三城之首。"里面详细地介绍了厦门市在东西协作中做出的贡献，有产业发展的，有创新合作的，有结对帮扶的，有人才支援的，其中特别提到我们到临夏的支教事迹。看着这份报纸，我激动万分，不由得想起了那难忘的一个月支教时光。

2017年，隆冬，正值天寒地冻，北方地区正是滴水成冰的季节。思明区决定选派一批骨干教师，到甘肃临夏回族自治州进行为期一个月的支教，为2017年东部帮扶西部画上一个圆满的记号。作为滨东小学的教研组长，思明区首届道德与法治学科带头人，我带着领导对东西协作对口帮扶支教工作的重托，迅速地整理好自己手头的工作，利用短暂的时间整理行装，义无反顾地奔赴支教地点。一起去的小伙伴还有莲龙小学的陈春明老师、前埔南区小学的郑雯雯老师以及中学的黄新惠和高福长老师、幼儿园的张燕君老师。

小伙伴们除了对未知环境的忐忑，心里更是对支教满满的期待和热情。整整一日，穿越千山万水，从海拔500米以下的祖国第三阶梯到海拔2000米以上的祖国第二阶梯，从发达的东部到相对落后的西部，老师们带着满满的支教热情，来到了黄河的上游，临夏回族自治州，在临夏县韩集镇开展了支教工作，我们小学组一行三人分配到了双城中心小学学区支教。

干旱的天气，零下十几度的低温，高原反应，给初来乍到的老师们带来了极大的挑战，小伙伴们纷纷病倒，其中一位老师甚至得了肺炎。这个艰难的时候，我们得到了领导团队的亲切关怀和帮助，支援临夏的白副县长和吴主任，经常在下班后冒着严寒徒步过来关心支教团队，在获悉有老师生病以后帮忙找来支援临夏的厦门医生，细心地治疗、照顾生病的老师。在大家的关怀下，老师们也克服了种种困难，迅速地投入支教工作。

冬天的黄土高原，要么白雪皑皑，要么遍地枯槁，然而春的生机就孕育在泥土里，就好像临夏教育的现状。在双城中心小学陶校长的带领下，我们冒着风雪严寒，走访了临夏县山阴洼小学以及位于山顶上的沙塄沟小学等多所乡村小学，和乡村小学的孩子们进行了积极的互动，深入了课堂听课评课，我们发现这里的考察学科非常薄弱，当地老师非常期待我们能传经送宝，我们三人针对具体发现的问题，和当地的老师们开展了调研和交流，提出了行之有效的教育教学建议以及改良措施，将思明区先进的教育教学理念传递到了临夏县，东西部教育思想，在一次次教研中碰撞和洗礼！

为了更好帮扶临夏县的教育，我们经常秉烛夜谈：有的老师提议，将临夏的情况反馈给厦门的孩子们，让孩子们把手中富余的书，捐赠给临夏的孩子们；有的老师提议，让厦门的孩子把自己得意的绘画作品邮过来和宁夏的孩子们进行艺术上的交流；有的老师说，我们要把道德与法治课、科学课、美术课上得更加精彩，让当地的孩子们和老师们，感受这些课程的魅力，愿意上好这门课……

为临夏的孩子办画展

有了具体的目标，老师们忙了起来，联系捐赠书画、策划画展、集体备课。小学组的三位老师下班后，一趟一趟到邮局当搬运工，冬日的画夹非常坚硬，每一张画都需要两个画夹来固定，在一次又一次的重复动作中老师们的手开裂了，血流出来了，然而我们的辛苦没有白费，成百上千幅厦门孩子的画作将韩集镇双城中心小学的走廊以及教室装饰成了艺术的殿堂，在当地教育部门的支持下我们成功举办了“爱动全城，美在心间”的庆元旦画展，为当地的孩子们提供了丰富的精神“美餐”。而上万册的儿童图书也带着南国的暖阳飞度万水千山来到临夏，给孩子们冬日的学习增添了无限的乐趣。

12 月 21 日，我们激动万分地迎来了面向全县开讲座和公开课的日子。清楚地记得，我那天开的课是“一起采集民族之花”。记得刚刚来到临夏这个少数民族的聚居地，第一次见到这么多民族的孩子在同一个班上课，内心的激动油然而生，我想：我要把握这样一个千载难逢的好机会，让民族和民族之间的孩子有更多互相了解的机会，让东西部的文化碰撞促进各民族孩子之间相互交流、相互欣赏、相互尊重。在课堂上，我引导孩子们自主探究，小组合作，共同了解各个民族的习俗，鼓励他们大胆表演自己民族的歌

和临夏的孩子打成一片

舞，介绍并邀请众人品尝自己家乡的美食。活泼轻松的课堂氛围带着孩子们渐入佳境，他们渐渐地忘记了拘束、害羞，快乐地融入了课堂，勇敢地上台介绍了自己的民族，自豪地展现了自己的民族舞蹈，愉快地品尝彼此民族的美食。学生们第一次上这样一堂新颖的道德与法治课，感受到了道德与法治课的魅力，课堂成功地拉近了老师与孩子的距离，拉近了民族与民族之间的距离。孩子和我成了好朋友，当地的老师们也深受感染，他们真诚地对我说："在您的课上，我们看到了满满的爱，这些爱都化成了语言，化成行动，化成了孩子们显而易见的成长。"通过这一次县级的公开课活动，我们支教团队让更多的当地老师感受到了这些课程的魅力，为他们上好这些课程，打开了一扇新的窗户。

冬天的脚步越走越远，而我们支教的日子也越来越接近尾声。在支教的最后日子里，我们接到了一个光荣的任务：参与国家东西部扶贫协作考核。在考核中，国务院办公室的相关领导、专家与我们支教团队亲切交谈，在州长的推荐下，我作为支教教师代表，向领导做了支教工作的汇报，我们思明区教师团队对临夏县的教育帮扶工作得到了与会专家领导的认可和赞许。离开临夏的当天，我们支教团队深情地为当地老师们演唱了《鼓浪屿之波》，悠扬的歌声传递着我们的深情，传递着我们的祝愿，祝愿我们厦门与临夏的友谊像大海的波涛一样连绵不绝，祝愿临夏越来越好！正如当地媒体给我们这次支教工作报道的注释"爱在寒冬，暖在心间"。这次跨越东西的携手，是厦门对临夏爱的传递，这枚爱的火种将生生不息！

“绳”系东西教育，携手共谱新篇

思明第二实验小学　胡璐瑶　蔡玉萍

细细的绳两头牵，一端牵着赤地千里的临夏，一端牵着四季如春的厦门。为贯彻落实党中央关于东西部扶贫协作的决策部署，实现教育事业共同提升，2020 年 5 月 31 日，厦门市思明第二实验小学组织优秀骨干教师奔赴临夏市南龙学区单子庄思明小学，利用短期支教的机会分享并推广我校“花样跳绳”特色品牌课程，推进当地体育教学改革，使东西扶贫协作工作成效不断深化。

100 条竹节绳的温暖

在得知单子庄思明小学许多学生家庭经济困难，孩子们只能使用易打结的布绳或质量较轻的塑料绳时，在王跞校长的带领下，思明第二实验小学全校党员教师自发捐款，购买了 100 条特制竹节绳赠予单子庄思明小学的孩子们。看着孩子们攥着颜色鲜艳、造型美观的竹节绳时脸上露出的笑容，我们知道一颗颗饱含渴望与热情的种子正在孩子们的心中生根发芽。礼轻情意重，赠予的是跳绳，播种的是梦想，绳起绳落，牵着孩子们的友谊，也牵起浓浓的“思”“单”情缘。

孩子们拿到竹节绳后十分兴奋

“绳”彩飞扬的千里情缘

思明第二实验小学是福建省花样跳绳特色学校。单子庄小学的马校长曾于2019年到我校跟岗学习，对我校的花样跳绳大课间非常感兴趣，回校后便一心推广，想打造成单子庄小学的特色品牌项目。但由于单子庄小学乃至整个南龙学区都没有专职体育老师，专业技能无法得到指导，项目推进困难重重。

于是，思明第二实验小学的体育备课组长蔡玉萍老师肩负重任应邀前往。蔡玉萍老师是思明第二实验小学“花样跳绳”特色品牌课程创始人，有着丰富的教育教学经验。接受任务后，她第一时间与单子庄思明小学的老师取得联系，调查、了解单子庄思明小学花样跳绳及大课间的开展情况，并根据单子庄思明小学的实际情况，为六年级的孩子们精心设计了花样跳绳“左右侧甩直摇跳”观摩课，以传播先进体育教学理念。并带去了花样跳绳校本课程、特色大课间活动等材料，积极助力单子庄小学“花样跳绳”项目的推进。

蔡玉萍老师在课上为孩子们讲解动作要领

蔡老师的到来受到了单子庄全体师生及南龙学区校领导的热烈欢迎。南龙学区乔明孔校长组织全学区的校领导及所有兼职体育教师到现场学习。课上，蔡老师的语言简洁生动，教学环节层层递进，活动兼具挑战性和趣味性。一条看似普通的跳绳却能有无穷变幻，瞬间点燃了孩子们的学习热情，集中和分散相结合的教学方式井井有条又蕴含合作的智慧，令在场老师们连连惊叹。观摩课结束后，蔡老师以“在‘绳’彩飞扬中启智育德”为主题，向南龙学区的校长、老师们详细介绍了思明第二实验小学的“绳彩飞扬”大课间及社团活动开展情况，老师们对跳绳运动有更深层次的理解和向往。其后的互动交流中，蔡老师又因地制宜，为单子庄小学乃至南龙学区各校今后开展大课间活动建言献策，让在场领导老师豁然开朗，对活动的开展有了更强的信心。看到在场老师跃跃欲试，蔡老师还邀请南龙学区的老师们到操场体验花样跳绳的趣味，手把手教授花样跳绳的动作技巧与教学实践的经验。老师们认真学习，虚心请教，连单子庄的马校长和南龙学区的乔明孔校长都加入学习队伍，左右甩绳、并脚直摇跳、基本交叉跳……汗如雨下也顾不得擦，学得不亦乐乎！

“没关系，我还能坚持！”

为了尽快推广花样跳绳项目，蔡老师在单子庄思明小学挑选了一批协调能力好的孩子，每天传授不同的动作并坚持训练。由于单子庄思明小学的孩子们第一次参加这样专业的训练，掌握动作速度较慢。虽然有的动作要领要讲三遍、五遍甚至更多遍，但是看着孩子们炙热的眼神，在烈日下晒得小脸通红仍旧舍不得停下休息，蔡老师深受触动，不厌其烦地为孩子们解答，并根据孩子们的掌握情况及时调整教学措施。每每放学时间到了，孩子们都不愿意回家，一遍又一遍地问：“下午还能再练吗？”到蔡师给了肯定的答案后才带着满意的笑容一蹦一跳地回家，有的学生甚至出校门前还要回头嘱咐：“蔡老师，下午你还来哦！”孩子们乐此不疲，蔡老师则倾囊相授，短短一周，这批孩子已经能比较熟练地掌握花样跳绳的一级动作，并初步掌握二级动作。有了这批先锋部队的带动和帮助，跳绳技巧很快传遍校园的每一个角落。

其实，蔡老师在临夏一直都有轻微的高原反应，每日连续高强度的跳绳运动常常让她感到非常吃力，但蔡老师总是说：“没关系，我还能坚持！”简短的话语令单子庄思明小学的师生非常感动。周六上午，蔡老师又冒着小雨为师生训练，连续一周高强度的工作及小高反终于让她病倒了，中午回宾馆就开始低热，吃了药休息了一下午，才好了一些。同行的老师责备她不爱惜身体，她却说：“没事！我身体棒！瞧，这不又生龙活虎了！把他们训练好了我才能安心回去呀！”

月圆花好，共谱新篇

绳系“思”“单”，以“体”育人。6月6日，思明区许霖副区长和思明教育局方勇财局长一行到临夏调研，亲自观摩了蔡老师对单子庄思明小学跳绳社团的指导，听了同赴单子庄小学支教的陈夏兰副校长和南龙学区乔明孔校长的介绍后，对思明第二实验小学教师发挥特长优势、千里移植教育品牌的支教行动给予高度肯定，也对南龙学区师生的学习热情深表赞赏。在远程视频连线中，思明第二实验小学王踯校长也表示，学校将继续全力支持临夏南龙地区教育发展，进一步拓展教育扶贫协作的深度和广度，不断推动东西协作扶贫取得更新的更大的成绩，实现两地互利共赢。

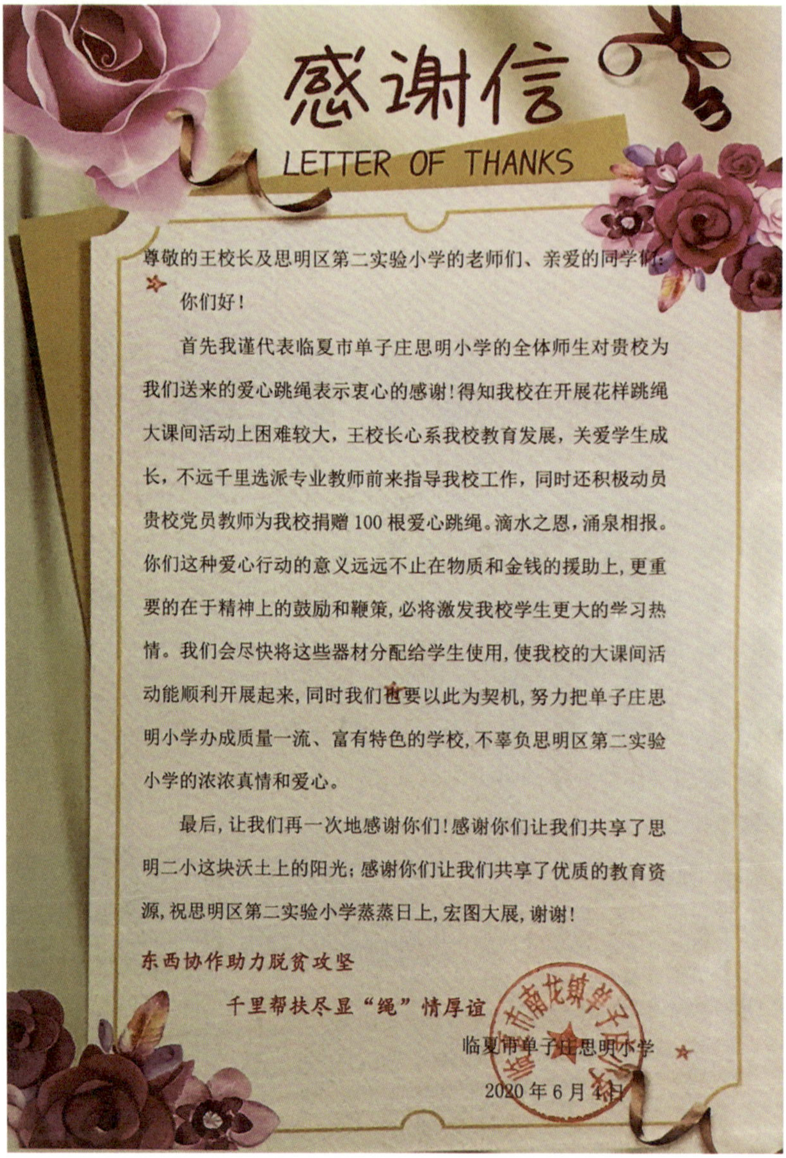

感谢信

LETTER OF THANKS

尊敬的王校长及思明区第二实验小学的老师们、亲爱的同学们：

你们好！

首先我谨代表临夏市单子庄思明小学的全体师生对贵校为我们送来的爱心跳绳表示衷心的感谢！得知我校在开展花样跳绳大课间活动上困难较大，王校长心系我校教育发展，关爱学生成长，不远千里选派专业教师前来指导我校工作，同时还积极动员贵校党员教师为我校捐赠100根爱心跳绳。滴水之恩，涌泉相报。你们这种爱心行动的意义远远不止在物质和金钱的援助上，更重要的在于精神上的鼓励和鞭策，必将激发我校学生更大的学习热情。我们会尽快将这些器材分配给学生使用，使我校的大课间活动能顺利开展起来，同时我们也要以此为契机，努力把单子庄思明小学办成质量一流、富有特色的学校，不辜负思明区第二实验小学的浓浓真情和爱心。

最后，让我们再一次地感谢你们！感谢你们让我们共享了思明二小这块沃土上的阳光；感谢你们让我们共享了优质的教育资源，祝思明区第二实验小学蒸蒸日上，宏图大展，谢谢！

东西协作助力脱贫攻坚

千里帮扶尽显“绳”情厚谊

临夏市单子庄思明小学

2020年6月4日

单子庄思明小学致思明第二实验小学感谢信

东西合作助力脱贫攻坚，千里帮扶尽显“绳”情厚谊！九天支教只是开始，我们将继续携手同行，让教育优质资源继续辐射这片美丽的土地！

枹罕中学支教交流小记

厦门市第九中学 林洁虹

枹罕中学初印象

我用手写输入“枹罕”，然后百度搜索到以下内容：枹罕（fú hǎn），中国历史上古地名，在今甘肃省临夏县附近地区。本只想知道这个学校怎么读，却也顺道了解了学校所在地久远的历史。第一天到学校参观校园环境，宽阔的操场映入眼帘，远处的雪山令人眼前一亮，前一天近12小时路程奔波的劳累，因为喝太多茶水屡跑旱厕带来的不适感，顿时一扫而空。可能是南方长大的孩子对雪山的本能向往，以至于当我拿到公开课题时，毫不犹豫地把它作为我枹罕中学初印象用于我的课堂引入。但现在再回想，其实不仅是远处的雪山，校园花圃中盛开的月季，那一杯永远满着带有西北特色的茶，都是我的枹罕中学初印象。我宝贵记忆财富里储存的，更多的是这所学校朝气蓬勃的学生，敬业友善的老师，着眼全局、身体力行的领导班子！

愿你们有梦想、有方向，永远质朴善良

枹罕中学是临夏市唯一一所农村中学，也就意味这里的孩子家庭背景相对复杂多样，有父母外出工作的留守儿童，有不重视教育认为只要读一些书认得几个字就可以的思想落后家长，甚至也有部分属于“劝返”性质的孩子。

支教教师与学校领导班子合影

我借班上课的班级有个女孩叫马双颖，家在枹罕镇王坪村，是村里山顶上的最后一户人家。离学校特别远，没修路之前雨天特别难走，家里经济情况也很差。她家父母在西藏打工，还有一个小儿子，由于观念落后重男轻女，不愿意让马双颖念书，小学孩子就被父母强行辍学带到西藏，每天在家带弟弟。后来经过学校和村上的努力，马双颖回到了校园生活。虽然由于辍学基础不好，但是她学习劲头十足。据说课间休息时间、上学候车时间经常能见到孩子拿着书在学习，课间办公室也能时常看到她请教老师问题的身影。老师们对这个孩子充满希望，认为有这样的态度双颖未来考取普通高中也不是不可能。这个孩子的故事是座谈会上听陈副校长提起的。恰好安排在她班上课，课堂中我也尤其关注了这个孩子，扎着马尾辫，黝黑的脸庞上引人注意的是她专注坚定的眼神。双颖给自己的寄语中写着“唯累过，方得闲；唯苦过，方知甜”，像双颖一样家庭环境的孩子还有不少，大多数的孩子有吃苦耐劳的精神、不断求知的上进心和乐观的心态。

正因为走近孩子们，越发能感受到他们虽然腼腆但却不失礼貌；正因为走进他们的校园生活，愈发感受这所学校为学生全面发展所下的功夫；正因为走进他们的课堂，感受到大多数孩子专注于知识的眼神，才越发体会到教育的力量。马校长对枹罕的孩子给予的希望是不要丢了农村人的质朴，也像城市孩子一样有见识。那就祝愿孩子们有梦想有方向、永远质朴善良！也相信，越努力越幸运！

每一个岗位上都有一个可爱的他（她）

我们讲座交流那天有一个插曲，会议室投影多媒体和我们的笔记本电脑不兼容，其实我们本来是本着尽可能不添麻烦的态度，表示我们可以克服。但学校电教老师从当天上午第四节课到下午第三节课一直帮我们忙活线路连接的问题，当天中午午饭都是随便对付的。面对我们的感谢，老师只是憨憨地笑着说：“不用谢，这本来就是我的岗位工作，我就是做这个的。”从这位老师质朴的言语中，我们就能感受到这里每一位老师时时刻刻脸上挂着的笑容，是他们爱岗乐观的体现。也正是因为每一个岗位上他们的奉献，才带给更多孩子未来和希望！

马校长及领导班子与数学组老师一起听课

每天进校门透过车窗总能看到马校长在巡视校园，或者关注学生营养餐的发放，中午食堂他基本是最后一位光顾。一碗面一杯茶，和准备离开的其他老师点头示意。我们讲座分享时，马校长带头认真记录笔记，我们支教交流期间，马校长亲自主持座谈会、亲自听课、亲自评课，可以说我们在枹罕中学所有的活动马校长都带头亲自参加。

规范办学、建设团队、营造校园文化无一不体现马学忠校长及其领导班子对学校的正确领导。身体力行的细微处更令人敬佩动容，他们对学生以及普通老师的关心关爱。记得我上完课以后马校长特地来告诉我课上频频举手的一个女孩子是班级的班长，临走还特地交代那个孩子要继续努力；牟副校长、陈副校长提起一些励志学生眼里的欣喜和自豪；柳副校长说起劝返工作中一些不配合家长时脸上的无奈和对孩子的惋惜；雷厉风行的教研室乩主任对身体不适向她提出调课申请的年轻老师轻声细语安抚关照 ......

交流时间太短，还有很多的老师没有机会接触，但我们和部分老师私下交流，他们都对马校长以及领导班子的敬业和能力表示由衷佩服和赞赏。也正因如此，他们也期待学校会越来越好！

后记

短短数天行程，与其给此行定义为支教，不如用交流更为合适。不同的教育环境、不同的学生背景，其实更多的是分享彼此的教学理念、班级管理方式。在交流中碰撞火花，给彼此新的教学管理灵感。就如一位老师打趣刚进我的课堂他对我 PPT 展示的“临夏初印象——早穿棉袄午穿纱”“枹罕中学初印象——一张操场全景图”持有疑问，心想这能和数学课堂扯上啥关系？到发现原来数学课可以从这样的角度引入并渗透情感态度价值观。我也在交流中学到他们课堂上对学生规范管理颇有成效的办法。正如一位老师说到的，就是观念需要转变。老师们迎进来和走出去，就是创造更多的交流机会，让彼此的观念碰撞出更多的灵感！

回来后看着学校传来的孩子们的感谢贺卡、朗诵视频，数天相处的点滴历历在目，这应该是教学生涯中不可忘却的宝贵记忆。

最后，希望我能有机会再到这个美丽的地方，也愿踏过这片土地的人们永远安好！

参与学生乡村少年宫活动

那些关于梦想的故事

厦门市人民小学　高达维

“人间四月芳菲尽，‘临夏牡丹’始盛开。”2019 年 4 月 19 日，在绵绵春雨、瑟瑟寒意中，我来到了甘肃省临夏市开启为期一个月的支教工作。虽转眼间已经是一年前的事，但不经意间回想起来，总有些人温暖着我的心灵，总有些故事震撼着我的内心，总有一些场景一直在我的脑海里盘旋。

高达维老师与同学们热烈交流

听——梦想的声音

“我想当老板！”“我想卖羊肉！”“我想赚钱！”……一个月的时间并不长，我能为孩子们带来的知识是有限的，而更多的时候，我更愿意与孩子们分享一些有关梦想的故事。记得在逸夫一小和孩子分享梦想这个话题时，很多孩子表示非常好奇，而答案也如出一辙。不论是当老板还是赚很多的钱，这些答案都让我不禁思考，对于这些孩子而言什么是梦想，是一种职业，是未来的一种谋生手段，还是周而复始的温饱生活。

思绪与情感不断地漂浮着，直到有一天，一个小女孩的问题让我恍然大悟。

“老师，你来自厦门吗？厦门美吗？厦门有大学吗？”

“孩子，厦门很美，而且厦门有一所很牛的大学，厦门大学。”

“哇，那我长大以后要考厦门大学！”孩子红着脸继续说。

“老师相信你的梦想一定能实现，能说说为什么想考厦门大学吗？”

孩子兴奋地说道：“我曾经想过当一个明星，可以全国四处表演，还可以让爸爸妈妈在电视上看到我，为我感到骄傲，但是后来我感觉这个梦想不太可能实现。之后我也想过成为一名导游，带爸爸妈妈到各地旅行，但是这样要先花很多的钱了解各地的旅游景观，我可没那么多钱。现在我想着如果我可以考进厦门大学，那就可以带上爸爸妈妈一起去看看美丽的厦门了。”话音刚落，突然安静，看着孩子充满童真的表情，我似乎听到了一个小种子正在破土而出的声音。

“每个人都有属于自己的梦想，梦想不分大小，适合自己的才是最好的。只要坚持就能实现！”带着感动，我鼓励她。小女孩开心地笑了，我看到她眼中出现了对生活的一种期待，小小的身体迸发着奋斗的力量，而心中或许多了一份对未来向往，或许，这就是梦想的声音。

受此启发，我在课堂上借助“寻找自身优点”的环节，让每名同学都能根据实际情况确定一个适合自己的目标，并为之努力奋斗。因为像小女孩对自己的未来有着明确目标的学生并不多，有些孩子可能不善言辞，有些可能不愿分享，有些可能没有对自己的未来做过任何打算，但我知道，只有通过不断地了解，不断地传递一些积极的信息，聆听他们的心声，才能让梦想之路更清晰一些，对未来的期待更美些。只有用爱浇灌梦想之花，才能期待他日百花齐放。

看——梦想的力量

无独有偶，一天课间，有个孩子对我说：“老师，您来自厦门对吧，我的一个姐姐也在厦门，听说那里好美好大。”看着孩子期待的眼神，我点点头，还来不及回答，孩子又问了，“您能不能多给我们介绍一些关于厦门的故事？我好想去厦门。”我灵机一动，厦门故事啊，那为什么不让孩子和孩子交流呢。对了，“书信交流”是一个挺不错的方法，毕竟文字是交流感情、心得、见解的绝佳方法，也能让孩子们与厦门孩子之间建立一定的链接，若能相互交流梦想，那是多美好的一件事。

于是，利用课间，我组织逸夫一小的一些孩子写了交友明信片。于是有些孩子写“临夏很美，有牡丹，有八坊十三巷，夜景也很美，欢迎你来玩”，有些写“我喜欢跳舞，你的兴趣爱好是什么？你心中的临夏是什么样子？你有没有对我们这个偏远山区产生好奇心呢？”……看着这么多真诚的言语，我的内心泛起一阵阵涟漪，这是他们对于外界沟通的需要，对了解更有趣的未知世界的憧憬……

现在当我看着这些明信片的照片时，我隐隐地感到临夏的孩子们心中一直藏着对知识的渴望、对理想的憧憬、对生活的热爱！或许，梦想的种子已经悄悄地生根发芽，只是我们还未曾仔细看见。在我眼中，临夏的孩子具有激情创意，具有活力希望，相信他们只要拥有梦想，未来一定了不起，希望他们带着小小的目标和大大的梦想，仰望星空，脚踏实地，无论艰难险阻，只顾风雨兼程。

行——梦想的坚持

转眼间，支教工作即将结束。我还记得最后一次为临夏新华小学老师开设团体辅导后的交流，让我知道了又一个关于梦想的故事。

一位老师问："老师，你们下周就要回去了吗？"

我说："是的，周末你们也要放假了呀！可以好好休息啦。"

她说："参加这样的活动好神奇，我原以为自己会很累，毕竟在封斋中。可今天的拓展活动我却感受不到一点疲劳。"

我惊呼："哇，我没想到团辅还有这种效果。"

她说："我自己都没想到，可能是团队支持，可能是内心一直的坚持，毕竟我是一名老师。"

因为赶着带学生体锻，我没能和这位不知其名的老师继续交流。但"内心的坚持"这个词语让我怦然心动。作为老师，特别是当你慢慢适应了老师的角色，成为学生口中的老师，你会愈发觉得把自己的本职工作做好，把教书育人的工作做好，它不一定多么轰轰烈烈，却一定刻骨铭心；它不一定多么伟大，却一定是生命中的不可或缺的繁荣。或许这就是梦想的坚持，它会让你忘却暂时的烦恼和身体的疲劳；或许只有当你心中有梦，才能看到远方，心中有路，才能走得踏实。我相信，这位怀揣梦想、坚持前行的老师，必将收获喜悦和荣耀。

如果说，教育就是一棵树摇动另一棵树，一朵云推动另一朵云，一个灵魂唤醒另一个灵魂，那么梦想就是一个个小梦想结合在一起变成大梦想，吸引着无数的追梦人。很感谢自己在 2019 年选择了支教，选择了倾听、收集孩子们的梦想，支教于我，只是尽自己所能，做点力所能及的事，支教于你（你们）便是梦想的点燃，未来的启航。

支教，人生中美好的遇见

厦门市日光幼儿园　黄琪彬

读书时期，心中一直有个梦想，到山区里面去支教，给孩子们带去知识的火种，所以，当知道有这样的一个任务时，我便义无反顾地报名参加了。今年3月份，我终于来到了我支教的起点——临夏州临夏县。一年支教时间转眼即逝，在这一年中，我走进了农村教育的一线，了解了农村教育的现状，认识到了农村教育教学工作的困难与艰辛，体会到了农村老师的酸甜苦辣，虽然辛苦，却格外充实。

启程之前，我们日光幼儿园的王晓虹园长充满了各种担忧，担心我在他乡无法适应，担心我无法正常开展支教工作，于是便带着老师们为我即将开展的支教工作出谋划策，为我提出了许多宝贵的建议，让我感受到了浓浓的温暖。可当我看到当地的实际情况后，我发现似乎准备还是不够充分，自责、沮丧的心情满溢于心。

兵来将挡，水来土掩，结合当地的实际情况，我重新修订了支教的工作计划。3月伊始，乍暖还寒时，我便以驻扎园双城中心幼儿园为基础，紧锣密鼓地开始了各项工作：从听课评课，到教案的书写、活动的组织开展，从环境创设到早操编排，从专题培训到示范课展示，努力地将自己的所学所得和当地的老师们进行分享。

在这一年的工作里，有许多的人，有许多的事都让我倍感温暖，让我最感动的一瞬间是我第一次在全县准备开设“基于儿童视角的幼儿园环境创设”讲座的时候，临夏双城中心幼儿园的刘雯园长给了我很多的支持。为了更好地了解全县环境创设的情况，刘园长不辞辛苦带着我走访了全县所有的直属幼儿园，并耐心细心地为我讲解了幼儿园的一些情况，这在无形当中给了我很大的鼓励。参观的过程中，刘园长还拿着笔记本，记录她发现的问题和精彩点，在结束参观后，也积极地和我分享，看着这样一个认真好学的园长，我也被她的精神所感染，努力地将我的所学与她分享。在了解当地幼儿园环境创设的情况后，我便开始着手准备我的培训讲座，因为是实操式的培训，所以需要准备很多材料，放学后我独自在美工室准备着，这时候刘园长推门进来了，看着我忙得焦头烂额，连忙放下了背包，帮我的忙。看到刘园长加入，我急忙说道：“刘园长，没关系的，我来就可以了，放学了，您早点回去吧。”刘园长笑着回答道：“黄老师，晚点回家没关系的，你为我们培训对我们来说是最大的收获，一起准备，我也能知道该怎么操作，以后也能教给我们的老师。”刘园长的这番话，真的让我大受感动，其实，刘园长是

黄琪彬老师在上阅读课

看我自己一个人准备太辛苦了，才牺牲自己的下班时间留下来帮我，在支教生活里，有这样一位好搭档，我倍感温馨。讲座如期开展，效果超乎了我的意料，老师们都学得非常起劲，纷纷表示这是她们听过最喜欢、最好玩的讲座，其实东西部教育之所以会有差异，主要原因是缺乏优秀老师的带动引领，也感谢厦门市教育局和思明区教育局给了我这样一个机会，能够真正了解这些情况，这也为我的人生留下了浓墨重彩的一笔。

支教虽然结束，我对孩子们的爱一直在延续，回首这一年的工作，与其说，我为她们带去了很多经验，很多学习的机会，还不如说她们为我带来了成长的空间，让我学会了全面地思考问题，让自己的半桶水变成了四分之三桶。感谢领导给予这次机会，感谢双城中心幼儿园给我展示的舞台。最大的收获：为一方的同行姐妹们送去较为先进的教育理念、科学的教育教学方法；为可爱的孩子们打开一扇扇窗，开阔他们的视野、拓展他们的思维、丰富他们的情感。

生活是一首说不清悲欢离合的歌，而支教的生活更是充满了酸甜苦辣，但每一天都让人感动，每一天都在欢声笑语中度过。支教生活虽然辛苦却非常充实，有过困难，有过欢喜，但不能否定的是，迄今为止，支教是我人生中最美好的遇见。

原来，我也可以做些事情

厦门市民立第二小学　詹志娟

时光是最好的作者，它会教会我们什么是成长。谨以此文，记录我的临夏支教行，记录大山里那群可爱、善良、热爱学习的孩子们的点点滴滴。

原来你们和我想的不一样

或许你看过电影《美丽的大脚》，如果没有，你可以去看看，那你会对大西北的山里的孩子有更多的了解。你们一定会觉得，他们太笨？他们没有上进心？他们不爱学习？不，他们和城里的那些孩子们一样，他们并没有什么不同，这是我最深切的体会。他们，也爱学习，他们也很聪明，他们，没有什么不同。当我体会到这些时，我心中的幸福感油然而生。

刚来到的这里的时候，我们总是热情满满，但与山里的老师接触之后，会发现，我还能做什么呢？原来，孩子们并不爱科学，原来，我们这些支教老师什么也做不了，原来，我们的存在是没有什么太大意义的，山里哪里来的科学课，我的心里觉得很失落，因为我来这里可能是毫无意义的。但是，我又立刻调整了自己的状态，我告诉自己：我必须做点什么，让自己不虚此行。这里的孩子们“不爱科学”？那就让我带你们去看看什么是科学，让我用我微薄的力量去为你们开启一个崭新的科学的世界，让我带着你们一起去叩开科学世界的大门。

初次见面，我其实忐忑了很久，我不知道他们是否会接受一个新的老师，我不知道他们能不能回答出我的问题，我担心万一他们没有上过科学课，他们没有办法回答出任何一个问题，会不会导致他们从此以后就没有兴趣去接受这个学科……我辗转了一夜，天一亮，我们一行人就出发前往学校，我没有想到的是，那些孩子表现出了对科学的极大热情，他们那专注的眼神会让我担心自己教给他们的可能还不够，会想要努力教会他们更多，会希望自己会的都可以瞬间跑到他们的脑袋瓜里，当一个从未举手发言过的孩子高高举起手的时候，当孩子们情不自禁地说出“科学好，科学好”的时候，我真的特别感动，他们在用行动告诉我：他们是爱科学的。在之后的课上，我看到了他们不一样的热情，积极的探究态度，聪明的反应，他们，和我想的不一样，他们的努力与机智、坚强与勇敢都深深打动了我。

谢谢你对我的期待

支教之行的点点滴滴就像美丽的星星，汇聚成了漫天星海，我无法一一记录，也没有办法将他们的善良与坚强一一写尽，我想用我手中的笔尽我所能去记录下他们这群可爱的孩子们。

第一天的科学课，我记得特别清楚，我上的内容是“科学是什么”，孩子们自己的理解方式特别有趣，有个孩子说：“科学就是学了以后，长大可以当科学家，科学家很厉害。”还有个孩子说：“科学是很难的，我们在山里没有办法学到科学。”我心里咯噔一下，我示意孩子们安静下来，然后我告诉他们：“孩子们，山里也有科学，我们山里的大树为什么可以长得这样高大，它的成长需要什么条件？家里的庄稼是怎么长大的？为什么天上的月亮有时候是弯弯的，有时候又是圆圆的？所有这些问题，你大胆去猜想，认真去观察，你最后明白了一个结论，这个过程就是学习科学的过程，只要你愿意思考，只要你渴望探索和求知，你就会拥有科学知识。”孩子们沉默了很久，然后他们都鼓起了掌，他们雀跃起来了，说自己要认真学习科学，要学习知识。下课的时候，孩子们都依依不舍，有个皮肤黝黑、瘦弱的小男孩跑过来，他喊了一句“老师”，然后就把头低下了，过了一会儿又突然仰起头，咬了咬嘴唇，问我：“老师，下节课你还会来吧？”我在那个瞬间突然好想哭，我把他搂到怀里，哽咽着：“会的，这一个月我都会来。”我突然意识到，一个月的时间太短太短，能否再给我长一点的时间，不要让我辜负这群孩子的期待。

第二天，我们的车刚刚到山下（我们的车没有办法直接开到校门口，山路太陡，路又小，只能靠步行），突然跑来几个孩子，原来他们老早就在旁边的大树下坐着，等我们的到来。他们还不怎么好意思表达，但是都跑过来牵着我的手，说：“老师，我们带你走。”我背上的包也被孩子们抢了去，他们说：“老师，你不怎么走山路，我们帮你背。”我执意不肯，那个瘦弱的小男孩就赶紧背着跑，怕他摔倒，我只好提议一起轮流背包。也是这个时候，我才知道这个瘦弱的孩子叫作小华（化名），他还有两个妹妹，一个弟弟，是家里的老大，他每天回家还要照顾弟弟妹妹，不要看他瘦弱，他可是喂羊的一把好手，家里的羊都是他帮忙喂的。他笑着说：“老师，我想要认真学习，长大以后赚钱养我弟弟妹妹，这样子我爸爸妈妈就可以回家了！”你难以想象他那弱小的身板每天要做多少事情，你也无法想象，他们这群生活艰难的孩子都有着怎样善良而又温暖的心。

还有一个女孩子，我印象也特别深刻，她叫花花（化名），一直跟着爷爷奶奶生活，父母在她很小的时候就外出打工了，之后杳无音讯，花花的爷爷身体不好，她比同龄人都要矮小，应该是营养没有跟上的原因。第五天的一大早，花花很开心地跑向我，她从口袋里掏出一个鸡蛋塞给我，气喘吁吁地说：“老师，给你，给你吃，鸡蛋很好吃的。”我那个时候才知道，鸡蛋是她最喜欢吃的食物，因为奶奶告诉她鸡蛋很有营养，可以让她长高，但是家里没有什么钱，不能经常吃，好在学校会给我们提供鸡蛋牛奶等。我看着她那满怀期待的眼神，我没有办法拒绝她，于是我告诉她，这是我吃过的最好吃的鸡蛋。当天晚上回到住所，我就去附近店里买了许多鸡蛋，我让花花带回家，并告诉她："谢谢你让我吃到了这个世界上最好吃的鸡蛋。"

孩子们的期待给了我巨大的幸福感，也让我下决心为他们做点什么。我能感受到孩子们牵着我的手时颤抖却有力，害怕失去，又想珍惜现在；他们拍照时的微笑，替我分担重物时的自豪，一起游戏时的开怀大笑，课上手把手教他们做实验时的亲密无间，这些点点滴滴都带给我莫大的感动，也让我和他们的心越靠越近。

种下科学梦

"白日不到处，青春恰自来。"这里有最朴实的声音，这里有最纯粹的笑容，这里有最纯真的爱。某个瞬间，我突然意识到，原来，我也可以做些事情，我是在播种，我在孩子们心中播下了科学的种子。"苔花如米小，也学牡丹开。"只要清风吹来，花自然会开。这里的孩子们，也可以像牡丹一样绽放。

发现了实验秘密

在之后的科学课上，我总是尽我所能教给他们更多的知识，大山里没有多媒体（只有个别教室安装了一体机），我直接带他们到室外去观察植物；大山里没有实验器材，我就用简单的醋、盐、糖、碗筷这些东西来设计实验；大山里没有显微镜，我就用笔给他们画显微镜下的细胞，用我的手机截图给他们看……科学的种子就这样在他们的心中埋下，他们知道了如何在生活中去探索；他们知道没有教室里的课堂，我们也有生活的课堂；他们知道了小草为何会从泥土中冒出新芽；他们最终也将找到生命的价值，等待新芽出土、繁花盛开的那一时刻。

知交半零落

当你们说自己爱科学，当你们自然地牵起我的手，当你们匆忙跑过来要帮我，当你们期待我的下一次课，当你们希望我的相机里有你的身影，我知道，我们能在一起的日子不多，你们都想在有限的时间里为我做更多的事情，可是我们都没有说破，只是一如既往地开心地笑着。

我知道自己的力量有限，但是我还是想尽我所能为孩子们做点什么，我偷偷观察孩子们最缺少的东西：花花的那件外套已经破了好几个洞；小明的笔袋拉链已经坏了，他用根绳子捆着，但是铅笔还总是掉出来；小丽没有书包，总是提着一个塑料袋……我一一记录下孩子们需要的东西，然后偷偷为他们准备离别的礼物。

离别

分别的日子还是来了，那天早上，全班的孩子都来了，我们不敢告诉孩子们是最后一天，但是这些孩子们都自己拿个本子在倒计时，他们不约而同地在大树下等我们，我在车上哭了好久，擦干眼泪才敢走下去，那天早上，孩子们都异常安静，他们好像一下子都长大了，有了自己的心事。我不敢先开口，怕自己没忍住会哭出来。那节课，孩子们还是一样认真地听着，突然，华华跑出去了，他躲在教室后面的山石旁哇哇大哭，哭声传过来，孩子们都开始低着头抹眼泪，我眼泪"哗"地一下子就出来了，孩子们将我团团围住，我们就那样抱着对方，哭完之后又笑，我说："你们这些傻孩子，都不许哭了，我给你们准备了礼物。"我把礼物分给他们，他们小心翼翼地接过，眼泪就又下来了。

离开的车还是启动了，我不敢把头伸出去，我望着车的后视镜，看到孩子们在抹眼泪，孩子们自己画的贺卡在我手上：老师，谢谢你教会我们什么是科学。老师，我长大以后也想当科学老师。老师，希望你身体健康，我长大了就去厦门找你……

其实亲爱的孩子们，可能你们不知道，你们教会了我更多，你们教会我：人生着实艰难，但是请你认真自信。不论身处何种环境，请你向阳而生，逆风而行。

临夏之行已经结束，但是传播爱的旅程才刚刚开始……

山海携手，共创未来

——临夏短期支教有感

厦门市人民小学 袁慧玲

跟临夏的孩子们一起享受有趣的英语课堂，一直是我的一个梦想，这次我终于梦想成真了。在思明区教育局的组织下，5月31日我开始到临夏枹罕学区开展为期9天的支教帮扶工作。每所学校的校园文化和英语教研组建设，观摩课上孩子们的大胆开口和积极开口，专题讲座时老师们的求知若渴和积极互动，至今仍让我回味不已。

弥漫书香的学校

走进枹罕学区的学校，一种熟悉感扑面而来，这里的校园文化每个学校独有特色，好几个学校的校园文化版面是由学校的老师设计的，墙上多姿多彩的画也出自老师们的手，这里的老师非常有才华。江牌小学的“走廊图书馆”给我留下了深刻的印象，每层教学楼的走廊都有一个小图书馆，根据不同楼层的年级安排摆放了适合不同年龄层孩子阅读的书籍，小图书馆的空间利用得很好，跟学校的校园文化相呼应，让人眼前一亮。图书的分类很清晰，摆放也很整齐，孩子们一下课走出教室就能找到自己喜欢的书籍阅读。我到学校的时候刚好下课铃响，很多孩子一走出教室马上就到书架上挑出自己喜欢的书，站在书架边上就开始阅读，看得出他们是真心喜欢阅读，也喜欢这样的阅读方式。阅读应该是一种习惯，一种学生想自觉养成的习惯，阅读也应该是一种随时可以进行的活动，一种让学生心里惦记的活动，“腹有诗书气自华”，“读书万卷始通神”。阅读会使人更加有气质，看着孩子们阅读时专注的眼神，相信随时都能与书为伴的孩子们，在书香的浸润下，在阅读中积累的知识，一定会有着美好的未来。

好学上进的老师

走进学区里的任何一所学校，都有一个共同的感觉：老师很亲切，孩子很有礼貌，英语老师很好学。记得我在拜家小学上课的那天，一个大肚子的老师给我留下了深刻的印象，印象深刻的不仅因为她是孕妇，更有她迷人的笑容以及她与我积极的互动。下课后在走廊遇到了她，她很亲切的称呼我“Ella”，一个简单的称呼立马就拉近了我们之间的距离，交谈了几句，虽然是第一次见面，但是感觉就像认识了很久的朋友一样，相聊甚欢，她告诉我她已经怀孕 7 个月了，她们校长让她不要奔波来听课，她跟校长说难得可以听到一节厦门市思明区专家的英语课，再远她都要来。还没有来得及询问她的名字，还没有跟她进一步聊天，无情的上课铃声响了，就这样我们匆匆告别了。我以为这次临夏之旅跟她只有一面之缘，没想到我们的缘分远不只这么简单。在铜匠庄小学听课的那天，上课的老师正在讲台前准备，我在教室的后排刚拿出我的听课笔记本，就听到一个激动清脆又响亮的声音——“Ella——”咦，在这个陌生的学校居然有人认识我？我一抬头，看到教室前门边一个大肚子的老师开心地向我挥手，是她！我们居然这么有缘分，再次见面了！她赶过来坐在我的身边，我知道了她姓陈，我们一起听了一节英语课。课后，她拉着我的手，说看到我的听课本上用红笔标了很多批注，肯定对这节课有很多想法，让我好好地给她们评评课，传授传授经验。小陈老师也谈了她对刚听完的这节课的看法，从她的言语中我觉得小陈老师观念比较新，很有自己的看法，讲的几个点也很切合当地的学生实际情况。同时，她也提出了几点关于如何提高学生学习英语的兴趣、如何提高英语课堂效率、如何让英语课堂教学生动有趣、如何指导学生背诵英语单词、如何指导高年级的孩子写英语作文等问题，在我的抛砖引玉下，小陈老师能够举一反三，不仅接受能力很强，反思能力也很强。相信临夏的老师改变传统的教学观念，在注重孩子英语能力上下功夫，那么孩子们的成绩提高绝对是指日可待的。

自觉自律的孩子

枹罕学区一共有 12 所学校，我印象最深的是海拔 2000 多米山上的王坪小学。这所只有一层平房、教室还是水泥地的学校，学生基本都是留守儿童，成绩却能稳居枹罕学区前列。这所学校只有 67 个人，平均每个年段 11 个孩子，每个年段只有 1 个班，全校只有 12 个老师。校长带着我们参观学校，路过一年级的教室，里面没有老师，班里的孩子安安静静地在写作业。我看了门口贴着的课表，当堂课是自习课，一年级的孩子居然能这么安静这么乖，我忍不住探了探身子，边跟孩子们打了个招呼“Hello！”孩子们抬起头，有点胆怯地说了声“老师好！”我这才想起来，临夏是三年级才开始学英语，他们还都没接触过英语。我跟孩子们说：“我叫 Ella，是英语老师，你们跟我打招呼的时候可以说‘Hello，Ella！’”马上就有孩子小声地说：“Hello，Ella.”在我的鼓励下，有更多的孩子用英语跟我打招呼，他们脸上洋溢着愉快的笑容，对我的名字他们觉得很新奇，对于自己会说英语了这件事感到很快乐。“很高兴认识你们，Ella 要走喽，你们可以跟 Ella 用英语说‘再见’，你们可以说‘Bye bye, Ella.’”有孩子边跟我说“Bye bye”边挥手。真棒！他们的接受能力很强，运用能力也很棒。我觉得有些依依不舍，刚好绕过平房到了他们班级的窗户后面，我又探了头，孩子们还是很安静地在写作业和看书，没有一丝声响，很自觉，真好。孩子们很珍惜学习的机会，他们能认真对待每一个学习的机会，能够有自律的习惯，把握现在，才能展望明天，相信这些孩子们的明天必然相当辉煌！

与上课班级孩子的合影

短短的 9 天就这样匆匆结束了，带着美好的记忆我回到思明将继续我教孩子们学英语。如果有机会，我很愿意再次踏上支教的征程。相信在不久的将来，临夏一定会更好，临夏的孩子们一定会更好。

你笑起来真好看

厦门市滨东小学　刘榕新

有一种生活，你没有经历过，就不知道其中的艰辛；有一种艰辛，你没有体会过，就不知道其中的快乐；有一种快乐，你没有拥有过，就不知道其中的纯粹。

——题记

4月15日，我抱着忐忑的心情和十六位小伙伴踏上为期一年的厦门援助甘肃临夏对口帮扶之旅，紧张的心情直到看到临夏县韩集双城中心小学可爱的孩子们才烟消云散。这里的天真蓝，孩子们的眼睛很亮，孩子们笑脸也很温暖，我的一腔教育热忱瞬间被点燃。但激情和冲动过后，高原的小镇枯燥的生活，离乡的思念，最主要的还是自己内心剧烈的矛盾冲突——当初美好的想象和初衷，与真正乡村支教生活的大相径庭！

厦门市援临夏支教队

在夜里，我常常扪心自问：为什么要支教？这个问题其实也很简单，因为这里需

要支教，因为这里的回族同胞需要帮助。正如“为什么要登山？因为山在那儿”一样简单。无论你支教是出于什么目的，都不重要。最关键的是你要踏踏实实做好支教，用心务实地推进我们思明教育人对临夏的教育帮扶工作，让临夏回民同胞真正能看到厦门思明支教队给他们孩子带来的改变。面对诸多的现实，我或许帮不了他们太多，但是我秉承教育初心，竭尽个人所能，可以给高原上的孩子带来希望，这样一想，我心里才消除些许不安。而且这种希望会影响着当地的孩子，当地的老师，当地的回民同胞。最终这种希望会助力临夏的教育事业破茧成蝶。

临夏县当地小学的学生多是留守儿童或是建档立卡搬迁户，这里的小朋友从小受周围特定环境与家庭教育的影响，与城市小孩相比，他们往往会显得更加羞涩拘谨、不善言谈、缺少自信，每当他们那纯净的大眼睛望着你又害羞着转头跑开，总是让我莫名揪心。因此，在体育课教学中我总是鼓励学生勇敢参与活动，每当学生认真顺利完成动作时，我总是不吝啬表扬与鼓励，或是用手轻抚男生的头说：“今天你的表现让老师看到了一个真正男子汉的勇气。真棒！”或是竖起大拇指跟女生说：“Good！你成功了！”一个个微笑和点头，一个个频频竖起的大拇指，渐渐地拉近我和孩子们的距离，双城中心小学的小朋友下课后会围在我的身边和我谈天说地，那些一开始“害羞胆怯的眼神”变成了“期待和欣喜”。

刘榕新老师在上课

在一次“立定跳远”课中，为了能营造良好的课堂氛围，我安排了一个热身游戏——“你追我赶”，我先自愿充当了“被追者”，开始时，学生都有胆怯的心理，不敢追我，课堂氛围沉闷，后来我运用自己的眼神、语调、微笑等体态语言去鼓励他们把老师当成是自己的新朋友，“试一试，刘老师相信你能行！”“做错了没关系，你能再重新做一遍吗？”学生们的眼睛渐渐明亮了，一只手、两只手慢慢地向我伸了过来，同学们嘻嘻的笑声响起来了，课堂氛围也活跃起来了。

在热身游戏结束后，我开始我本课主环节——立定跳远学生体验。我一声令下，学生们练得热火朝天的。可突然我隐约瞧见一位小女孩独自站在队伍的最后边，怯生生朝这里打量着，我心里咯噔一下，走了过去，问：“马同学，你怎么了，为什么不和我们一起玩？”她慢慢地抬起头，战战兢兢地看我时，眼泪在眼眶里打转，然后又把头低了下去，小声地说：“我，我跳不好，我怕同学们笑我。”这时，我愣住了，那一瞬间我难受得说不出话！我轻轻地抚着她的肩膀，希望能消除她的恐惧。

“没关系，马同学，刘老师来和你一起跳。”我站到她身边，弯着腰，看着她的眼睛说：“来吧，别紧张，刘老师就在你身边，你先看看老师怎么做，咱们一起来比赛好吗？”虽然马同学没有回答我，但是她的小眼睛却紧紧盯着我的一举一动，我做完动作，轻轻看着她的眼睛对着她说：“试一试，刘老师相信你一定能行！”“马同学勇敢一点，你一定能跳过去的！”“做错了没关系，你能再重新做一遍吗？”经过我的鼓励，马同学慢慢迈开了脚步，她的动作越来越大，步子越跳越远，最终，马同学和我完成了比赛。“同学们，马同学和刘老师顺利完成了比赛，请大家掌声鼓励一下她好吗？”我带头报以掌声，并且引发全班学生的响应，在班级同学“棒棒，你真棒，马同学你是我们的好榜样！”热烈的掌声与呼喊声中，马同学眼睛里的泪花消失了，小眼睛亮亮的，小脸上洋溢着灿烂的笑容。我见缝插针，把马同学安排进了学生团队，和同学们一起参与后续的游戏。课堂上马同学玩得很开心。到了下课铃响了以后，马同学还拉着我的手说：“刘老师、刘老师，我们再比赛一局，就一局，好不好？”看见那灿烂的笑容又回到马同学脸上，我真的很欣慰。

一位思明教育对口帮扶前行者说过：“当故乡成了远方，我能做到的，就是把他乡当成故乡，然后深深爱上它。”支教工作不仅是一种教育信仰的体现，也是一种家国情怀的表现。一名对口帮扶教师志愿者就像是一把泥土，但我们存在的意义，不是被淹没，而是与无数东西协作对口帮扶人一起，成就一座跨越祖国东西的小康大道，团结中华民族，实现我们中华民族的伟大复兴。

我的支教故事

厦门市实验幼儿园　苏莹莹

2018 年 4 月 11 日—5 月 11 日，根据《厦门市思明区教育局—临夏州临夏市教育局东西部扶贫协作教育工作协议书》，受厦门思明区教育局选派，我来到临夏市开展支教帮扶活动。

4 月 13 日起，依次到临夏市第三幼儿园、临夏市折桥中心幼儿园、临夏市实验幼儿园、临夏市第七幼儿园、临夏市第五幼儿园、临夏市第二幼儿园下园指导，共听 13 节观摩活动。

活动结束后，我从目标定位、老师执教能力、幼儿表达表现等方面进行评析。临夏的老师们没经历过这么大范围的教研活动，在评析过程中大家都羞于表达自己的看法，我以游戏的方式鼓励老师大胆发言、大胆提问，针对帮扶园老师的以下困惑，进行专题研讨：老师在执教过程中要如何提问？当老师的提问幼儿不上来时，如何解决？如何给幼儿充分思考、表达的机会和条件？……并帮助老师梳理了：（1）目标如何定位（知识、经验、情感态度；目标要具体不能空泛）。（2）教案书写要条理清晰，表述准确。（3）观摩的老师要观察幼儿在活动中的表现（主动性、回应等），并表达自己的见解。（4）老师在教学过程中要相信幼儿，不要高控，根据活动情况，多给幼儿表达表现、讨论观察、探究记录的机会，减少老师讲幼儿被动记的现状。希望能将良好的教研氛围、教研态度、教研方法给临夏的老师们以启迪。

走进帮扶幼儿园的每一个班级，实地参观了老师组织的区角游戏，并对每个园、每个班的区角游戏进行了实地指导，让每位老师对区角创设有了更深的了解。如在临夏市第七幼儿园，感受到老师在较为狭小的班级里费尽心思地利用每一个角落、每一寸地方为幼儿创设班级区角，有巧思有不足（老师对于各个区角材料的投放比较没有思路），针对七幼区角材料投放的问题，我给出的建议：同年龄段的班级老师先将材料进行分类规整再投放到相应的区角中，接下来分析材料游戏化、层次性，提供配套的图示帮助幼儿进行操作。再如临夏五幼的老师对区角活动的认识有所偏差，但是园长和老师都乐意进行改变，我就以一个小班和一个中班班级为范，进行实地调整。将班级分别划分了语言区、数学区、科学区、美工区、操作区（小班设置为生活区），班级外走廊设置角色游戏区娃娃家、建构区等，虽然一个班有 50 人，但规整好了区域及走廊的区角，分流出一部分幼儿开展真正意义上的区角活动是没有问题的。给五幼的建议：可适当添置当隔断的橱子，老师分析现有的操作材料，用盘子或小筐装着让幼儿自由选择材料进行操作游戏；

语言区环境的创设可以温馨、舒服，阅读角可以相对私密些。返回厦门后，我收到了五幼裴园长发来的调整后的区角以及活动的照片，说："先搞了一个实验班，孩子们很喜欢……期待后期的跟岗学习，老师们灵活运用。"五幼园长、老师的行动力令人佩服！

折桥中心幼儿园以田园课程为特色，每班为幼儿创设了充满绿意、童趣的植物角，老师们介绍自己的创设意图如数家珍，看出老师为了营造美好的植物角付出的努力，但不足的是植物角里摆放太过密集，不利于幼儿实验观察、动手照顾，且与走廊上年段共创的植物角相类似。给折桥幼的建议：走廊的植物角体现家园、师幼共创，是三方创意的展示，班级的植物角突出观察与探究、照顾与记录。通过此次的引领和指导，老师们对创设区角有了全新的认识。

在临夏市三幼，我组织开展观摩活动：小班主题活动"爱吃水果的牛"，引导小班幼儿了解水果丰富的营养，知道多吃水果有益健康，通过绘本《爱吃水果的牛》将幼儿带入故事情景中，让幼儿观察画面、理解画面要表达的意思，观察图片时引导幼儿大胆地用各种叠词形容不同的水果，如红红的苹果、弯弯的香蕉、圆圆的樱桃等，并鼓励幼儿用完整的语言表达学说完整句。活动以游戏"买水果"引题，结合绘本 PPT《爱吃水果的牛》，以提问的方式帮助幼儿理解故事后再进行行为引导，最后进行经验迁移，"做个爱吃水果的好宝宝"，幼儿动手洗水果、在老师的鼓励下品尝平常不爱吃的水果。活动中老师与幼儿平等交流，以启发性的语言引导幼儿思考，在动手操作中、实践中鼓励幼儿尝试。在活动过程中幼儿始终积极投入，达到预期效果。三幼的老师说，没想到孩子们的表现这么出色！其实，相信幼儿，给幼儿创造自由、宽松的环境，给幼儿充分的表达、表现、发挥思维自由度的机会，幼儿会给老师惊喜的！

在支教期间，我在临夏六所幼儿园开展下园指导工作，实地参观了当地校园文化建设。还将自身多年的丰富教学经验与当地幼儿园实际情况、迫切需求结合，向支教园所

示范引领

积极开展了五场专题讲座，有在临夏市三幼和市二幼开展“主题探究活动让幼儿成为自主学习者”讲座，并在讲座结束后针对三幼的特色课程“足球”引导老师进行头脑风暴，再进行梳理，绘出主题网络图。旨在鼓励老师打开思路，拓宽特色课程的道路，将先进的课程理念运用到平时的教育活动中，会后，三幼的汪树晶业务园长由衷地说：“听了苏老师的介绍和引领，总算知道了主题探究活动应该怎么开展了。”在折桥中心幼儿园，阅读幼儿园老师“田园课题案例记录表”找出老师记录中的不足：能发现问题，但缺乏进一步的引导和价值判断；分析调整部分写得空泛，没有实际解决的办法。针对实际情况，开展了“别样的记录——学习故事”的专题讲座后，马上开始教研，结合老师所写的案例记录表，我选出 5 篇比较有代表性的让老师自己朗读，引导大家从注意、识别、回应三方面领会记录什么才是有效的。记录表中的案例描述部分，老师应该真实记录幼儿的情况，可以包括语言、动作，但要能说明情况或问题，描述的事件能引发幼儿学习或生成新的有价值的活动；不添加自己的主观猜想或主观判断。分析反思要针对记录的情况进行价值判断，有对策，有回应。在临夏市七幼，我很意外地发现了七幼的老师已经将班级环境以区角的方式进行了规划，班级里有美工区、操作区、语言区，小班有角色游戏区，班级每天都在开展区角活动。在参观时，我发现了该园的老师有区角游戏的意识，但对于材料的投放有问题，马上跟园长沟通并提出解决的方法：年段老师要对现有的材料进行分类规整，讨论材料适合投放在哪个区角，下一步再针对幼儿操作情况进行调整或提供辅助材料。针对七幼在区角创设过程中面临的问题，我进行了“幼儿园区域活动的有效指导”讲座，从小标记大智慧开始，告诉老师区角活动开展可以做到轻松有道就是要发挥环境这个隐藏老师的作用，再通过大量的照片阐述区角材料投放要体现游戏化、层次性、低结构等。在临夏市五幼，虽然同样开展“幼儿园区域活动的有效指导”的讲座，但侧重点不同，在指导五幼老师从采光、动静区分离等方面考虑将班级环境调整为区角，小班班级区角设置了温馨语言区、美工区、生活区、数学区，在班级外走廊设置娃娃家、操作区，分流了一部分幼儿在外面进行操作活动，班级内也不显得拥堵了。在老师有了实际感受后，开展讲座让大家从理论上进行了提升。各园的园长、老师对我极具针对性的有效讲座和现场指导给予高度的肯定，她们说：“通过此次专家的引领和指导，我们全体老师对区角创设有了全新的认识。专家们在给予高度评价的同时也提出了一些建设性意见和建议，我们将积极改进，把幼儿园的明天建设得更好！”

陈鹤琴先生说：“凡孩子能做让他去做，凡孩子能想让他去想。”老师要学习以开放的态度接纳幼儿，在保教工作中不要过于高控，要相信幼儿是有能力、很自信的学习者。

创设幼儿喜欢、乐学的区角活动。区角活动，即在一定的时间、空间内设置各种区域，为幼儿提供各种具有生活化、低结构、游戏性、有层次的操作材料，幼儿能根据自己的兴趣、能力、意愿进行选择，与材料进行互动，使幼儿在摆弄、操作、观看、触摸、倾听等过程中直接感知的个性化学习。教师要做到：密切观察幼儿行为兴趣、实践效果来调整改进区角活动方案。

回顾一个月以来自己的工作和表现，能够受到老师们的好评，得到幼儿园的肯定，对于我真是莫大的安慰。而我自己在支教的同时也得到了升华，思想上、业务上都获益匪浅！在临夏市教育局和帮扶幼儿园领导的大力支持下，我顺利完成了支教工作。

对于我来说，支教的目的在于实现老师的社会职责感。我们生活在一个相对优渥的环境里，经常会透过各种途径了解到西北地区土地的贫瘠、教育资源的稀缺等，也经常能看到各种支教的人的付出与努力，包括每年感动中国栏目中那些在偏远地区坚持教育事业的人的感人故事，我时常觉得，帮助他们是我们不可推却的一种职责。

奉献爱心，快乐自己。在临夏的一个月中，我的收获关键词是感动、累并快乐着！

感动：所到幼儿园大部分是不到十年园龄的年轻幼儿园，园长和老师们年轻有闯劲、勤恳好学，有良好的行动力，各园有自己的办园特色。临夏市幼教正大踏步地前进，厉害了我的临夏幼教！

累并快乐着：刚来临夏市时有些高原反应，头痛了好几天，但是临夏市各个幼儿园的老师们求知若渴的态度让我很快就忘了身体的不适，为了能给老师们带来确实可行、可操作、有针对性的帮助，经常是早上听课或参观后，头脑就高速运转，有时还要为马上就要开展的讲座进行谨慎、适当的调整，力求把最好的、老师们最需要的展示出来，希望老师们能有所收获。正如五幼老师所说的：一枝独秀不是春，万紫千红春满园。虽然只有短短的时间，但是这种手拉手的形式，为彼此之间搭建起了一个全新的沟通、交流、互进的桥梁，促进了幼儿园教育教学质量的提升，启发了幼儿园班级区角创设的新思路。这，就是让我快乐的力量，自身价值得到了更大的发挥。

我能自豪地说，这一个月，我没有浪费一丁点的时间，我做到了倾全力帮扶当地幼儿园。支教的目的不就是将正确的教育理念、以幼儿发展为核心的思想渗透给有心人吗？我相信：星星之火是可以燎原的。

课后评析

浓浓深秋意，融融支教情

厦门市演武第二小学　叶伟敏

深秋意浓，漫山层林尽染。转眼，一个月的临夏支教时光已过。然而，对于有幸作为思明区教育局第四批赴临夏支教一员的我来说，这段时光却是那么充实美好！有人说，“一个人的命运就是他周围的人——跟什么样的人在一起，就会有什么样的生活，形成什么样的性格，最终，造就什么样的命运。”的确如此，在这个世界上任何人都不是一座封闭的孤岛，也绝非自给自足的庄园。作为一名年轻教师，当我正在看似平坦却又崎岖的教育路上独自求索时，我庆幸能遇到这样一群志同道合的小伙伴，一起走上临夏的支教之路，这一段旅程仿佛教育路上的一阵阵时雨春风，让我一路收获，一路成长。

一个月来，我和小伙伴们积极参与当地学校的日常教研，主动开展公开示范课及讲座，深入乡村学校走访……每一位老师都在默默地用自己的行动去践行那一份平凡而质朴的支教初心。

叶伟敏老师上公开课

深入课堂，悉心指导

一个月的时间里，在临夏县双城中心小学学区的各所学校中，我积极深入课堂进行日常听课、评课和指导。从宏观的教育理论、课标（指南）要求到微观的课堂教学方式改变，都给予了针对性指导。一到学校并参与了当地的升旗仪式，和陶校长、教研室杨主任、德育处丁主任交流支教形式和内容，拟订支教初步计划；陪同陶校长走访沙塄沟小学、阳洼村幼儿园；协助学校“迎国庆，唱红歌”歌咏比赛照片拍摄及美篇制作。尽管如此，我依然从他们身上收获很多。马克思认为：“一个人的发展取决于和他直接或者间接进行交往的其他一切人的发展。”其实，这好比“一个种子是否能够生长，是否能长成参天大树，固然和这颗种子本身的品质有关，但也和撒播在什么样的田地里，生长在什么样的环境中紧密相关”。我不确定自己这颗种子是否能长成参天大树，但是，我庆幸自己能加入支教的队伍。在临夏老师的身上，我看到了自己的不足。每次看到当地老师们，字写得那么漂亮，不由得心生敬佩，同时也让自己再一次看清楚自己的短板，正所谓“梅须逊雪三分白，雪却输梅一段香”。每一次看到我们同行的伙伴们课堂上精彩的评价、从容的教态，不由得感叹“江山代有人才出”，每一次看到小伙伴们，一次次成长，一次次进步，不得不勉励“老骥明知桑榆晚，不用扬鞭自奋蹄”。

然而，重要的是在这样的日子里，每一个人都是充满真诚和热情的。我想，只要我们每一位成员，都能把自己当作是教师专业发展路上的一个“因子”，彼此联结，彼此催化，彼此生命自觉，我们的支教的生活中一定能激活出共生共长的“能量酶”。这样的团队和机遇才会成为每个人“成长的沃土”，无论是专业发展，还是心灵滋养。

公开教学，用心示范

为了更好地在课堂中呈现出前沿的教育理念，我通过县、校级的公开课教学，用心地为当地老师进行示范。在公开课中，能充分地体现“以学生为主体”的理念，做到“以学定教、以学促教”，得到了听课老师的一致好评。先后开展了“圆的认识”“搭配”等公开课教学，在课堂研讨中我也再一次感受到了临夏老师们学习的热情。在课堂上我感受到了临夏孩子学生的热情，他们身上那种质朴、无邪、天真的求知欲望点燃我内心的向往和远方。我敬佩于每一位孩子的童真，感叹于每一个孩子的努力，惊羡于每一位孩子的发言。与孩子们课堂上的每一次对话，就仿佛自己的教育视界打开一扇窗户，向着明亮那方。正如童谣诗人金子美铃写过的一首诗——《向着明亮那方》：“向着明亮那方，哪怕烧焦了翅膀，也要飞向灯火闪烁的方向。向着明亮那方，哪怕只是分寸的宽敞，也要向着阳光照耀的方向。”而我们也正如那扑火的飞萤般，带着满心的虔诚，奔赴在教育理想的路上。

开设讲座，尽心引领

为了进一步促进当地一线教师的专业思考和教育教学研究能力，支教的老师们结合自己的成长和教育反思为当地教师开设了主题新颖、内容丰富、效果实用的讲座。在学校的教研活动中，我为数学组全体老师开展“小学数学课堂教学规范性”主题讲座。从教师层面引导老师们从教学流程的规范性、教师语言的规范性、教师书写的规范性三个方面进行思考，学生层面要求老师关注学生的解题规范性、画图规范性、书写规范性。讲座简明扼要、易懂实用，受到老师的好评。

每当夜幕降临，华灯初上，我孤身一人，海边独行，走走停停，总是会回想起在临夏支教的日子。工作之余，总喜欢一个人沿着海边的木栈道往前走。夕阳西下，拖着长长的影子，一直向前，从珍珠湾到书法广场再到音乐广场。时而停下来感受黄昏的清风微微拂过脸颊，海浪一阵阵地拍打着礁石，这样一种澎湃的洗礼是我未曾见过的，我时常设想那是属于我自己澎湃的大海——支教之行。

偶尔驻足看一看身边的路人，老人、小孩、情侣……每个人的脸上的表情不尽相同，或喜或悲，或惆怅或缅怀，无疑，他们都想跟大海倾诉和分享自己的悲伤与快乐。望着自己走过的那长长的木栈道，回首自己工作后这一路走来，不禁感慨万千。我想不管人生中我们走了多远，有时候停下来想想，看看，那些走过的路总会让我们有所收获。其实，我们的教学生涯又何尝不是这样呢?

临夏的孩子并不“差”

厦门市滨北小学　严智勇

或许在大多数人的认知里，西部地区乃至少数民族孩子的学习能力要远远落后于东部地区的孩子，是的，我一开始也是这么认为的。2019 年 3 月 6 日，我坐上厦门飞往兰州的飞机，前往临夏回族自治州临夏县，也就是所谓的“落后地区”，开始了为期一年的支教工作。

一开始，果真不出我所料，第一堂示范课就让我深切地体会到临夏的孩子有多“差”。之后的示范课，我都要花更多的心思来设计适合当地孩子的教学思路，生怕课堂上孩子会跟不上我的脚步。

除了在数学学科的示范引领，我还着力于当地的少先队工作。为了在“六一”给全校师生和全县辅导员一个隆重的入队仪式，我必须对全校少先队员进行一次系统性的训练。这可让我犯了愁，就当地孩子的水平而言，还不知要花比平时多几倍的精力来训练。然而这一次的结果，却大大出乎我的意料。无论是新老队员的礼仪规范，还是旗

入队仪式训练

手、指挥、主持等各方面，训练的进度远比我预期的要快得多，甚至快比上我给厦门的孩子训练的速度！当地孩子的学习能力并不差呀！我不禁疑惑，他们之前在课堂上的表现不好，是否是我的教学方法出了问题?

随着支教工作的深入开展，我走访的学校和家庭越来越多，也接触了形形色色、各种各样的师生和家长，了解了许多当地的风土人情，之前的疑惑在我心中渐渐有了答案。临夏的孩子学习能力并不差，他们只是缺乏良好的家庭教育环境，他们没有从小就给他们上各种培训班的家长，甚至还有很多是留守儿童；他们的老师也没有像我们一样有这么多学习、参观、交流的机会来提升自己。种种原因让他们得不到和我们的孩子一样优质的教育资源，就这样从小被慢慢拉开了距离，才导致了现在“差”的结果。此刻，我愈发觉得自己任重而道远，愈发明白习总书记说的扶贫先扶“智”的深意。相信随着东西部协作的深入开展，临夏人民思想和观念的进步，这里的孩子一定能够接受越来越优质的教育，西部的孩子比东部的孩子“差”这种观念也会逐渐淡出人们脑海。

回想到之前去其他学校参观交流的时候，总是惊讶于别校的孩子能够在课堂上对答如流、侃侃而谈，不禁羡慕他们的生源有多好。如今再想来，我们是否错了，孩子可能还是那样的孩子，只是他们碰上了更优秀的老师。当孩子学习情况不理想的时候，我也应该多思考一下自己是否足够优秀从而让孩子跟着自己一起优秀。

支教的一年感触颇多，更重要的是它让我找回了教育的初心和原点。是的，临夏的孩子不仅不差，他们还更加善良、淳朴。

当这里没有我任教的学科时

厦门市故宫小学　陈昌照

早些时候，听闻厦门诸多同行来临夏支教的事迹，心中就为此地勾勒了第一印象——这是一片希望之地，有福之地。当得知自己有幸被思明区教育局选派，参与临夏县一月期支教，自己终于有机会亲近这片福地，也有机会以自己的点滴所学为这片福地做点事儿，内心的喜悦和憧憬驱使着我刻下了这枚印章“有福临夏”。

有福临夏

辗转近 12 小时的行程，跨过 2000 多公里来到这里，和学校对接，教务主任很直爽的一句：“我们这里没有综合实践活动课！”把我吓了一跳，那我来这里干什么？又一句：“有一间创客教室，器材都有，没人会用，您想办法帮我们带带老师，用好这教室，把兴趣小组建起来。”把我带进了创客教室。眼前的一切让我不由地傻了眼——平板电脑、组建模块应有尽有，还有些小型车床拆除了包装放在架子上——好全的装备，因为部分包装丢失，有一些装备我连名字都搞不清楚，且对编程等创客项目我本是门外汉，怎么办？好吧！方法总比困难多，硬着头皮也得想办法……

第一个办法当然是自学摸索，一些器材可以根据已有的经验边摸索边试，有说明书的按说明书按图索骥，只要知道装备的名字，哪怕没有装备的名字，网络上丰富的资源让自己也多了些底气。网络的发达，让以图片进行搜索也成为可能，一些名字不详的装备通过这样的渠道找到了使用的方法。诸多器材就在这样的过程中一步步得到分类与安装。当万能机床安装好并运转起来，曾在鼓浪屿社会实践基地操作过的我向这里的老师和孩子们简单做了示范，看着孩子们那专注而渴求的眼神，成就感油然而生。那一天，我和带班的老师做了简单的交流，如果能激发孩子的兴趣，其实并不缺乏学习的渠道，如果能把孩子学习成果和他们的生活对接，自主探究，将推动源源不断的自能学习进程。

进行操作示范

作为编程知识门外汉的我可不能误人子弟。感谢厦门市、思明区各级教育主管部门提供的各种培训平台，在参与的区、市学科带头人培训乃至市专家型教师培训中，我有机会与不同学科的同行变成好朋友，这其中也不乏信息技术与编程方面的专家。我没能力进行专业的指导，却愿意成为厦门专家们和临夏同仁沟通的桥梁。网络拉近我们彼此之间的联系。几张设备照片，几条求助微信，得到思明区的同行们的热烈响应，或举荐高手，或推荐教材……人在异乡，背靠组织，心是暖的，作为一名支教教师，我的价值既在于课堂，也不能局限于课堂。这里虽然没有综合实践活动，我也可以且应该用自己的特长为支教工作做出自己的贡献。

我的兴趣爱好广泛，在自己所任教的厦门市故宫小学和之前支教的集美区高浦小学，曾根据自己的特长建立了手机摄影和橡皮章校本课程。这次到临夏来，我也准备了开展这两个课程所需的诸如布偶、橡皮章、刻刀等工具。感佩于双城中心小学的执行力，刚和陶校长聊完初步的构想，第二天教务处赵主任就拿出了“双校”影赛方案并在全校推进，德育处丁主任就带着两位老师找我一起学习橡皮章的刻制方法，并讨论相关课程的架构。如果说进一步发现和关注身边的美好是影赛的愿景，基于学习橡皮章进一步推进到本地特色砖雕甚至更广的乡土文化则是绘制校本课程蓝图中“星星之火，可以燎原”的期待。跟相关老师们分享着橡皮章刻制方法的同时，我把一些对校本课程建设的理解也进行了交流。在我眼中，教会孩子知识和技能，不如激发兴趣，和孩子们一起体验学习知识和技能的过程。相比这些，我如果能让更多的老师愿意且有能力和孩子们一起体验学习知识和技能的过程，未来会有更多的孩子和老师因此受益。

我们来自思明区，在临夏县韩集镇双城中心小学相遇。我看到，一年期的体育老师刘榕新老成持重，数学老师骆良豪年轻有为，他们抵达一个多月来，迅速配合学校建起了学校篮球队，搭起了学校教研体系。一月期的我们6月2日抵达，在不长的时间里，正高级教师语文老师张达红、市拔尖型人才科学老师黄福裕，既用理念引领，又以课堂垂范，让当地师生，也让我获益良多。热情似火的体育老师刘伟圳，温婉如水的音乐老师许艾，带着浓浓的师爱和扎实的基本功，一个口哨，一台口风琴，不论是在中心校，还是在村小，在学生中都有“粉丝”一片。和我们共事一周后返厦的九天期支教队，那人和事也让我久久难忘，那一周里，见证着王萍副校长夜以继日既有团队培训，又有个人心理疏导，也倾听着郑子吟老师、许老师协同当地老师训练合唱队日渐成形的童音和声……我深深地感觉到，不论我们来此一年、一个月，还是九天，时间总是短暂的，学科不应该成为教育的局限，空间也不会拉远心的距离，只有把我们带来的理念和实践和本土文化进行交融与互促，这样的交流才更具其价值与生命力。

见缝插针的，我们带着课到各村小送教。那一天，我在姚川小学旁听了当地的英语张老师上音乐课，他弹着吉他，拍着非洲鼓，全班的孩子和着旋律和节奏，《蓝莲花》《你笑起来真好看》等一首首班内小合唱令我震撼……与其说是来支教，不如说我是来学习的，向同行的支教老师们学习，向临夏的老师们学习，在和自己以往经历截然不同的教育生态中学习，重寻自己教育的初心，尝试进一步深思我所任教学科的教育价值和意义。当这里没有我所任教的综合实践活动学科，我可以把学科理念渗透在平时与老师和孩子们的交流中，渗透在日常的活动里……不积垒土，无以成高台，看窗外，雪山前，一座座高楼正拔地而起，我能做的，是为综合实践活动这门国家课程能在临夏这片热土落地，多埋下一颗种子。

我，我们，一直在努力。

传递爱与梦想，邂逅美丽临夏

——记甘肃省临夏市一个月支教工作

厦门市群惠小学　陈美玲

2018 年 4 月 11 日的清晨，响应东西部扶贫协作和对口支教精神，我与本区一行 12 名骨干教师，背上行囊，到甘肃省临夏回族自治州临夏市开展为期一个月的支教工作。

窗外的风景疾驰而过，眼前葱郁的丘陵渐渐变成沟壑纵横的高原。在浑黄天地间，我有了一段美丽的邂逅。如果说经历是一种财富，那么我一定是富有的人。这一个月的支教工作，将是我人生中浓墨重彩的一笔，对我的教育理念和自我成长产生巨大的影响。短短一个月的时间里，感动人心的时刻不计其数。

陈美玲

“漂洋过海”我也要来看你

在本次支教工作中，我的主要任务是帮扶当地英语教师的专业成长，开展教育教学培训工作，负责的是临夏市教育质量相对落后的枹罕学区。本学区 12 所学校规模均不大，且都是服务于各村的村校。其中，只有罗家堡小学和拜家小学各拥有 2 名英语教师，其他学校都只有 1 名英语教师承担全校的英语教学工作，基本处于教研上孤军奋战的状态。

其中，临夏市王坪小学是一所包含 6 个年级的完小，它距离临夏市中心 24 公里，处于王坪山的半山腰上。全校有 60 名小学生、24 名幼儿，以及 8 名教师。这 8 名教师承担了所有年级、所有学科的教学工作。上山没有柏油路，全是崎岖的沙石路。一到恶劣天气，老师们常常被困在山上无法回家。4 月 20 日，我到王坪小学下校支教，也是我在枹罕学区开展工作的最后一个学校。可惜清晨一起床，我就接到了王坪小学校长打来的电话，告诉我由于前一天晚上下了冰雹，上山的山路塌方了，通行的时间无法确定。没能去到王坪小学，我的心里充满对没能见面老师的愧疚和未完成工作的遗憾。我向校长表达了我的真挚愿望，希望他能在道路恢复的第一时间告诉我。终于在下午 4:00，经历了一个多小时尘土飞扬的山路，我来到了这个鲜有外人到来的小学。经过前一晚的冰雹，有两间作为教室的平房屋顶漏水了，校长和老师们正在清理这两个教室，并安顿学生，更有老师把年幼的孩子紧紧抱在怀中轻声安慰。老师和学生间亲密无间的情感深深打动了我，我也立刻加入清扫工作。随后，当我在和老师们的交流中了解到，本校的老师由于下山很不方便，加上教学和保育工作繁重，他们很少有机会参加市里的教学研讨活动时，我立刻现场选课为老师们开展了一节英语常规课的片段教学展示，同时就老师们的教学困惑，与老师们交流如何通过形成性评价手段来激励学生的学习习惯养成，受到了老师们的高度评价。老师们纷纷表示，学科无边界，陈老师的方法实用、好用，适用在所有学科推广。

“专家”秒变“顶岗教师”

我此行的主要帮扶任务是提升教师专业成长，所以更多的是和一线老师们交流，但是也有特别的经历。到青寺小学开展支教工作的时候，我了解到学校唯一的英语老师因为身体原因请了假，学校内没有其他具有英语教学能力的老师能临时顶替英语教学工作。于是，我主动提出承担当天三至六年级的所有英语课。原来的“专家下校指导”变身成“临时代课老师”，青寺小学的马中杰校长难以置信。他反复和我确认后，喜出望外。学校里的教师也很受感动，纷纷跑来听课。

于是，踩着熟悉的上课铃声，我走进了课堂。虽然孩子们对我很陌生，但是在课堂

为临夏市枹罕学区教师开设公开研讨课

上，从孩子熠熠生辉的眼神里，从他们坚定执行课堂活动的行为中，我看到了孩子们对知识的渴望和对美好的向往。虽然全新的课堂模式需要磨合，但是孩子们积极向上的状态给我留下了深刻的印象。课后，更有孩子抱着我，羞涩地说："老师，我喜欢你的课。""老师，你还会给我们上课吗？"孩子们真挚的表达让我感动，也感染了所有听课的老师。是啊，教育就是在孩子心中播撒希望和进取的种子。为了孩子们的求知欲，为了他们更加美好的未来，值得我们所有的教师付出全部的努力！

通过这次特殊的经历，这颗希望和奋斗的种子也悄悄播撒进青寺小学所有老师的心里。他们纷纷表示为了孩子们，应该更加努力地充实自己，提升专业素养，践行"不忘初心、方得始终"的教育精神，成为更加优秀的人民教师。

"虚拟的网络"连接我和你

枹罕学区每所学校的英语老师人数极少，校本教研工作几乎无法开展。而作为浸润于名师工作室、课题研究、校本研究成长起来的"老"教师，我深深地知道校本教研不仅是一种制度，更是一种"唤醒"，是把教师的创造潜能从沉睡的自我意识中唤醒，而唤醒的基础是交流。因此，我创建了枹罕学区的英语教师在线教研微信群。在这个群里，我常常刷着"存在感"，或鼓励老师们彼此讨论教学困惑，或分享教学资源，形成了一种宽松的教研初形态。虽然一个月的支教工作很快结束了，但是借助网络，同一学区的英语老师有了交流的平台，而我至今还持续地为临夏的老师们提供教育资源。在今年由于新冠疫情全国范围开展"停课不停学"工作之时，我还持续地将思明区、厦门市制作的优秀远程授课资源和教学经验分享给临夏的老师，把有限的支教工作变成无限的交流时空。

2018 年 5 月，结束工作临别之际，时驻临夏市跟岗李副市长给我们在临夏市开展支教工作的 6 人发来感谢信。信中这样写道："一个月以来，我深深钦佩大家的敬业勤奋、高度的责任心与专业精神，更感动于大家克服重重困难的勇气、积极乐观的态度和团结友爱的氛围，为能在遥远的西北与大家相识而感到幸运。请允许我代表临夏市衷心感谢大家的辛勤付出和无私奉献！"李副市长真诚、质朴的话语深深感动了此行的每一位老师。我也更加笃定了自己的教育初心："用思想传递思想，用梦想召唤梦想，孩子们的成长路，我们同行！"

虽然在支教工作的同时，还要面临着高原反应、持续性头疼、流鼻血等身体上的不适，也曾经在发热时坚持开展支教工作，但是田野边美丽的校园，杏花树下朗朗的读书声，操场上多样的课间活动，课堂上灵动的教学，师生间温馨的情感，老师间心与心的交流……一笔一印迹，一步一脚印。相逢时短，人生路长，遇见临夏，是我最美丽的邂逅！

一年临夏行，一生临夏情

厦门第二实验小学 骆良豪

早就听闻临夏是一个有福之地，今年的寒假，我很荣幸成为支教队的一员，前往临夏支教一年。

来到临夏回族自治州，发现这里没有想象中的落后，在县城里其实生活和厦门没有很大的区别，而我支教的学校是县里的双城中心小学，里面的硬件设施也都很完善，老师很热情，担心我不适应这里的环境，经常会嘘寒问暖。

我自己在来之前常想，作为一名年轻教师，来临夏县支教我能带来什么，可以帮助这里的教师做什么。在和双城中心的陶校长讨论时，他的一句话让我印象深刻："以双城中心小学为辐射点，向临夏县的下面各个学校展示，让所有学校都看到，而不要一下子太大。"这给了我启发，我们学校的和美团队中教研组的建设是很完善的，正好可以让我们好的教研组团队建设跟这里的教研组团队进行交流，尤其是今年这里的学校也在建设备课组，我就请教厦门学校的老师，跟他们要资料，来与这里的教研组组长和备课组组长交流，告诉他们备课组的好处，我们是如何将备课组落实到每一个人的，经过我的介绍，他们也体会到了团队的重要性，大家分工协作，事半功倍。

在两个月的教研组活动中，这里的教师们令我十分感动。他们并没有因为我是年轻老师，就看轻我，每次都认真听我的建议，即使有时候评课没有参加，也会在空闲的时候来办公室问我对课的看法，有什么建议，怎么样上课可以让孩子更容易接受。尤其是在我要给全县的数学学科教师培训、上示范课和讲座的时候，他们更是大力支持。从一开始，我就和临夏县教育局、学校的教研室和校长一起讨论，要怎么样实施更合理，能让这里的老师收获更多，县教育局的师训股和双城中心小学的校长都十分支持，既愿意出场地，又愿意帮我做好策划，让我可以无后顾之忧地备课。在学校里，因为要多了解学生，我还进行了试教，依靠网络和厦门的老师磨课，我的师傅林皓老师，一直和我讨论教案，理清上课思路，不厌其烦地指正我的试教视频。这里的老师尤其是年轻的老师，经常抽出时间来听我的试教，给了我许多宝贵的意见，因为学情不同，这里的很多方面我都不了解，多亏他们的建议，我可以更好地完成这节课，更接地气。在试教过程中，我越来越体会到这里的孩子可能因为没有接触太多的东西，没有条条框框，反而思维更加发散，孩子的回答其实都十分精彩，只要更有耐心，愿意让他们讲，他们就可以把自己的思路表达清楚。也越来越体会到这里的老师都热情好学，他们只是因为没有人教，而原来的教学方法又是课堂上主要以老师讲为主，所以在上课的时候经常变成以教师为主，在我和他们的交流中，他们也越来越体会到把课堂还给学生的重要性。

感动不仅来自临夏辛勤的“园丁们”，临夏的“花朵们”也同样让我感动。一来临夏，我最关心的还是这里的孩子学习和生活情况如何。所以我就抓住每一个机会去听课，看学生们的作业，来了解学生的实际情况，有机会我就会尽量给这里的孩子上数学课。在听课中，我体会到了孩子们对知识的渴望，不论环境多么困难，他们都会想方设法去听课，表达自己的想法。而且在上课的过程中，我发现的孩子们的眼睛都是有光的，他们认真听着我说的每一句话，思考着我教授的知识，并且我提出的问题他们也都可以积极的举手发言，发表自己的想法。更让我感动的是，虽然我只是上了一节普普通通的数学课，但是上完之后，这里的孩子碰到我，还是会经常跟我说：“骆老师，你什么时候可以再来给我们上一节课，你的课很有意思，我可喜欢听了。”有的孩子说：“我本来不喜欢数学的，可是一听您的课，觉得数学原来可以这么有趣，以后一定会认真上好数学课。”甚至有的孩子说：“老师，我原来对自己以后想做什么也不清楚，上完你的课之后，我也想做一名跟你一样的老师。”看着孩子们热情的笑脸，常常就会想起一句话——你的一个行动有时候会改变一个人的一生。本以为这就是一个玩笑话，没想到在这里，自己的一节课就可以改变孩子的想法，十分感动。或许这是支教真正的意义，改变这里孩子的观念，让孩子有自己的想法，有自己的梦想，这比给他们多少物质都更加有用。

骆良豪老师给孩子们上课

在支教的这两个月中，感动是随处都在的，不论是这里教师们的虚心学习，还是学生们强烈的求知欲，都让我体会到了支教的意义和责任感。来到临夏，就是要把厦门的教育理念和临夏的教育理念进行融合，找到更切合当地实际的教育方法，可以让这里的孩子学到更多的知识，改变他们的观念。教育不仅是教授知识，更应该改变这里的观念，解放他们的思想，这才是支教真正的意义。

一年临夏行，一生临夏情，希望在离开的时候，我能把自己好的东西留下，切实地帮助这里的教育进步，让“临夏之花”永远绽放。

点滴记忆，绽放支教路

厦门市人民小学　张晴虹

2018 年 4 月 11 日至 5 月 11 日的一个月以来，我完成了思明区教育局、学校交给的支教工作。这一个月来，我深入甘肃省临夏市枹罕学区的 12 所小学进行教育教学帮扶工作。这一路走来，经历了许多难以忘怀的瞬间，也留下了难以忘却的怀念。

支教，是一幅幅温暖的画面

走进后杨小学，杏花树下，孩子们围坐着石板椅大声晨读，琅琅书声回荡在校园的各个角落。走进王坪小学，音乐教室里，汇集着三到六年级共计 30 名学生，老师用情地弹奏，孩子们用心地学唱。政府推出“爱心早餐工程”后，企业每天就会给每一所农村学校送免费的早餐。每当早餐铃声响起，学生们便有序地分发爱心早餐，孩子们拿到牛奶、馒头和鸡蛋，细细咀嚼着，露出舒心的笑。他们面对生活的乐观态度从来没有因艰苦的环境而改变。

支教，是一次次面对面的交流

我每到一所学校，就开始了解学校建设，开展听课、评课以及作业、教案检查工作。

每天上午进行听课与教案、作业检查工作。每个中午，都在办公室里写评课稿，整理发言稿。一本厚厚的听课本，数十张评课稿，密密麻麻的发言稿，都记录着我与枹罕学区将近 100 位语文老师每一次交流的点点滴滴。下午，学校的语文老师们就与我围坐在办公室里，针对每堂课开展评课活动，每位老师都用心地记录着。4 月的临夏还是寒气逼人，窗外的小雪纷纷扬扬地下着，屋内的老师们，热烈地交流着，氛围是那样的融洽。

支教，是一个个坚定的承诺

4 月 20 日，按照原计划是要到山上的王坪小学开展教育教学帮扶工作。据了解，王坪小学不大，全校只有 8 名老师 80 多名学生，其中 60 多个小学生，20 来名幼儿。孩子们有的就住在村里，有的住在山下，住在山下的孩子们每天要徒步一个多小时上山学习。

可是早上接到前方的通知，昨晚下了暴雨，通往山上的路塌方了。学区领导担心我们上山的安全，打算取消这次行程。但我们想不管怎么样，既然决定去，就一定要到王坪小学走一趟。在我们的坚持下，领导们再次打电话到前方打听路况，得到的消息是下午也许能修好，我们便在山下一直等待。直到下午 4:00，前方打来电话说可以上山了，便立即驱车赶往王坪村。

一到学校，我们立马开展了工作，听取了老师们的教学困惑，与老师们进行教学交流。想到此刻我能做的，便是将自己所学的全部教学经验与方法分享给他们，力所能及地去帮助这里的每一位老师。

当所有活动结束时，王坪小学校长深情地对我们说："谢谢你们坚持来到这个农村小学，并且将先进的理念带给这里的老师们，真的非常感谢你们！"

那一刻，我觉得自己脚下的步子更加坚实了。

支教，是一句句耐心的鼓励

5 月 3 日，我要在临夏市枹罕学区拜家小学与当地的老师进行一场同课异构活动，所以在 4 月 28 日的上午，便赶往拜家小学五年（1）班，想要与这里的孩子见个面，相互熟悉熟悉。

与他们渐渐熟络之后，我便让孩子们自由读课文，随后抛了个简单的问题问他们，但正如校长所言，这个班的孩子都不怎么敢发言。

课间与学生合影

我鼓励他们："孩子们，张老师的课堂上没有对与错，只要你能大胆地表达自己想说的话。"

随即，让一个孩子站起来回答，孩子羞怯地低着头不说话。我继续说："我知道你有话要说，没关系，哪怕一个字都可以。"他抿了抿嘴，欲言又止。我不放弃，继续鼓励："孩子们，我们给他一点掌声好吗？"班上的孩子们都鼓起了掌，此刻我又用手轻轻拍了拍他的肩膀，这时候小男孩抬头看了看我，犹豫了一下，从嘴里憋出了几个字，虽然是简单的几个字，我却看到了他背后的努力，我又给他竖起大拇指，告诉他："你是最棒的！"

在耐心的鼓励下，渐渐地，更多的孩子愿意站起来说话，不管说的对与错，我都给他们最真挚的赞美。

那次公开课是我上得最成功的一次，因为那堂课上，全班的孩子都举手了。

临走时，我对孩子们说："答应张老师，今后的每一天，你们都要像今天这样，勇敢地站起来，勇敢地表达自己，要相信你们可以做到的！"

虽然与他们相处的时间很短很短，但我还是想要告诉每一个孩子：人之所以能，是因为相信能。要无惧困难，坚定地相信自己，相信未来。

支教，是一次次难忘的感动

第一天来到罗家堡小学，全校的老师们亲手为我们制作了一顿丰盛的午餐。

牟家小学的法校长为了欢迎我们的到来，激动地吹起了萨克斯。

石头洼小学校长握住我的手，深情地说："张老师，很感激您将厦门先进的教学理论与方法传递给我们的老师，我代表石头洼小学全体语文老师向您表示感谢！"

那天要离开江牌小学的时候，王校长拦住了我们："请你们等一等，我们的孩子给你们准备了一份礼物。"随后，一个孩子捧着一束手工制作的花送给了我，手里拿着这束花，心里满是沉甸甸的感动。

每一点每一滴的感动，都沉淀在记忆的深处，成为生命中不可磨灭的印记。

支教，是心底最真挚的祝福

一个月很快便结束了，11 日清晨，我们一行人踏上了回程之路。千言万语，都只能化作一声珍重，一句再见。

临夏风景

车子行驶在路上，我又朝着枹罕学区的方向望去，目之所及，都是黄土地，黄土堆积成沟壑纵横的高原，繁衍着一代又一代。

生命所在之处，就看得见教育的曙光，希望教育的力量能让这里的孩子们像这厚重的黄土地一样，经过岁月的磨炼，愈加强大，愿他们成为这片黄土地上最强大的建设者！

回到厦门后，我有感而发，写了一首词，以此纪念这段难忘的支教时光。

渔家傲 · 甘肃省临夏市支教记

鹭岛四月风景异，
直奔临夏未留意，
枹罕学区留足迹。
甜如蜜，
师爱传到乡村里。
理念新知播陇地，
扶学帮教无余力，
高反频频犹奋起。
常自励，
百年大计今生系。

收获幸福

厦门市前埔南区小学 王晓菁

走出临夏实验二小的多媒体教室，深深呼了一口气，终于圆满完成了我支教一年来最重要的一场培训讲座活动，一阵寒风吹过，我重重打了个喷嚏，思绪不知不觉又回到讲座的前一天……

上午，一走进教研室，我一边揩着鼻涕，一边忍不住叹气：来临夏支教一年最后一个月居然重感冒了，连着吃了几天的药，除了把自己整得昏昏欲睡，脑子里一片空白，感冒病毒却一点被打倒的态势都没有，今天一早起来直接发不出声音，鼻涕更是止不住地流，加上不久前发作的腰椎间盘突出隐隐作痛，老天啊！你就是故意刁难我吗？难道你不知道我多么看重这场培训吗？

临夏由于师资条件的限制，很难开展美术课堂教学的研讨，我尝试着以美术社团活动为突破口。在临夏市实验二小开展“分区域形式”的美术社团活动，在每周五集中开展一个小时的社团活动里，我把社团活动课堂分成四个区域，每个区域的美术创作材料与形式不同，孩子们可以根据自己的兴趣选择学习区域，每周都可轮换，我和带社团老师指导不同区域的孩子用不同的材料创作美术作品，让孩子们在有限的时间与空间里最大限度地掌握到尽量多的美工技能。孩子们进步很快，一直跟着学习的陕老师也深深体会到小小的改变对教学效率的提高能起到这么大的作用，做个教学有心人是何其重要。更让我感到惊喜的是，这样的美术社团活动吸引了其他的孩子围在门前静静地观察，眼里写满了渴望。于是，我们把原本 30 个人的小课堂扩充到了 40 个人。但我知道这是远远不够的，所以每次活动后，我和带社团的陕老师一起认真总结，做好数据记录，打算在支教的最后阶段，用比较成熟的活动展示、讲座等一系列形式，把经验推广到全市的美术教师中，期待更多的孩子能走进丰富多彩的美术社团活动，也希望借这个点带给当地老师一些启发，创造出更多的美术教学好点子。

可是现在的身体状态怎么打起精神对全市的老师介绍推广呀！想到这忍不住又叹了口气。“怎么啦？”一旁的同事晓梅走了过来，帮我加了一杯水，关切地问我，我抬起头，这才注意到周围同事们都关切地看着我.“感冒成这样，不知道明天怎么开展活动？”我努力扯着嘶哑的嗓子忧心地说。“没问题的！”晓梅一边拍着我的肩膀，一边笑着鼓励我，“我就坐你跟前，给我一个眼色，我立马递上纸巾。”在一边的美女同事丹丹也接上话：“我负责全程给你倒温水！”才子费老师伸过头拍着胸说：“什么技术问题找我，别担心，大家都会帮你的，我们对你有信心。”一旁不善言辞的鲁老师冲我点了点头，儒雅的高老师也在一边对我竖起大拇指说：“加油！多喝水，明天肯定没问题的！”瞬间，一股股暖流从我心头流过，汇聚成幸福氛围紧紧包围了我，我确信，明天的我必然不是孤军奋战。

王晓菁老师在上公开课“拟人的形象”

下午，一走进实验二小的大门，就接到陕老师的微信留言：“王老师，我已经在五楼会堂等着您了。”心里深深感动，这次培训活动安排陕老师先完整展示活动全过程给全市老师观摩，我再开展讲座和问答解惑，陕老师的女儿这几天也感冒住院，但她对这次展示活动丝毫不敢懈怠，即使她与我一年的配合已经熟悉了各个细节，还是认真地把展示过程再备一遍，对自己没把握的语言反复斟酌，她在学校里要完成两个班的数学教学工作，这些工作只能回家后利用照顾女儿的空隙来完成。来到五楼会堂，桌椅已井然有序，陕老师正拿着一张文字稿在讲台处练习着，看着她有点憔悴的脸，忍不住拉着她的手说：“辛苦了！”“不辛苦，我跟您学到了许多，希望和老师您一起把这个好的经验推荐给大家，就很幸福了！”看着陕老师纯净的眼神，我更想说：有你这样的同行者，我何尝不感到幸福呢！讨论间，背后一个熟悉的声音传来：“王老师，下午身体有没有好一点啊！准备好了吗？”一转头，教研室柳主任笑意盈盈看着我，教研室的同事们也都来了，晓梅走过来把我脱下的外套替我披上，嗔怪着说：“现在可不能脱衣服，挺冷的。”幸福的感觉再次紧紧把我包裹……

有付出总有收获，今天的培训陕老师的展示深受好评，完整呈现了一年来的共同探究成果。我讲座时即使带着难听的鼻音，下面听讲的老师还是那么认真，积极与我互动。在我跟前总有一杯满满的温开水，一包拆开的纸巾……同事们都以温暖的眼神，微笑着看着我。

“王老师，能加一下您微信吗？”我的思绪被身边的声音拉回，“今天很有收获，以后还能经常与你探讨吗？”我欣喜地看着眼前几张年轻的面孔，为自己的付出能带给当地老师触动而开心不已。手机微信里传来了一条信息，是一位熟识的美术老师的留言：美好的记忆是生命中的闪光点，成功属于那些拼搏和敢于尝鲜的人，临夏大地有你的艰辛和执着，多年以后，你可以骄傲地对身边的人说：“我的选择是正确的！”愿王老师的身体早日康复。

暖意溢满心田，当下，我瞬间悟到：工作中的幸福就是这点点滴滴的认可呀！

什么是幸福？在钢筋丛林里生活了太久的我们，忽略了那些藏在身边的幸福，幸福只需要点点滴滴的感动，是一种感觉 ，一种体验，一种经历。静静地放大自己的心情和周遭的生活，生活层层叠叠的片段，给我们创造了很多可以感怀的机会，若能体会生活，做一个感动的人，其实是一种收藏，而常常被感动而充满激情的人，是幸福的。

感恩这一年与临夏的相遇，让我收获了这么多的幸福。

我在临夏意外成为“心灵导师”

厦门市前埔北区小学　张秋玲

从机场到临夏3个小时的车程，一眼看过去，都是光秃秃的山脊，沿途风景显得有点荒凉，灰蒙蒙的天空、寒冷的空气……我能受得了在这样的地方待一年吗？扪心自问，心里不禁踟蹰起来。

进入临夏市已是黄昏。城市的街道与高楼，让人意外地感觉这里跟厦门似乎没有多大差别。一年教研员的送教旅程即将正式开始，我的学问、能力够用吗？虽然来之前已经恶补了几本关于教研员工作方面的书籍，但没有实战经验，还是有些惴惴不安。

紧张忙碌的送教生活

这里的人们很热情。很快，我就在教研室熟悉了工作流程，在老前辈的带领下，3—5月份到全市各个学校下校视导，共去了13所，听随堂课、评课，检查教案、教学工作计划、作业批改，视导反馈等。3个月的视导使我大致了解了这里学校的教学常态和水平差异，为后期有针对性地深入开展教育帮扶工作做好准备。

张秋玲老师与临夏孩子们在一起

9月，我刚结束了临夏市南龙学区1个月的蹲点，又接到与市教研员们去全市各个

学区选拔“2018年临夏市教师教学技能岗位练兵暨优质课评选”决赛选手的任务。

值得一提的是，随着“厦门与临夏东西部扶贫协作工作”的展开，临夏市教育局逐渐了解到厦门对学生心理健康的重视程度，因此，也将心理健康课纳入全市教学技能大赛，希望借此让心理健康课成为学校素质教育中一门重要的课程。

在选拔过程中，我听了各学区的语文、心理健康等选拔课共19节，也对那些虚心好学的赛课老师做了点评和专业指导，受益教师60余人。而我，也常常被这些赛课老师们的热情和认真所感染。

遇见一位好校长

一天，教研室的柳主任带来一位中年男校长，是我曾经送教过的南龙学区马家庄小学的高翔校长。柳主任对我说：“高校长希望你能到他们学校去，对他们的骨干教师再进行一番专业指导。他们这么积极进取，你就抽空去两天吧。”

我欣然同意。作为老师，我最高兴的事莫过于碰上虚心进取的学生；作为支教老师，我最幸福的就是能在支教地区发挥最大的作用。

马家庄小学是一所城乡接合部的农村小学。因为市区学校学位有限，外来打工者的孩子不容易进入市区的学校，只能想尽办法在城乡接合部租房子，并努力把孩子送进就近的学校。比起那些完全置身在村庄里的学校，城乡接合部的学校教学质量相对高一些。

在去小学的路上，高校长说：“其实我也不是专门奔着月底的赛课名次去的。我们一个落后的农村校，怎么比得过那些市区里的名校名师呢？我只是想着，既然我手底下的这些老师有上进心，积极报名参加了赛课，那我就得多为他们提供一些磨炼、成长的机会。既然我们走出去的机会不多，就只能就近多找找您这样的先进地区过来支教的老师，给我们的老师多教教，让他们也能快速地吸收发达地区的先进教育理念，掌握更好的执教方法，快速地成长为优秀教师，那咱们农村的孩子也是多受益不是？”

我被高校长这朴实的话语感动了。一位好校长可以带动一个团队，更好地服务于学校的上百名学生，也会惠及这些孩子的家庭，逐渐改变他们的思想观念，使一大片地区受益。这，便是教育的力量。

美女老师成长记

马家庄小学只有一幢五层楼的教学楼，一进大门就是水泥操场，场地并不大，中央是旗杆。所有的孩子只能在这么大的地方做操、活动，显得有些施展不开。但孩子们灿烂的笑脸，让人觉得他们过得很幸福。

学校有三位教师分别报了语文、数学和心理健康的赛课，他们还将在赛课后参加“说课”等专业技能展示。

石老师，五官很漂亮，披着卷发，穿戴时尚，根本就不是我印象中农村老师的形象，反而自己更像个农村老师呢。我心里失笑。她刚工作两个月不到，原来大学里学的是音乐专业，但农村校缺主科老师，她就接了二年级的语文教学任务。她见了我，既虚心又惶恐，担心自己上不好语文课，耽误了孩子们。我微笑着对她说："别担心，没有谁天生就会教书的，只要有进取心，都会越教越好的。"

我先听了她上的一节语文课，发现老师自身素质很好，普通话标准，上课很有激情。课后教学帮扶时，我特意夸赞了她的教学优势，鼓舞她成长为一名优秀教师，然后与她一起研读课标、提炼教材、分析学情、分配重点和难点……不知不觉讲到中午12:00多，两人都不觉得饿，而高校长就在旁边专注地听着。

意外成为"心灵导师"

马家庄的李老师，有十几年的语文教学经验，是学校的语文骨干教师。她报名参加心理健康的赛课，完全是因为高校长的鼓励，希望她能在大家都不会的情况下敢于突破，勇于尝试，为学校开展心理健康教学打开通途。

我进入课堂，听了她尝试上的一节心理健康课。这节课是她们语文教研组集体备课出来的。课堂展示的效果更像语文的口语交际课与美术课的整合，什么是学生的心理健康、如何在课堂上体现对学生心理健康的关注与体验、辅导，都没有一丝痕迹可寻。

在厦门，我所工作的学校曾经多次请来心理健康方面的专家为老师们开展讲座和体验、互动活动，我自己也担任过心理健康课的教学工作。我把自己在这方面的所学所感尽可能地与李老师分享，并鼓励她多阅读相关的书籍和资料，丰富心理健康教学知识。

让我始料未及的是，除了马家庄小学，整个南龙学区都十分重视心理健康课的开拓，请我专门为学区各个学校报名参赛的选手作指导。面对他们的热情，我自然是"义不容辞"。

我在临夏教育帮扶的一对一指导工作忙碌而又快乐。11月初，市级赛课结果出炉，我指导的马家庄小学的三位老师，石老师和李老师分获市教学技能大赛小学组语文、心理健康课一等奖。

成就自己，成就别人

现在，我重新回到了厦门的教学岗位，回想在临夏的送教经历，我再次深深地体会到：作为一名教师，要给别人一碗水，自己得先拥有一桶水，而这一桶水还得不断补充新的水量才能帮助更多的人。因为自己平时养成不断进取的良好学习习惯，在支教中我才能游刃有余地开展工作。进取，使我在支教中成长了自己，也成就了别人。

谁是最可爱的人

厦门市第六幼儿园　肖　雅

机遇有时候就是这么顽皮，想要降临在你这儿的时候，一定会给你来个措手不及。

是的，2017 年 12 月 25 日，我就这么措手不及地离开了厦门，去远离家乡 2000 多公里的大西北——甘肃省临夏回族自治州临夏县。在来之前我对这儿没有半点了解，我甚至都没听说过临夏，以为我要去的是宁夏。我想应该很多人都和我一样，只知道宁夏，不知道临夏。但现在我可以很大声很自豪地告诉大家：临夏，我认识！我了解！我还会再来的！

机缘巧合，我跟着吴主任经过一天的奔波终于到了临夏。到的时候已是傍晚了，真的是寒风颤颤，瑟瑟发抖。领导们都在关心我是否安全抵达安全入住，让我觉得很暖心。等待一切安排妥当，周股长和徐园长盛情邀请，带我就餐后送我回住的地方。我想我的支教生涯就此开始了。

2017 年 12 月 26 日，早晨 8:00 多天刚蒙蒙亮，周股长和徐园长开车来载我去上班，开始我第一天的支教生涯。在车上我拿出了前一天晚上整理的笔记和园长对接了下接下来的工作安排。一到幼儿园门口，首先映入眼帘的是金光闪闪的几个大字——临夏县思明幼儿园。思明这两个字格外显眼，作为一位思明人，我深深地吸了口气，给自己加油打气。进了幼儿园先让园长带我了解幼儿园的基本情况，了解园设的公共环境及各个班的环境。根据园设实际情况，我和园长进行研讨，制定了以下几块工作内容：第一，班级环境创设及隔区的布置；第二，美工室的创设（这可是临夏州第一所美工室）；第三，公共环境的布置（门厅及一楼到三楼楼道）。

随后，园长将全园老师分成三组，每组负责一块内容，在我们淘到材料之前她们先把原有的公共环境拆除。园长和后勤园长带着我在整个临夏州“淘宝”，买需要用的各种材料。在找材料的过程中，园长亲力亲为的举动让我很感动。如到一家废旧纸箱店，园长亲自上阵来回搬废旧纸箱，路边一家店在装修，很多木块木条等边角料，园长也撸起袖子来回搬。各种店铺的废旧纸箱、广告公司大捆背胶用完的纸芯、街边的白杨树树枝、村民家里的石头猪槽、水缸……都被我们当成宝贝运回幼儿园。当然还有美工室必备的 PVC 管（各种不同尺寸的口径及接头等），大家都觉得很不可思议。下午马上安排老师分组行动，没课的老师都到大一班把原有的环境全部拆除，园长和老师都觉得很诧异，这个厦门的老师一来就要把我们的环境设施都拆了。这让老师们相当不舍，后来才知道她们一是不舍得之前辛辛苦苦做的环境设施，二是担心全部拆光后能否在短时间内布置起来。我知道她们的担忧后，和她们保证我在的这段时间一定完成，到时候一定给她们惊喜。有了我的保证，她们也放心地撸起袖子大胆地拆。

老师们亲自动手制作园设

除了每天的上下班做各种工作，还及时地向厦门的后援团（我园领导小组组建了一个群）汇报我在这边的工作，遇到问题大家一起给我出谋划策。

大家每天都很关心我的身体状况，让我倍感温暖，即使零下十几度，即使气候干燥到每天鼻孔充血，上火到嘴唇疱疹不断，也无法动摇我支教的热情。看着老师们的精神气、干活的氛围，一组教师大冷天在操场用丙烯刷树枝，一组教师在操场用喷漆喷纸箱机器人，一组教师在爬梯子挂垂挂，一组教师在美工室用腻子粉糊墙……园长送给我一句话："在我们这边，你指导的这些活都是匠人干的，老师们都不会。可是在你的鼓励下老师们各个也都展示了自己的本领！"老师们还边做边说："肖老师，这不难呀，你看我们是不是也做得很好啊？"我深感欣慰，突然想到以前学过一篇文章《谁是最可爱的人》，是啊，她们就是一群可爱的人，一群可爱的教育工作者。我相信西部的教育一定会越来越好。

半个多月的支教生涯是短暂的，忙碌的，更是充实的。虽然结束了，但远在千里之外的爱心传递仍在延续，衷心地祝愿临夏幼儿教育的明天越来越好。重温自己的支教生涯，受益匪浅，依依不舍。能成为一名支教教师，我倍感荣幸，感谢党组织、感谢领导给予的机会，支教生活所焕发的光芒将照亮我今后的人生道路。

我们曾相遇，想到就温暖

厦门市第六幼儿园 张燕君

“四面峰峦锁翠帷，万家花柳又春栽。缆横河岸浮为渡，磨引溪流水自推。”早在古诗词中领略过古代河州（今临夏回族自治州）的壮丽辽阔，不承想，一场支教，让我有机会一睹她而今的芳容。

一个“宅女”，两箱行李，五个小时飞行，三个小时车程，四分疲惫，六分忐忑……是的，我的临夏支教生活就是这么开始的。

初来乍到，温暖环绕

第二天一早，我便来到对接学校——临夏县第二幼儿园，初来乍到的些许不安，很快就被亲切的园长和教师、质朴的孩子轻易化解。

简短的互相介绍之后，园长和我进行了一次深入的谈话，该园教师带我参观了园所环境，帮助我尽快熟悉幼儿园情况。我也进入班级，以随班听课的方式，加深了解。

我了解园所的同时，孩子也表达了对我的好奇与友好。他们或腼腆，或开朗，但都非常有礼貌。每一个孩子遇见我，都会问候一句：“小张老师好！”他们脸颊上淡淡的高原红就像初升的太阳，瞬间温暖了我。

厉兵秣马，培训先行

深入学校、把脉活动后，我很快了解到，这里的课程多以集体教学形式开展，而本应成为主角的游戏却鲜见踪迹。然而，《幼儿园教育指导纲要》《幼儿园工作规程》均明确强调：要以游戏为基本活动。缺少游戏怎么可行？

张燕君老师与临夏县第二幼儿园老师合影

我与几位教师进行了沟通，想找到该园较少开展游戏的原因。他们有的说“班级小，孩子玩不开”，有的说“没有钱购买玩具，没东西玩”，有的说“不知道怎么组织游戏”……大多数教师都认为客观条件是限制游戏开展的最大障碍。

怎么破解这一困局呢？我意识到，改变观念是根本，当务之急，要逐步帮助该园教师树立“以游戏为基本活动”的理念。为了不让老师觉得我“站着说话不腰疼”，我决定以一个班级为范例，帮助教师创设区域环境、制作区域材料、开展区域游戏，并以点带面，带动全园教师，让游戏“流行”起来。

渐渐地，越来越多的老师对区域游戏有了兴趣，于是，园长提出开展一次园级培训，我欣然同意。培训中，我将“要重视游戏环境、材料、幼儿之间的互动性”“低结构的游戏材料有利于发展幼儿的创造性”等理念传递给该园教师，解答他们的困惑。培训取得了良好的效果。

星星之火，可以燎原。紧接着，我面向临夏县幼儿园园长、副园长、骨干教师等80余人开展了题为“主题背景下区域活动的组织与开展”的讲座，为大家详细讲述了区域与主题整合的思路、具体事例、注意要点等内容。

“没有条件就创造条件，遇到困难就克服困难”，“没有区角盘，可以先用鞋盒盖代替”，“没有现成的游戏材料，将自然材料、废旧材料利用起来，就是很好的游戏材料”……根据临夏县幼儿园的实际情况，我为老师们出谋划策。讲座后，他们纷纷表示很喜欢这样“接地气”的内容，而临夏县教育局周股长也号召全县幼儿教师在下学期全面展开区域游戏的准备工作，让游戏真正成为幼儿园的基本活动！

“本家”相遇，携手共进

支教过程中，临夏县第二幼儿园的园长还提出，希望我能指导该园的一名老师开展公开教学活动，以帮助大家进一步了解集体教学活动的组织方式。

无巧不成书，这位老师也姓张，“本家”相遇，瞬间多了一份亲近！因我年纪稍轻，她喜欢喊我“小张老师”，我则叫她“张老师”。“小张老师，我好紧张！我没有在这么多人面前开过课，好担心开砸了！”面对张老师的担心焦虑，我一方面温言鼓励，一方面帮助她一遍遍地修改教案、练习片段教学、试教磨课，用实际行动促进她提升能力与自信。

功夫不负有心人，张老师成功开展了区级公开教学活动《大班语言活动：一根羽毛也不能动》。观摩的园长、老师也基于此共同研讨语言活动的组织方法，大家踊跃发言，各抒己见，进一步促进张老师的专业发展。

支教，是一场美丽的遇见。它让美丽鹭岛厦门与牡丹之城临夏相遇，让我有幸与临夏可爱的孩子、质朴的老师相遇。在支教的日子里，我体会着工作环境的调整与角色的转换，领悟着支教的快乐和人生美好的价值，尽自己最大的努力完成平凡的支教工作。我衷心地希望，临夏的孩子健康快乐，临夏的幼儿教育越来越好！

山高水长，别来无恙

——一封写往临夏的“家书”

厦门市第十幼儿园 陈 彦

亲爱的马校：

今日正在整理物件，看到你送我的那本纪念册，突然惊觉，一转眼分别已近一年，时光总在不经意间溜走，掐指算来，你我相识，已有两年。不知你们大家，最近都还好吗？你的身体是否好些了？徐老师的病，怎样了？甚是挂念。

厦门的天气终于渐渐变凉了，冬天也慢慢来临了。每次邀请你来，总说厦门的夏天太热了，你受不了。这下，冬天来了，你什么时候来看我？说起冬天，我们相识也在临近冬天的时候吧？

那时候，我要被派去单子庄小学蹲点一个月，据说，单子庄好远好远，远到山边边上，而且，使用的还是我非常害怕的旱厕！对于这一个月的蹲点，我的忐忑多于兴奋，焦虑多于热情。教研室的老师们也觉得，我可能熬不了一个月，就要哭鼻子的。

记得，那一个灰蒙蒙的早晨，我站在三中大门口，看见你开着你的橘色“小坦克”来接我，一身大红色的呢子大衣，披肩的卷发，扬着手里的锅盔，热情地冲我一直挥手。那一刻，我看着你，居然一点陌生感都没有，一甩头，坐进你的副驾驶位，接过热乎乎的锅盔，心里突然觉得很安心，再也没有忐忑，也没有焦虑。缘分真的是很奇妙的东西，不需要语言，一个眼神，一个动作，就能认定，你是我要认真交心的那个人。

从那天起，我们俩就像姐妹似的，形影不离：从校门口的校园文化墙到美术室的展示墙；从一楼到四楼的每一面学生作品展示栏到每一个楼梯转角；从小学到幼儿园……每一处都有我们俩一起比画设计的身影，每一个角落都有我们灵感碰撞的火花。

记得有一个周末，我刚起床就接到你的电话，“陈老师，你穿个衣服，我马上来接你，咱们去建材市场走走。”不待我多问一声，电话已经挂了。我迅速整理好自己，你已经到楼下了。那天，为了心理咨询室的墙面扣板和旱厕改造的壁砖，我们一起跑遍了临夏市大大小小的建材城，每一家的颜色、质量、价格比了又比，谈了又谈，就为能用手里少得可怜的经费，给孩子们创造最好的环境。在我们俩一起努力下，单子庄小学的整个校园文化环境和我们一手设计打造的心理咨询室，得到了市级领导的肯定和称赞。

忙完了小学，你又把我拉到单子庄附属的幼儿园，皱着眉头，无比忧虑地将幼儿园和每一个老师的情况都跟我进行了交流。幼儿园的老师多是小学转岗下来的，还有一些是临时招来顶岗的家庭妇女，而你也是小学老师，对于幼儿教育总是没底，所以，只能按照小学的要求来制定幼儿园的课程。你迫切希望我能够帮你把整个幼儿园老师的教学水平拉动起来，让老师们知道怎样才是正确的幼儿园教育教学方式。

于是，我操起我的专业，走入课堂，开始了长达半个月的听评课。第一天进课堂听课，小班十几个孩子，小手背背后，小脚并并拢，坐得笔直笔直的，跟着老师一句一句念儿歌，场景严肃得让我忍俊不禁。根据现状，我提出开展为期半个月的“魔鬼训练”，从五大领域入手，两三天一个领域，每天三个老师轮流开课，开完课评课，评完课下班留下来研讨修改，第二天再上一遍……

为了能够把握这剩下不多的半个月，你给老师们开了动员会，每天上班跟着我下班级听课，下班留下来跟着我们进行教研，一次都没有落下。在半个月高强度的培训、磨课之后，终于有三个老师能够自如地以游戏为基本活动来开展日常教育教学活动了。有了这三个老师，以后可以靠她们进行传帮带，很快，幼儿园的教学就能步入正轨。

陈彦老师参与折桥中心幼儿园一类幼儿园评估指导

那天最后一次教研，看着快速成长起来的幼儿园老师，听着我教她们以后怎样进行传帮带，你的眉头舒展开了，笑得那样舒心。我当时在想，偏远的单子庄的孩子们有了你这样一个“较劲”、忘我又投入的校长，她们该是幸福的。

而我们俩的友谊，也在这一个月的相互帮助相互扶持下，迅速升温。记得去年国庆长假之后，你告诉我，10月中旬就会下雪了。于是，我这从来没有见过下雪的南方人，每天都倚在宿舍的窗边，盼着下雪。为这事，还被你笑话了一番。其实，我们盼望下雪的心就好像你们盼望看见大海一样。我憧憬着下雪时，走着走着一不小心就白了头的那种浪漫，却在第一场雪真的来临的时候，被粉碎得一干二净。

记得，当我感受完大雪的拥抱，兴奋地跑回到宿舍的时候，突然，停电了！接着，停水了！水电一停，供暖也停了！房间里，越来越冷，我不停跺脚，走来走去，即使裹了棉被，也还是瑟瑟发抖。时间一分一秒过去，夜越来越深了，房间也越来越冷，我觉得我都熬不到天亮了。突然，我的电话响了。我看到你的名字在电话上面闪烁的那一刻，就好像在茫茫大雪中，看到一屋温暖的灯光那样，电话一接起来，就泣不成声。你在电话里直接下命令："你现在马上穿好衣服，带好洗漱用品，我去接你！"

在那个大雪纷飞、冻到让我怀疑人生的夜晚，你好像披着霞光的超人，开着你的橘色"小坦克"来接我了！我欣喜地飞奔向你，下到三中大门口，那一片霞光突然熄灭了——大门紧锁，门卫不知道去了哪里。我们两两相望，近在咫尺，却远在天涯！你看着我，对我说："陈老师，你会翻墙吗？"我一愣，虽说我身形彪悍，但翻墙这事，还从来没干过！你看出我的犹豫，先是一脚蹬到大门的栏杆上，一边跟我说："你学我这样，慢慢爬上去，我从外面爬，你从里面爬，我在上面接你翻出来。你放心，摔不了你！"看着你坚定的目光，我心一横，背包一递，就这样跟着你一步一步爬上高墙，翻了出来。脚一落地，我们拉着手飞奔回到车上，烘着车里的暖气，想象明天保卫科看到监控画面的表情，笑成了一团。

后来，我被借调到州教育局去上班，要开展的工作越来越多，要做全州培训，要开公开示范课，还要编写《幼儿园一日生活常规细则》……你就像我的左膀右臂，随时给我鼓励和帮助。记得 12 月份，全州几个县市走下来，大家都觉得数学活动最难开展。应广大老师的要求，我要在全州开一场数学教学专场。但我来到临夏之后，一直做的教师培训，没有跟孩子过多接触，所以，对于如何设计符合当地孩子发展需求的课程，我心里没底。我把我的顾虑跟你说了，你马上帮我张罗，在幼教室关主任的帮助下，我被安排到临夏市第三幼儿园熟悉孩子的情况，一遍遍试教，并和三幼老师一起制作教具。

正式上课那天，你一大早就买了早餐到宿舍楼下等我。你说："陈老师，这么多年，我们很多幼儿园老师不知道怎么上数学课，因为不懂所以逃避，而越逃避，越不懂。今天好多人都来听你的课，因为我们很想学。"说完，你还很郑重地捏了一下我的手。为了你的这一份信任，为了全州幼儿园老师的那一份希望，我告诉自己，今天必须把这两节课开好！

情境导入，游戏进程，小结提升……每一个环节都集结了我和帮助过我的老师们的心血。看着孩子们在游戏中自主感受数学的概念，一点点探索数学的奥秘，台下的老师发出了一声声惊叹！她们从来没有想过，孩子们可以通过自己探索就能感知到那么抽象的知识内容！看着台上孩子自信的笑容，台下老师眼里的亮光，我知道，我的课给大家点亮了数学活动的星光。

一年的时光飞逝，眼看就到圣诞节了。忆起我支教期满回程那日，你帮我拖着行李箱，送我到车站，平时话多的你，一路无言。走到车站，你将行李交给我，猛地转身，只留一个背影冲我挥挥手，大步向前走去。我看见你用手偷偷拭去泪水，想了好多要跟你话别的词句，那一刻也都如鲠在喉。马校，一直都很想告诉你：支教的日子，因为有你，日子变得温暖、有趣；支教的回忆，因为有你，变得悠远绵长……愿我们的友谊能够一直延续，愿你在飘雪的西北，一切安康！

盼望有一天，我们能够相聚在厦门，等你……

陈 彦

2019 年 12 月 1 日

第三篇

感恩厦门

爱从华幼出发，教育由心开始

临夏市学前教育中心　何　珊

走进华幼，你会发现许多动人的细节：每次与孩子说话，老师总会蹲下来，注视着孩子的眼睛，因为这样方便她们从孩子的视角看世界；每当与孩子在一起，她们总喜欢拥抱孩子，因为这样可以传递爱的温暖；与孩子相处时，老师们喜欢微笑着将“请”挂在嘴边，因为她们想与孩子保持平等。教坛有句俗语，爱自己的孩子是人，爱别人的孩子是神。华幼的教师就是具有这种神性的天使，“爱从华幼出发，教育由心开始”，是华幼的办园理念。

沐喜社团活动，让孩子学会自己做主人。社团活动，至少要从小学“玩”起，但是，在华幼，小孩们也有社团，这是华幼又一项鲜活创造。

华幼小社团活动的诞生有着深刻的时代背景。以前，幼儿园的教学评价往往集中在教师身上却忽视了最为重要的孩子，华幼的社团活动其实是从“以教师为本”到“以幼儿为本”的迁移，这被认为是有着根本性战略转变的教学方式。华幼的小社团通过发起、招募、幼儿报名、团长竞选等一系列工作，把有相同兴趣与爱好的幼儿集中在一个团体，团员不分年龄班段，通过以大带小、大小搭配的团队合作形式来开展活动。

但是，它又不同于以前的“兴趣班”“才艺班”，有着自由组合、自主探索、自我表达等特点，完全改变了昔日由教师作为主导角色的地位。社团环境由幼儿自主创设；社团伙伴由幼儿自己寻求、结交；社团组织按“章程”开展活动，以“条例”进行管理。在这一活动过程中，教师只是支持者、合作者、引导者，教师退步让位的结果是让幼儿成为活动的主角，学会自己做主人。

孩子们为他们最喜欢的每周社团活动日取名“今日星期五”。每到社团日，孩子们用“走秀”的形式展示作品——有趣的陶泥制作、变废为宝的美物 DIY、巧巧手的编织和纸艺，让更多小朋友和家长一睹美术的魅力与风采；充满中国文化底蕴的国学礼仪，融合在神奇的绘本故事里，语言类的小社团用“情景剧”的方式一一展现；酷炫的跆拳道、阳光活泼的篮球竞技让更多的华幼孩子身体健康，茁壮成长。

每个在华幼上学的孩子，三年里至少可以参与 20 多个社团的活动。每学期从社团招募开始，教师便根据社团内容与孩子发展特点制定策略，引导孩子自主组织参与社团活动。经过几年的探索与实践，沐喜社团改变了昔日教师的主导角色，孩子成为活动的主角：他们按照自己的兴趣报名参加社团活动；社团内容、材料由孩子自己选择、准备；社团伙伴由孩子自己寻求、结交……真正做到“我的兴趣我做主”！教师则关注混龄儿童的特点，利用大带小、混龄搭配、团队合作的形式开展活动。每个社团都建有微信群，现场转播活动实录，家长、助教也在此分享自己的经验，促进资源共享和互动交流……

在跆拳道社团活动中，游戏、训练、活动培养了孩子们互助互爱的优秀品质，同时也培养了孩子们的善心、爱心、同情心，学会关心他人、理解他人、体谅他人，从中体会到自身的价值，并感受到“爱”的力量。

阳光活泼的篮球竞技，可以增强幼儿身体素质(包含力量、耐力速度、灵敏性、柔韧性、平衡能力和协调能力等)，提高幼儿抵抗疾病的能力，培养孩子的规则意识，学习基本的篮球技能(运球、传球、投篮等)，培养幼儿良好的情绪、坚强的品质、积极的态度、开朗的性格，促进幼儿身心健康发展。

美工活动中，老师仔细讲解，孩子们认真聆听，用自己缤纷多彩的想象力和能干的小手创作自己满意作品。

“乐高社团”活动，每次活动一个主题，在每一次活动里，老师都会向活动小组成员提出挑战任务，给他们提供能够创造出自己解决方案的工具，引导幼儿亲自动手制作与日常生活密切相关的模型。通过这种方法，幼儿初步建立对相关基础知识、原理的认识与理解，真正体验到实践成功后的喜悦和兴奋。

“恋上美物”小社团中，老师对孩子们的精心指导，以及从审美各方面入手，通过不同的搭配，让孩子们制作了一件件精致的手工艺品。

在社团活动中，我们欣喜地发现华幼孩子通过与同伴、教师、家长的交往，学会接纳他人、乐意合作，不仅能够探索和建构自己的知识王国，更重要的是，他们拥有了愉悦的情绪和心理，体验到了学习的快乐。

爱在细微处——厦门华侨幼儿园

临夏市实验幼儿园　敏倩倩

2017 年 11 月 26 日，在市教育局和学校领导的安排下，我有幸跟我园 12 位老师一同前去美丽的城市——厦门，在华侨幼儿园跟岗学习。

精心——科学管理、精心规划

来到幼儿园，首先映入眼帘的是超级高大上的欧式风格的建筑。进入幼儿园就看到了认真晨检的老师和 4 位热情的礼仪小公关。星期一一早有升旗仪式，程序分别是幼儿舞蹈、鼓号队表演、升国旗仪式、旗手自我介绍、给礼仪之星颁奖、评选流动红旗等。结束后，每个班都边律动边等待，慢慢进入教室，园长说这样可以培养孩子们的耐心并防止产生焦虑。10:00 整，幼儿园组织消防演练，刚好那天早晨 7:50 左右台湾海峡发生了 6.2 级地震，厦门市震感明显，幼儿园一早就请了消防员来，和老师一起给孩子们讲解防震知识。

华侨幼儿园整个校园没有任何一块地方有一点儿落叶杂堆，校道上没有一个垃圾桶，却没有一片垃圾乱丢在地上，这就不简单！从此可以体现出校园的管理很到位。墙壁上挂有一些具有教育意义的读本，墙壁是死的，但老师们在这些墙壁上贴上一些画、图案等，做笑脸墙、涂鸦墙、班级植物角等，这些墙壁就“活”了，可以看出教师的别出心裁。

每个教室的布置都充满了童趣，美观又有艺术感。教师很会废物利用，像蛋糕盒、月饼盒，都拿来放些小物件或是做教具，一些塑料瓶画上图案，悬挂起来很美观。教室里的所有物品都分类摆放，很整齐，每盘幼儿的操作材料上都贴有对应的标记，幼儿玩完玩具后，自己收拾玩具放到柜里。东西摆整齐了，要拿什么东西，一目了然。这一切都给人一种感觉：有规则、有秩序。

华侨幼儿园校园面积不大，可在园领导的精心安排下，各功能室一应俱全，让我印象深刻的是各层走廊的利用，游戏时，走廊变成建构室、音乐室、娃娃家等，在有限的空间中为幼儿拓展游戏学习的空间。

用心——情系幼儿，母亲般地爱孩子

有人说：“有了好领导，就有一所好学校。”每天，园长带着班子成员站在大门口迎接孩子，也许正是这些领导以身作则、严于律己的行为感染着教师们，从早上 7：30 开始一直到晚上 6:00 都能看到老师在校园、班级中忙碌的身影，他们常常利用午休和傍晚幼儿离园后的时间进行业务上的学习和交流，却没有半句怨言。

幼儿的常规保持得特别好。一日活动中，上下楼、晨间活动、吃点心、户外体育活动等，相对来说比较容易乱的环节，幼儿都很有序、很自律，几乎看不到大喊大叫、推拉、吵闹、乱跑等现象。例如，早操时间，音乐一响，孩子们就找好自己的位置，跟着教师的指挥与动作，随着音乐的节奏做起早操来，音乐的动感加上孩子们的积极参与，让整个早操活动看起来整齐有序而富有活力。

最有序的，也是我最喜欢的是他们的进区活动，我觉得比较好并可以学习的是区域预约，这样就会让孩子们提前明白自己所进的区域，第二天会有准备地进区而不会混乱，进区前老师会放一段音乐说明开始进区，进区结束前老师会放另一段音乐告诉孩子们物归原处整理好。进区时孩子们不用老师多说，安静自觉地拿着进区卡选择自己的区域，然后在进区卡后面用蜡笔涂上所在区的颜色，这个卡的设计是一周五天数的安排，孩子每次一进区都要在后面涂上颜色，一周进区安排不能全是一个区的标志，至少要三个以上。在这个环节中，没有听到幼儿争吵的声音。进区结束后老师会让幼儿进行评价，或者分享在进区过程中遇到的一些问题。

在一周的跟岗学习期间，我没听到一句老师大声呵斥小朋友的话，老师们真的是像伙伴一样，一起游戏、玩耍。我也看不到小朋友在教室、走廊里追逐打闹，孩子们的轻声交谈，轻轻走路，搬动椅子，上下楼梯。一切都是有条不紊的，井然有序的。我曾询问班上的老师如何进行班级常规培养，老师笑着说："从小班开始，一点点抓。前两个月，累趴下。"我知道这简单的一句话，老师是付出了很大的努力的，可见她们的常规教育做得多细多实。

跟岗学习这几天，从老师们的点滴工作中深刻感受到了她们对孩子的爱和尊重。例如，早晨，孩子们在吃点心，有一名孩子不小心将粥打翻了，一些孩子立即起哄嚷嚷。老师没有责备孩子的失误，而是告诉大家："他不是有意的，你们笑话他，他会很难过的，笑话别人可不好。"孩子们马上安静下来。之后，保育老师快速地把地面清洁干净了，没有露出半点不满。老师们的一字一句，透露出了她们对幼教工作的热爱，她们用耐心和宽容，赢得了孩子、家长的尊敬，也使我对华侨幼儿园的老师产生了敬佩。幼儿园教师的工作是琐碎而辛苦的，坚持每一天都耐心、细心地对待孩子，尊重他们，平等对待他们，确实需要老师从内心深处充满对孩子的爱。一个微笑、一个动作都会使孩子们充满信心、得到鼓励。这也使我很有感触，只有轻声细语、像慈母般地去关爱每个孩子，或像朋友般近距离地和孩子交谈，孩子才会喜欢老师，才会在教学活动中形成良好的常规，才会让孩子树立自信、成为真正的学习主人，愉快有序地游戏、学习，从而收到良好的活动效果。

华侨幼儿园的教研工作做得十分扎实，她们把长期性和有效性摆在了开展教研工作的首位，建立起了幼儿园教研工作的长效机制，形成了教研活动制度化的特点。比如，每学期每位老师必须组织一次教学观摩活动，全园老师互评互学，每两周分年级组集中备课等。这次华侨幼儿园安排我们观摩了小、中、大班段教师们的集中备课，她们对下两周的教学内容、教具准备进行了讨论。整个集中备课过程，气氛轻松，老师们发言积极踊跃。当讨论下周教学所需教具时，教师们会一起积极想办法去收集，实现资源共享。集中备课为华侨幼儿园的老师们搭建了一个相互交流、相互探讨、相互学习的平台。它不仅能帮助教师解决工作中遇到的难题、困惑，还有效促进了教师整体业务水平的提高，同时通过资源共享，教学准备工作变得更为轻松。我想在这样的团队中，教师的专业成长必然是快速的。

跟岗学习的收获与感悟

一是开阔了眼界。这次跟岗学习，我看到了许许多多新事物、新观念、新做法，也有了许多自己的感悟和思考，这对我今后的工作将有很大的影响。

二是更新了教育教学观念。通过交流，我更新了教育教学观念，收获了先进的教学思想，收获了新颖的教学方法，收获了管理经验，更收获了充实与快乐。

三是增强了责任意识，提高了师德水准。一周的跟岗学习虽然短暂，但我们在华侨幼儿园领导和优秀教师人格的感染下，更加明确自己的责任，也更加热爱教育事业，原有的师德观和专业成长目标有了提升。

四是学会了积极地反思自己的教育行为。华侨幼儿园老师们习惯的教学反思、总结给了我很大鞭策，让我着实感觉到教育教学反思的好处，它的确是催人进步的一把钥匙。

在今后的工作中，我将以更大的热情，借鉴学习的经验，用自己的智慧和汗水，精心、用心地为幼儿创造一个宽松、和谐、民主的学习环境，为孩子们幼小心灵的飞翔、个性张扬和能力的发展创设一个美丽的生活空间，也将不断地创新，超越自我，收获成功！记得著名教育家苏霍姆林斯基曾经说过："没有爱就没有教育。"的确如此，关爱，是沟通师幼关系的纽带，是教育获得成功的前提。教师在教育过程中对孩子的关爱，要从细微处做起……

教育的无痕，平凡的感动

临夏市第二幼儿园 郭永姣 李红燕

2019 年 11 月 4—8 日，我们临夏市二幼的五名教师来到了美丽的厦门市实验幼儿园鹭江新城分园进行参观学习。正如该园的园训“让教育像呼吸一样自然”，在五天的时间里，我们无时无刻不被这样一种融入生活的教育理念所感动着。在观察学习的过程中，我们看到了许多没有想到的场景。正所谓见微知著，我们有了观察才会有思考和感想，才能明白这些细微之处给我们带来的震撼。

教具：玩中学和玩中教，玩中求进步的结合

厦门实验幼儿园的教具丰富有趣，给我们印象最深刻的是孩子们自己设计滑滑梯，并且最后让自己天马行空的想法落地。我们了解到，最初孩子们提出楼道太拥挤，想要建一座能够从二楼阳台直接滑到一楼的滑梯。老师们就引导孩子们先观察普通的滑滑梯，再用积木搭建。构想出初步的方案之后，还有一些问题需要解决，例如，滑道需要多长、滑滑梯的底座不稳定需要怎么完善，做模型时有些部分需要保安叔叔的帮忙等。这些问题都由小朋友去做，需要帮助的时候老师和其他人会进行指导，再由园长妈妈按照孩子们的想法完成制作。最终呈现在我们面前的是一个充满趣味的滑滑梯。孩子们从二楼直接滑下来，既避免了楼梯间的拥堵，又增加了课间活动的乐趣，让我们一行老师感触很深。

在聆听了小二班梁微老师的一次案例讲座“小二班真好玩——淘气堡”后，我们对厦门实验幼儿园的教具设计更为感慨。梁老师讲道，小班的幼儿刚入园，陌生的环境、陌生的人际关系，使孩子们出现了较为强烈的分离焦虑症，每天都会有一些孩子在幼儿园哭闹一番，这也让小梁老师很苦恼。于是她就想，怎么样才能让孩子们尽快摆脱分离焦虑，真正高兴起来呢？她就想到了孩子们最爱的游戏：何不把“游戏”做足，让小二班充满游戏，变得好玩，从而吸引孩子每天高高兴兴来园呢。接着她去询问每一位幼儿最喜欢玩什么。最后的调查结果是——淘气堡。于是，小梁老师带孩子们去参观了不同地方各种各样的淘气堡，让孩子们仔细观察，接着老师帮孩子们画出各种各样的淘气堡草图，然后让孩子们进行投票，最后选出了一个孩子们最喜欢的样式并把它做出来。做的过程中不可避免会遇到一些困难，梁老师就去寻求园长的帮助。经过园长的大力支持，还有家长和门卫叔叔的帮助，小二班终于把淘气堡建出来了。孩子们玩得可高

兴了，他们还给它取了个名字“钻钻乐”。但在玩的过程中又出现了一些问题，只有爬、钻已经满足不了孩子们的需求。有些孩子又提出把电视里看到的“按红外线”的游戏搬到淘气堡里。他们用皮筋当红外线，横七竖八地拉起来，并且在有红外线的地方贴上了“闪电”标识，爬的时候尽量让身体不碰到皮筋。接下来再玩时，孩子们都小心翼翼地挪动着身体。他们又发现这样爬来爬去会弄脏衣服，就把泡沫垫子铺在了地上。之后孩子们又悄然增加了游戏的玩法，从淘气堡的大洞里钻出来——打地鼠。老师又抓住这个兴趣点，打印出几张地鼠图片贴在圆洞上，又找来一根充气锤子帮助他们打地鼠。玩着玩着，他们又玩出了新花样，叫“打打打”的游戏，发动家长在淘气堡里放了两个不倒翁充气沙袋，孩子们玩得可高兴了。就这样半学期过去了，孩子们玩得忘记了哭闹，每天都盼着来幼儿园，还学会了倾听、合作、动手和思考。发动孩子们一起设计游戏教具，这体现出了厦门实验幼儿园“玩中学、玩中教、玩中求进步”的教学宗旨。

教学：润物细无声的引导和探索

来到厦门实验幼儿园，一眼就能看到幼儿园墙上有这几个字“大自然大社会是活教材”。我们顿时就沉浸在对这几个字的遐想之中。教育回归自然、融入自然的教育理念，给我们留下深刻的印象。在和文静聪慧的林园长交流的时候，她提到最多的词就是“自主探索”。在这样的信念下，她们愿意放手让儿童自主选择自己想进行的活动，自主安排时间，自主探索周围的环境。

进入园中，我们感受到幼儿园处处把环境资源融入幼儿的生活、学习、游戏中。我们不经意间发现院子里一棵小树上有几个人工制作的鸟窝，很好奇它们的用途，便请教了庄宏玲园长。庄园长对我们说，以前在幼儿园的院墙外有一棵树，树上有一个鸟窝，里面的小鸟儿引发了孩子们强烈的好奇心。老师们便每天引导幼儿围绕小鸟儿展开了讨论。后来根据讨论，老师让小朋友们来设计鸟窝，思考鸟窝需要什么材料，经过老师和小朋友的共同努力，最终做了这几个鸟窝。真不简单，此时，我们仿佛看到了活动中孩子专注的神情以及制作鸟窝的热烈场面。我们深深感悟到，教师对孩子们的尊重，每个角落中体现的教育智慧，寓教于乐，都是我们每个教师应该推崇和学习的榜样。

让我们触动很深的是，每位老师都能发现幼儿的兴趣，能够就地取材，以点点滴滴的日常事物和现象中教育孩子；她们善于倾听幼儿内心的想法，一次次地让小朋友带着问题去思考，由问题生成教育；她们亲身参与幼儿探索过程，与幼儿共同为探究的进展而高兴。只要条件许可，老师们就带孩子们走进大自然、与大自然充分互动，让孩子身心获得和谐发展。她们的这种细腻，是我们做不到的。正如陶行知所说，“生活即教育”。鸟窝的设计活动，让孩子们在生活中学习，又服务于生活，从中获得成长，真正体现了生活即教育的意义。教师见证着孩子们的每一步成长，真正做到了润物细无声的教育。

教师：春风细雨般的关怀

在厦门市实验幼儿园短暂的学习中，老师的细心深深打动了我们。第一次走进幼儿园时，我们正好碰到孩子们在秩序井然地进行体能训练。我们发现孩子们的衣服上都别了一条小方巾。我们很好奇，赶忙询问罗老师这个小方巾的用途。罗老师轻声解说道，因为孩子们在户外活动时容易出汗，所以每个孩子肩膀上都固定了一条小汗巾，方便及时擦汗，以免进入教室后着凉。听到这些，我们心里感慨万分。老师们的细心无处不在，融入孩子们生活的点点滴滴。

在参观园长室时，我们又看到了这样一幕：大三班的三个宝宝拿了一个申请书，走到了园长妈妈跟前。我们好奇地凑过去一看，原来是一份班级申请书。孩子们想要在自己班级利用积木建造一座城堡，申请书附带了设计图和设计理念。幼儿园把主题探究的主动权交给孩子们，每个班级的探究主题都来自幼儿自身的发现和想象。探究活动从孩子们的兴趣点出发，同时给予幼儿足够的信任。因为信任儿童，所以他们放手让儿童自由探索周围的世界，去做他们热爱的事情。幼儿教师的爱是博大的，爱孩子，要走进孩子的内心世界，给他们足够的信任，努力去感知他们心灵深处的独白，潜移默化地进行言传身教，才能给孩子们带来希望、快乐和勇气。

园长：智者的“言传身教、潜移默化”效能

清楚地记得第一次见到温文尔雅的林志龄园长和和蔼可亲的罗盈老师时，她们无比贴心地带着微笑亲领我们熟悉幼儿园环境并交流互动一周的学习日程，心中那份感动和亲切油然而生。一进园所“玩中学、玩中教、玩中求进步”几个大字映入眼帘，让我们又一次重启了幼教工作的理念。在接待会上林园长以“党建引领，教学优先，后勤推进”的管理理念深深地打动着我们，她的讲座让我们懂得了做幼教人必须有“静下心来教书，潜下心来育人”的施教决心。在参观过程中，我们领略了园所文化的独特风韵、感受到了老师们的专业和热情好客，凝聚力极强的团队精神也时刻打动着我们。

同样，在培训过程中我们也是收获满满。记得，观摩“爱心小天使”评选活动时，林园长慢慢走到一个小男孩身边，轻轻地抚摸了一下他的头，微笑着蹲下来，把小男孩抱到怀里，这时我们才发现小男孩的鞋子穿反了，林园长正小心翼翼地给他换鞋子。这一幕让我们感触很深，我们离孩子这么近都没有注意到这一细节，而林园长却观察到了。林园长在活动中既做到了领导者的责任，同时也给孩子们像妈妈一般无微不至的关怀。林园长不仅对孩子细心，对待老师也很亲切，在活动进行到一半时，天气骤变，林园长细心及时地为我们送来了她们的园服，温暖了我们身体的同时，更加温暖了我们的心。

林园长说：“一个好的开端，不仅可以成就一个快乐的童年，更可以成就孩子幸福

的一生。做一名优秀的幼儿园老师，首先要成为孩子的朋友，但仅仅做孩子的朋友是不够的，我们还应该努力成为孩子家长的朋友，这样，我们的教育才可能得到认可、理解与支持。”是啊，她的话指引我们懂得了幼儿教育的特殊性，让我们反思到了孩子是会动的，注意孩子很小的细节，帮孩子们找准自己的位置，把孩子们的表现都客观无误地评价出来，做一名细心的耐心的幼儿教师，启迪孩子们的智慧之门，培养出德智体美劳全面发展的幼儿。同时，积极将正确的育儿方法传授给家长，让家长了解当前的幼儿思想是很重要的，让家长学习《3～6岁儿童学习与发展指南》，让家长了解不同年龄段孩子的发展特点，更好地配合幼儿园做好家园共育工作，为孩子的一生发展做好思想沟通和协助配合。

五天的参观学习很快结束了，但林园长和老师们留给我们的触动却延绵不绝，她们的教育无痕，施教的事迹平凡而感动。反思我们的日常工作，教育的痕迹太过明显，教条式地完成教学计划，缺乏思考和创新，把教育孩子当成了一种“任务”而非是一项“事业”。让我们一起呐喊，幼儿教育不是让孩子听话，不是哄家长高兴，更非应付上级检查，而是要真正把对孩子的心灵启发融入日常生活的点点滴滴中，让充满人文情怀的教育真正无痕。

厦门一幼给我的感动

临夏市学前教育中心　马纯玲

2019 年 10 月，我有幸赴厦门参加厦门市第一幼儿园的学习培训，短短的 4 天时间，忙碌又充实，让我收获颇多。

如果问我，在厦门第一幼儿园最受感动的事情是什么？我最想说的应该是周一上午的升旗仪式了。这个时候可能有人会问我，每个幼儿园不都有升旗仪式吗？厦门一幼的升旗仪式难道就与众不同吗？我想说，是的，确实如此。因为在他们的升旗仪式中，我切实地感受到了震撼。

记得那天上午，天气晴朗，10 月底的厦门还比较热，一大早我们便来到了厦门一幼，园长和老师们热情地接待了我们。

绿茵茵的操场上，教师和幼儿都在做升旗的准备。幼儿穿着红白相间的园服，自觉排好队形，一行对着一行、一排对着一排，好像刚刚操练过队列队形一样，每个幼儿之间保持着一样的距离，而且没有一个小朋友说话，更没有一个小朋友打扰其他小朋友。此刻，他们都像大人一样，非常自觉地保持着队形，保持着自己的站姿。这让我很惊讶，他们可是一群 3~6 岁的孩子呀，应该是活泼、好动的呀，可是此时他们的脸上展现出一份稚嫩的庄严，这份庄严里体现的是他们良好的常规，是所有老师们的辛勤付出，是对升国旗仪式的尊重，是一份对祖国的热爱之情。在孩子们整齐的方队后面站立的是身着红色 T 恤的老师们，他们也整齐地站在那里，用自己的态度潜移默化地教育着孩子们。在老师的后面是本次升旗仪式的小旗手们，他们在老师的带领下正在整理国旗并站好了方队，等待老师的口令。看他们站立的身姿，充满保护国旗的使命感。此时此刻，偌大的操场上一片庄严。

过了一会儿，升国旗仪式开始了，主持人一声“出旗”，小小护旗手庄重地将国旗送到国旗台，随着国歌响起，一双双小眼睛都认真地看着五星红旗冉冉升起，小朋友们用动听的声音歌唱国歌。

厦门一幼的升旗仪式充满了仪式感，可以看到幼儿园对孩子的爱国主义教育是渗透在幼儿一日生活中的，可以想象到厦门一幼的老师们辛勤的劳动与付出。

我相信一幼确实是一个最美的起点，对幼儿而言，是人生的第一个起点，他们在这里学会了良好的自律。最美的起点，对老师而言，是专业成长的起点；对家长而言，是科学育儿的起点。

身边的感动——厦门市一幼研习有感

临夏学前教育中心幼儿园　周　雪

2019 年 10 月，根据临夏市教育局和幼儿园的安排，我有幸赴厦门市第一幼儿园学习交流，这对刚参加工作不久的我意义巨大，我怀着激动的心情，对这座从未谋面的城市和这所优秀的幼儿园充满期待。

到了厦门市第一幼儿园，园长和老师们的热情让我受宠若惊，面对我们这些远道而来的学习者，她们始终保持着积极热情的态度，贴心地帮我们准备休息室和茶点，并提前对接下来几天的学习做好了详细的安排。第一次见面就让我对这所幼儿园产生了极大的好感，也让我有了更大的兴趣。几天的观摩学习结束后，我心里有了太多的感动和感触，收获颇丰。

厦门市一幼带给我最大的感动是总让我有一种莫名的亲切感，就好像自己不是客人，而是主人一样。虽然我没有太多外校观摩学习的经历，但印象中很多幼儿园总是不太欢迎客人，因为这些客人可能会扰乱原本正常的教学秩序，也有可能会影响孩子们正常的学习，所以国外的很多幼儿园都安装了单向玻璃来招待前来观摩的客人，避免打扰教师和学生。但厦门市一幼并没有给我这种“不被欢迎”的感觉，她们带着我们融入了那个环境，让我们大家都觉得自己好像本来就是属于那里的。有一次，我作为跟班学习的“客人老师”，跟着班级进入“小社会”功能室活动，我一直蹲在教室墙角边观察边做笔记，那位老师突然走过来对我说：“你也去跟他们（孩子们）一起玩玩看啊。”我本来比较内向，但在老师的盛情邀请下就跟孩子们一起玩了，孩子们看到我加入并且愿意做餐厅客人时非常开心，也不排斥我了，一边忙不迭地给我介绍菜品，一边根据我的选择给我上菜，还很开心地送了我很多“赠品”，我也利用这个机会很快融入了孩子们的小集体中，跟他们一起聊天做游戏……跟孩子们一起玩了之后我才发现融入进去所得到的收获远比远远看着他们玩要多得多。还有一次，园里举行教研活动，我们本来是准备旁听的，但主持活动的老师竟然邀请我们加入进来，虽然我只是个刚参加工作几个月的“初生牛犊”，但抱着学习的心态我也兴致勃勃地加入了教研活动。在整个教研的过程中，一幼的老师们完全没有把我们当外人，也没有因为不熟悉让我们少参与或者出现双方意见相左的情况时有所顾虑而不畅所欲言。当主持人分小组布置任务时，我们也加入了她们的“战队”，一起制作思维导图，一起讨论……通过对这次教研活动，我学到了很多，比如她们的教研活动怎么展开、解决问题的思路是怎样的……我受到了很大的启发，这是我在旁听的情况下无法体会到的。

“莫道前路无知己，天下谁人不识君”，厦门市一幼就像知己一样，给我带来了莫大的帮助和感动，也让我十分愿意与她交朋友，向她学习，我想开放包容的态度也许是她成功的秘诀之一吧，真希望以后还能有机会去厦门学习，也诚挚地希望厦门市一幼的老师们能来到甘肃，与我们共同学习，共同发展！

美好的童年：自由、自主、自然

——厦门市二幼跟岗故事

临夏市第六幼儿园　李巧霞

2018 年 12 月 2—8 日，我跟临夏市 15 名教师到厦门市第二幼儿园进行了为期一周的跟岗学习，林园长亲切地接待了我们，在她的精心策划下，这次跟岗培训活动安排得井井有条。

参观园所

厦门市第二幼儿园户外富有童趣的戏水区域、种植园区、玩沙区、骑行区、投掷区等，是孩子们活动的乐园。教学楼内不仅有功能齐全的现代化活动室，包括美术创意室、阅览室、自主游戏室、蒙氏工作室、科学探索室等，还有最受小朋友喜欢的秘密花园。林园长给大家详细介绍幼儿园基本情况和办园理念特色等，并安排了专业的、丰富的、充实的跟岗活动，厦门市二幼优美的环境、先进的管理理念、规范的管理流程、丰富的教研活动都给我留下了深刻的印象。幼儿园环境处处体现了幼儿园规范化以及人文化的管理，园内整洁优美，礼仪化、生活化、游戏化，有令人愉悦的轻松氛围，室内、室外环境都突出了以幼儿为本的理念，儿童化情趣很浓，走廊上、教室墙面都是幼儿的作品。

观摩早操和教学活动

4 日上午，我们观摩了三个年段的早操和三节公开学习活动，分别是大班语言活动“跑跑镇”、小班科学活动“哇，彩虹糖”、大班健康活动“有趣的跳绳”。上课老师都很年轻而且敬业，组织课堂教学时，不论是导入还是活动环节的设计，都能紧紧围绕教材，激发幼儿的兴趣，从幼儿的生活实际出发，教学活动在轻松愉悦的气氛中进行。授课理念新，方法活，真正体现幼儿的主体性地位。从教育活动中可见该园拥有一批业务强、有爱心、有责任心的专业队伍，为儿童创设真实自然的课堂，关注幼儿心灵成长，注重培养幼儿良好的思维习惯和生活习惯。“跑跑镇”培养幼儿的语言能力，并激发幼儿阅读兴趣。“哇！彩虹糖”培养了幼儿的思维能力、动手能力和观察能力。“有趣的跳绳”在游戏中锻炼幼儿的动手、动脑的能力，并增强了幼儿的规则意识。这三位老师授课时大方、自然、得体、语气儿化，非常生动。看着老师们运用熟练的专业知识、技能和幼儿自如地交流，让幼儿在游戏、操作体验中获得知识，真正做到让幼儿在快乐中学习、在快乐中探索，翻越了传统教学的围墙，真的很佩服。

一日生活各环节跟岗学习

一日活动的跟岗学习让我们更直观地感受到第二幼儿园在一日生活各环节上安排的科学性，让我感觉老师更关注的是幼儿自理能力和生活习惯的培养，老师在日常活动中充分给予幼儿学习与发展的机会，尤其是游戏活动和自主区域活动，让孩子觉得来到了一座充满自然、趣味、和谐与爱的乐园，但不论哪个环节老师都非常重视孩子规则意识的养成。

幼儿户外混龄活动学习

户外运动，混龄游戏，适度挑战。户外混龄活动以健康第一和游戏精神为核心思想，以自然生长、自主活动、自由发展为主张，打破了大中小年龄段整齐划一的分割，把户外空间还给幼儿，充分规划场地，既有玩沙、骑小车，也有种植体验、涂鸦绘画、科学探索等。体验场的安全是基础条件，但是有适度的挑战。户外混龄活动实现了幼儿体育活动方式的根本转变，既充分实现了发展幼儿基本动作、提高身体素质的目标，又满足了幼儿游戏的心灵需要，促进幼儿身心健康成长。

教研分享游戏案例

7 日上午我们听了两位老师分享的游戏案例“113 路公交车”和“木板大变身”，两位老师将幼儿游戏中的表现，游戏中孩子的兴趣点、突破点，幼儿都使用了哪些材料、如何玩、玩了多长时间，个体幼儿在区域中做了些什么、需要哪些支持和帮助——跟我们进行了分享。老师们观察、发现都非常仔细，并做到适时介入指导，尽量不去干扰和打断幼儿游戏。在游戏过程中，教师遵循自由、自主、创造、愉说的游戏精神，把握幼儿年龄特点、兴趣基础与发展需求，拓展游戏空间，并进行观察与适宜的指导，帮助幼儿向着更高的游戏水平发展。这种观察分析分享的活动是我们非常值得学习和借鉴的。

在短暂的 5 天里，我们临夏跟岗学习的老师们得到了厦门市二幼领导和老师们的关心和帮助。这是我教育生涯中难忘的珍贵的回忆。通过这次学习，我的教育观和儿童观有了很大的转变，教育理念有了质的升华。我学到了不少实践方面的知识，消除了很多平时在教育教学和管理中的困惑，我一定要学以致用，改进、提高我园的教育教学水平，并将以此为起点，不断学习、完善充实自己，让自己在专业素养上有一个飞跃。最后，借用某名园长的一句话表达我今后教育工作的方向：“让孩子的成长像呼吸一样自然。”

同伴交往，感动爱的教育

临夏市学前教育中心　马丽媛

2019 年 6 月，我有幸参加厦门市第六幼儿园的跟岗观摩学习培训。六幼坚持以“一切为了每一位幼儿的发展”为宗旨，遵循理念引领、理念贯彻、理念评判的原则，让孩子的天性在快乐的追逐中释放，在专注的探究学习中挥洒，以此促进孩子的健康发展。孩子间亲密无间的感动深深打动着我，他们的交往是亲密无间的、是纯粹的。感动的故事是从这个场景开始的……

一个小男孩不小心摔倒了，老师不在场，大家想尽一切办法想让小伙伴开心起来，有的小朋友帮他擦眼泪、有的小朋友送他小礼物、有的小朋友给他讲笑话……我想这和平时老师的教育是分不开的，良好的社会交往教育就是体现在孩子们的日常生活中，从此潜移默化在孩子们心中。

幼儿社会交往能力的培养虽然离不开成人的培养，但是主要还是幼儿平时自身的体验和实践经验积累的结果，这是一个漫长的过程。成功的同伴交往能促进幼儿的正确行为，从而进一步提高幼儿交往的技能。4 ～ 5 岁的幼儿是获得有效交往技巧的关键期，良好的同伴交往有利于促进幼儿身心健康发展，有利于促进幼儿的社会性交往的发展，是幼儿社会化的重要途径。

事后通过跟班主任老师的交流，她说当孩子面对这样的问题，老师不要及早介入，默默观察孩子的一系列变化，会发现最近一段时间孩子关注的点，然后进行有针对性的教育。通过主题墙结合家园共育等方式，孩子们发现问题、解决问题，这样才能达到最好的效果。

著名幼教专家陈鹤琴曾说：“幼儿教育是一种很复杂的事情，不是家庭一方面可以单独胜任的，也不是幼儿园一方面可以单独胜任的，必定要两个方面共同合作才能得到充分的功效。”一席话语，告诫我们幼儿园和家庭二者必须同向、同步形成教育合力，才能有效地促进幼儿的发展。家园的沟通交流、支持合作、资源共享才能达到“家园共育”的目的，才能促进幼儿、家长、教师三大群体共同成长，才能为孩子们的健康、快乐成长营造良好的教育环境。《幼儿园教育指导纲要》在总则第三条指出：“幼儿园应与家庭、社区密切合作，与小学衔接，综合利用各种教育资源，共同为幼儿的发展创造良好的条件。”在组织与实施部分中又指出：“家庭是幼儿园重要的合作伙伴，应本着尊重、平等、合作的原则，争取家长的理解、支持和主动参与，并积极支持、帮助家长提高教育能力。”由此可见，家园共育的重要性。幼儿园家长工作首先要做到的是家园共育，而要做好这方面的工作，必须深入学习领会纲要精神，既要更新观念、转换角色，又要在实践中加强研究与探索的力度，不断创新工作思路，改进工作策略。

幼儿荣誉感的培养不仅是必要的，也是可能的。幼儿具有极大的可塑性，只要用心培养，良好的集体荣誉感是可以形成的。幼儿良好情感是一点一滴积累起来的，它依赖良好的教育。所以采取有效的方式，是培养幼儿集体荣誉感的必要手段。星期一早上的升国旗仪式，让幼儿荣誉感得到了最大化的体现，老师的一段话让我深深记在心里，她说：“小朋友们，请将你们的奖状高高举过头顶，然后对帮助你们进步的老师跟同伴深深鞠一躬，大声说：‘谢谢你们！’……”这段话无形间让孩子们的荣誉感和感恩教育得到了最大的体现。

世界上并不缺感动，缺少的是发现感动的眼睛，当你俯下身跟孩子们在一起的时候，你会发现另一个更加美好的世界，厦门市第六幼儿园的老师和小朋友们，你们给我的感动无处不在。

于细微处进步，在感动中成长

——参观厦门市第六幼儿园升国旗仪式有感

临夏市学前教育中心　马丽婷

2019 年 5 月，作为学前教育中心的一名教师，我有幸跟随临夏市教育局幼教股领导及临夏市其他园所同行一起赶赴厦门，参与观摩了厦门市华侨幼儿园、厦门市第六幼儿园的相关教育教学活动。为进一步提升专业技能，我格外珍惜这来之不易的机会。

自 2010 年厦门市对口帮扶临夏州开展东西部扶贫工作以来，无论是厦门教师来临支教，还是基层教师前去交流学习，厦门市对于临夏的学前教育工作的改革有了很大的促进作用。而我们的此次厦门行更是收获满满，感动满满。作为沿海城市，厦门经济、教育各方面都很发达，而踏实淳朴的厦门人给我们留下了美好的印象，他们积极进取勇于创新的工作作风激励着我们。

为期一周的观摩学习时间很紧迫，我被分配到厦门市第六幼儿园进行学习。每一天我们都早早带着笔记本等候在幼儿园门口，迎接前来入园的每一名孩子。在六幼老师们的言传身教下，我们明显地感受到孩子们的礼仪得体，老师们的微笑不仅感染着孩子，也感染着家长，更让我们感受到别样的温暖。入园第一天恰逢星期一，我们观摩了孩子们的升旗仪式，六幼的孩子们齐刷刷地在大厅集合，没有焦躁的教师整理排队秩序，也没有看到小班孩子不知所措。教师从容优雅地主持着升旗仪式，我惊讶于孩子们在大集体活动中如此有序，然而，充满感动的却是接下来的环节——主持教师拿着一份名单，在亲切有力的互动中进行颁奖环节，我本以为颁发的是某次活动的奖项，仔细观察，发现孩子们也无比认真，生怕错过了谁的名字，那渴望的小眼神以及期待被鼓励的表情，让我觉得这样的精神奖励在孩子们眼中是多么适宜！

——小一班×××小朋友，恭喜你获得“安静进餐好宝宝”奖，希望在下周你吃饭还是棒棒哒!

——中二班××小朋友，恭喜你获得“关心植物好孩子”奖，你是个很有爱心的宝贝!

……

基本上每个班都有五六个孩子获奖，但是仔细听下来，孩子们的奖状名称并不是千篇一律的，每一个奖状都是为有细小进步的幼儿量身定制的。这样看来，老师们对孩子们的观察该是多么细心的啊！每一点小小的进步都被老师记下来进行鼓励，孩子们在一点点的肯定中尝试努力，也期待被肯定，多么温暖的清晨！当孩子们领到奖状以后，主持教师并没有让他们回到自己的班级，接下来的引导话语又使得我心头微微一颤！

——“宝贝们，所有的老师和小朋友们为你们今天获得的荣誉感到高兴！请你们双手举起奖状，将它高高举过头顶，你们是最棒的！”多么值得肯定的声音！多么使人振奋的话语！多么让人感到光荣！在我们经常想着为孩子许诺各种物质条件时，不见得孩子们有多期待，然而这个时刻，精神的鼓励让我再一次看到孩子们被吸引的眼神！宝贵的精神财富胜过一切！当孩子们将奖状高高举过头顶，在场的每一个教师和幼儿都被感染，由衷地鼓起了掌。

——“孩子们，你们很棒！你们每一次获得的进步离不开每一个曾经帮助过你们的老师，也离不开每天陪你一起在幼儿园的每一个朋友，希望你们也能记住他们的帮助，对他们说声‘谢谢’！”老师带着孩子们礼貌地鞠躬致谢，我不自觉地又一次鼓起了掌！每周例行的升旗仪式，是幼儿园一项庄严的集体活动，在这样全园幼儿集体在场的时刻，幼儿园的精神文明建设不经意地渗透在颁奖环节，关注到每一名孩子的进步，同时也让每一名孩子懂得进步，渴望得到鼓励，在获得荣誉的同时也能懂得感恩！

素质高、有教养的人，必定有良好的文明修养，也必定受人尊重。所以，礼仪教育在幼儿园的启蒙教育活动中显得尤为重要。六幼的升旗仪式对孩子们的礼仪文明的影响显而易见，无论小中大班的孩子都能自觉地对庄严的升旗仪式表现出尊重，无须教师指引整理秩序，自觉有序地参加全园集体活动，无形中养成了良好的集体行为习惯，对升旗表现出的肃静也让我感到动容！

升旗仪式结束了，我匆匆地在笔记中记下了这样一个动容的场景，第一天的学习感受就如此强烈，接下来的学习交流更让我跃跃欲试。

六幼以幼儿为本的理念贯穿在园所的每一个角落，在我认为没有什么内容的幼儿画作却被教师通过细心的谈话，了解作品背后的故事，并将它转述在孩子的作品中记录下来，又是不经意对孩子的肯定！

故事 1——“我做错事情，我打了哥哥。爸爸走过来看见了，就生气了。爸爸会用家法打我，然后我哭了，我玩玩具，爸爸就不生气了。”

故事 2——“爸爸生气了，不让我跟着去送货，我很想去的。爸爸打我了。我去牵爸爸的衣服，一直牵着，爸爸就不生气了。”

我将六幼以幼儿为本的教育理念带回临夏。为期一周的学习很短暂，在幼儿教育这个充满无限挖掘又有无限塑造可能的职业中，我们需要学习的还很多。在与园长的最后交流访谈中，我还记得自己分享的心得：“在六幼看到了很多，也学到了很多，感恩今天我们能有这样的机会去接近更前沿的理念，探索新时代的幼儿教育。六幼的硬件设施太好了，可我们带不走，但是让我们感受更深的是园所丰富的精神文明建设，带着这样宝贵的财富，传播到我们的家乡，让我们的孩子也能享受到阳光、开放并且充满礼仪文明的启蒙教育，做一个能懂得积极汲取知识也拥有良好礼仪教养、德才兼备的好宝贝！”

赴厦门第九幼儿园跟岗学习感受

西关幼儿园　周　萍

2019 年 11 月 30 日—12 月 7 日，我有幸来到厦门市第九幼儿园跟岗学习一周。初到九幼，热情的园长和老师们便让我们冬日里的心变得暖暖的。我们在这一周里主要是参观学习了九幼总园和分园的环境创设、区域活动、主题课程以及集体教学活动。

总园给我的第一印象便是大，两个大的活动场地，合理布局了各种幼儿户外运动器械，院子里各种各样不同品种的树上都结了果子，让孩子们可以观察学习。在惊叹之中，升国旗仪式开始了，老师带着两个小主持人，用独具特色的闽南语主持，随后的舞蹈及环保表演也让我们耳目一新，原来升国旗仪式还可以这么丰富多彩。升国旗结束后就是九幼的特色混龄早操，音乐融合了闽南的地方特色，更注重本土文化，由于是混龄早操，不同年龄段幼儿之间的互动也显得非常温馨。孩子们围绕在老师的周围，很随意地放松自己的身体，没有定点，也没有定位，显得乱中有序。

在这一个星期里，我们主要是观摩学习了九幼区域活动如何开展，丰富的操作材料，各种各样的区域让我们目不暇接，美食坊、染坊、泥坊、大卖场……让人感叹。在区域的墙上，随处可见孩子们自己填写的计划书，老师告诉我们由于活动都是混龄，大孩子和小孩子很容易不一致，计划书是为了让他们自己学着去协调。

在这一周中，我们也有幸听到了九幼的老师为我们展示的两堂集体教学活动和一些案例，老师们设计课程的出发点都离不开孩子，孩子们有很大的话语权，老师们的课程不是机械套用网上的课或者书本上的课，而是根据孩子们日常生活中的一些行为、事件不断生成的，都非常贴合孩子们平时的生活，有助于孩子们不断发展，不断积极探索。

我学习到了很多，也为九幼老师们爱岗敬业、一切为了孩子的精神所折服。这种一切为了孩子、尊重孩子的精神正是我们幼教人所需要的，也是值得我们不断学习的。希望我能将我所见、所悟运用到自己的实践中来，不断提高自己的专业水平，更新自己的教育理念，让我们的孩子们也能这样幸福！

美的感染，爱的传递

——赴厦门跟岗学习故事

临夏市第二幼儿园 芝世娟

2019 年 11 月 30 日—12 月 7 日，本人有幸赴厦门市参加了为期一周的跟岗培训，我们观摩了厦门市第九幼儿园骨干教师的公开课，并进行交流与研讨，拓宽了学习的视野，更新了教育观念，理论应用水平与教学创新能力得到了提升。

优美的环境熏陶

走进厦门市第九幼儿园的第一印象就是环境优美、设施完善。楼体色彩温馨，校园简洁宜人，整体环境整洁优美又充满活力，窗明几净，令人心旷神怡。

厦门市九幼的赵园长说："幼儿园教育活动中，环境作为一种'隐性课程'对幼儿的身心发展有着潜移默化的作用，明快温馨的色彩和简洁明快的线条图形都有益于幼儿的认知和习惯养成。"是啊，心灵的美好离不开环境的优美，环境创设看似微不足道，却又包含着设计者良苦的用心。

爱的呼唤与传递

从校园设施的细节到从校门口严格晨检的保健医生，再到笑盈盈迎接幼儿入学的值班老师，从园长与老师的亲切友善到授课教师的可爱可亲……无处不洋溢着爱的气息。

厦门九幼的环境设施不仅美，还极具爱意。清浅的水池、圆形的花坛、楼梯口的提示小脚印和安全警示牌以及随处可见的防撞护角，都显示出幼儿园对幼儿浓浓的爱心。

观摩过程中，李洁老师的音乐活动和郑希文老师的语言活动都给我留下深刻印象，两位老师关注到了每一个幼儿的状态，抓住了每一个幼儿的心理，趣味浓厚、爱心也浓厚。

优秀的专业技能

与厦门九幼的教师座谈、研讨，我得知这个教师团队的成员个个功底扎实、专业技能优秀，该园教师百分之百拥有本科以上学历，有几名年轻教师是研究生学历。然而，他们并没有自满，积极参加专业研修，所有教师都有教研成果，在区级、市级甚至是全国性的教研成果成为他们工作中的理论指导。郑希文老师的语言活动“奇怪的事”以具有悬疑意味的故事激发了孩子们的好奇心，又通过角色扮演的形式丰富了孩子们的经验；李洁老师的音乐活动“打蚊子”运用了生动的图谱、富有想象力的动作创编。她们评课时说，这样的设计都源自园内已经获奖的论文启示。

独特的创新活动

厦门市九幼最大的亮点就是极具特色的“混龄”活动模式，即大中小班不同年龄的幼儿一起开展活动。这样既可以拉近幼儿认知的空间距离，又可以通过“大带小”实现爱的传递。赵园长说，“混龄”活动是一种探索，也是他们已见成效的创新举措。

跟岗学习的感受

一是晨检活动。厦门市第九幼儿园的晨检制度很严谨，幼儿通过园门口保安、保健医生和值班老师的层层把关才能进入活动室，每个幼儿走进活动室时手里都拿了一个小塑料牌，塑料牌分为红、黄、绿三种颜色。手拿红色牌的属于正常，手拿黄牌的说明生病了需要喂药，手拿绿牌的幼儿说明指甲长了需要修剪，这是我们值得学习的地方。

二是混龄教育既能为不同年龄的孩子提供交往环境，又能促进孩子语言和思维的发展。首先，混龄教育能给年纪幼小的孩子提供和不同年龄同伴交往的环境，在这个环境中，年龄较大的孩子能从和年龄较小的孩子的交往中展现自我，学会照顾别人并且能付出爱。而年龄较小的孩子则能从年龄大的孩子中学习他们的行为，对于自我成长会有所助益。其次，混龄教育还能促进孩子的语言发展。 由于年龄层的不同和认识行为的差异，在混龄班中，年龄大的孩子一般比年龄小的孩子词汇量更多，当他们进行交流时，年龄小的孩子可以在那些“高级词汇”的熏陶下获得更好的语言理解能力，年龄大的孩子则可能变得更加健谈。最后，混龄教育还能带动孩子思维发展。 孩子的主要学习方式是模仿，模仿家长、模仿老师、模仿身边的其他人。在混龄班中，年纪较小的孩子会对年纪较大的孩子的行为进行模仿学习，无形之中学习了对方的思维模式，提升自己的思维发展。混龄教育既能满足孩子的社交愿望还能让孩子在生活和游戏中学会分工。

三是环境创设。不管是总园还是分园都渗透了本土文化，以骑楼、燕尾屋、鼓楼建筑图片来装饰室内外环境。总园和分园都设计了涂鸦墙，方便幼儿涂涂画画，同时也培养了幼儿的动手能力，而且涂鸦的过程也是创造力培养的过程。

跟岗学习心得体会

临夏市建国小学　李昉慧

2019 年 11 月，我们 10 名学习成员有幸进入厦门市思明区演武小学进行跟岗学习。演武小学为我们创造了良好的学习机会，提供了优越的学习条件。在这里，我感受到演武小学老师们的教学风采，聆听了他们的科组汇报，学习了他们课堂上的教学智慧，更新了自己的教学观念，开阔了视野，使自己得到一定程度的提升，真是受益匪浅。

润泽心灵的校园文化

花园似的校园点缀得五彩斑斓，更显得生机盎然。别具风格的教学楼，在娇羞欲语的花儿的装饰下，更显得生机勃勃，形成了一种人工美和自然美相结合的景色。在这如诗如画的环境中学习、工作，多么享受啊！行走在校园的走廊内，抬头就可以看到各种标语，没有豪言壮语，只有温馨提示；没有现场说教，只有渲染熏陶，朴实的句子、惬意的环境设置，时时刻刻在提醒你、鼓励你、引领你。校园文化重要的是从教师和学生身上散发出的与众不同的精神面貌，是渗透在骨子里的一种品质。它是通过校长不断引领，老师们不断领会；通过外在熏陶，内在培养，最终表现在全体教职员工身上的气质，最后形成学校独有的一种精神气息。

震撼人心的行为习惯

作为教育工作者，我们都知道要把学生培养成为四有新人，这是教育的目标。但是我们也遗憾地看到，学生的行为习惯中总有一些不和谐的音符，可是在演武小学我却看到了令人震撼的学生行为习惯。周一升国旗的时候，所有的教师都朝着国旗行礼，在整个升旗过程中，没有一个学生在动，没有一个教师自由交谈。演武小学的学生也很有礼貌，对我们这些外校的老师极其尊重，不围观，不追逐哄笑，而是和谐问好。我们在演武小学学习期间，孩子们一直有礼貌地对待所有老师，积极地和老师交流。在学生眼里，教师就是表率，教师的一言一行无不潜移默化地影响着学生。志向高远的教师带出志向远大的学生，知识渊博的教师带出博学多才的学生，严于律己的教师带出遵纪守法的学生，宅心仁厚的教师带出充满爱心的学生，这是教师的人格魅力。

独特新奇的教学艺术

课堂是教育学生、培养学生的主阵地，教师更应该在传授知识的同时，注重提高学生素养。在这跟岗学习的五天里，我积极参加了一至六年级优秀教师的常态课。分别是卢馨老师的“大小多少”、骆毅老师的“寒号鸟”、陈旭老师的“父爱之舟”等。在卢馨老师的课上，我知道如何注重识字教学。她充分相信学生，放手让孩子自己识字，互帮互学。在生生互动、师生互动中，学生体验到了学习的快乐。在陈旭老师的课上，我领略到课堂的语言艺术美，陈老师教学时的朗读指导很有技巧，随机应变能力强，真令我佩服！我深深地体会到了老师的课堂语言是一门艺术。而在骆毅老师的课上，我知道用聊天的形式可以有效激发学生的情感。课堂上没有约束，我喜欢这样的聊天，亲切而又自然，没有师生之分，没有优差之界，这种聊天形式的课堂，值得我去深入探讨。他们给我们上了一堂堂生动的课，让我们感受到演武小学老师们独特的教学设计、教学理念与互享资源的氛围，以及别具一格的教育魅力。教师们注重学生的预习自学，注重教学过程培养学生的养成教育，学习效果更优。

提高思想认识

演武小学教师上班时间除了上课就是备课、改作业，老师们不仅工作压力大，工作量也很大，但是这里的老师在工作中仍然兢兢业业，勤勤恳恳。这里的老师们对工作是那么执着、认真、负责，那种敬业的精神深深地感动着我，鼓舞着我，将成为我在自己今后的教学岗位上的一种动力。一个星期的学习匆匆而过，这里值得我们学习借鉴的东西太多太多，包括老师敬业奉献的精神，以及孩子们一丝不苟的学习态度、好学的精神，我要将这些当作火种带回去！

我带着深深的留恋、丰收的喜悦、由衷的感激，结束了本次跟岗学习。我深深感受到：教育是一门艺术，它需要人们去探索，教师一定要具有扎实的技术技能和深厚的文化底蕴，同时要具有丰富的教学经验，才能在教学中获得成功！在今后的学习工作中，我将不断学习、充实、进取，努力超越自己，希望自己的教学能力和各方面的素质能够有更大的进步！

教师跟岗培训心得体会

临夏市建国小学　马学兰

2019 年 11 月 18 日，在学校的统一安排下，我们小组一行十人在马博校长的带领下满怀期待和激动的心情来到了厦门，在这座美丽而迷人的海滨之城，开始为期一周的跟岗培训。我深知这次学习的机会来之不易，所以非常珍惜。带着校长的期望与自身的教学问题和目标，我们来到了厦门市演武小学，开始了跟岗学习之旅。学习期间，我本着“积极参与，注重沟通，主动融入，虚心学习”的原则，每天快乐地学习着，收获着，成长着。一周的时间稍纵即逝，这次学习让我受益匪浅，收获颇多。

生机勃勃的校园文化

演武小学充满生机气息的校园环境，无论校园知识栏、教学楼走廊还是教室一角，都展示着教师与学生一起合作的佳品及学生自己的创新作品。行走在校园的走廊里，抬头就可以看到各式各样的标语。没有豪言壮语，只有温馨提示；没有现场说教，只有渲染熏陶，朴实的句子、惬意的环境时时刻刻在提醒你、鼓励你、引领你。旁边的演武池，碧波荡漾，与浓厚的校园文化底蕴响和景从。

注重学生全面发展的教学理念

早晨，在校门及操场值日的教师与学生都认真地履行各自值日的职责。在演武小学，周一上午是升国旗仪式。在升国旗的时候，所有的师生都朝着国旗行礼，师生严肃专注，满怀激情，没有一个学生在动，没有一个教师自由交谈，爱国主义油然而生。升旗结束后是演武小学的大队长竞选活动，竞选活动本着公平、公正、民主的原则，经过自我推荐、班级预选，再到学校层层选拔。每个竞选者都向大家展示着自己的才艺，他们个个自信满满，或演讲，或唱歌，或跳舞，用自己独有的方式展示着自己对少先队工作的独到见解，使我们耳目一新。从中我也深刻认识到：每一个孩子德、智、体、美、劳全面发展的重要性。

乐学善思的课堂教学

领略名师风范，碰撞智慧火花，这次跟岗学习，让我充分领略到演武小学老师们那份独特的魅力——广博的知识积累和深厚的文化底蕴，让学生真正成为课堂的主人，鼓励学生乐学、勤思、善做，让学生真正体会到“我能行，我快乐”。在跟岗学习的这一周里，我们先后聆听了语、数、英、音等研讨课，以及语文、数学卷面质量分析会，参与了各组的评课、研讨活动。扎实有效的评课活动，仁者见仁，智者见智，挖掘课堂亮点，照亮前行道路。其中，由卢馨老师执教的“大小多少”使我感触很深。卢老师的课堂，教学环节层层递进，环环相扣。卢老师利用回顾预习时的生字微课，真正将预习落实到位，打破了传统教学在时间和空间上的局限。在识字方面，识字方法多样，可以看出每个环节都是经过老师反复琢磨、精心设计的，卢老师这种精工细雕的精神深深打动了我。课堂上，卢老师还特别善于鼓励学生，当学生出现问题时，老师不慌不忙，停下来耐心指导孩子，循循善诱，指导孩子们真正做到“勤思，善学”。当孩子有进步时，卢老师都会及时地肯定，给孩子树立了自信心。还有骆毅老师执教的“寒号鸟”，谢威老师执教的“认识梯形”……一堂堂精彩纷呈的课堂教学给我们指明了今后努力的方向。

一滴水可以折射太阳的光辉，一朵花可以点缀春天的美丽。短短一周的培训虽然结束了，但是学无止境。这次培训促进了我的成长，使我提高了认识，开阔了眼界，拓宽了思维，学到了新的教学理念，找到了自身的差距和不足。在以后的教学中，我将不断学习理论知识，用理论指导教学实践，研究和探索教育教学规律，学以致用。不断给自己充电，向优秀教师学习，采他山之玉，纳百家之长。努力超越自我，争取自己的教学能力和各方面素质能够有更大的进步，让跟岗学习成果在教育教学中发光！

采他山之石攻玉，纳百家之长厚己

——赴厦门市演武小学跟岗学习的收获与思考

临夏市建国小学 杨丽君

2018 年金秋十月，我有幸成为临夏州赴厦门市中小学跟岗学习教师团队中的一员。在厦门市演武小学为期一个月的跟岗学习中，学校为我们创造了良好的学习机会，提供了优越的学习条件。我领略了演武小学的名校风采，感悟了东部发达地区学校先进的办学理念，了解了学校优质的教学经验，学习了学校的教育教学智慧。

聆听“养正开新”之音

绿树成荫，依山傍海，郑成功操练水师的演武池畔坐落着被誉为“鹭岛花朵”“电教之花”的厦门市演武小学。学校环境优美，文化底蕴深厚，以“养正开新”书写着演武新气象。同时以“演武不忘修文，学小不忘成大，养正不忘开新”为校训，缔造了“环境美，行为美，生命更美”的演武三部曲。

步入演武小学跟岗学习的第一天，恰逢演武小学迎接思明区新一轮素质教育先进校的督导评估，在督导评估会上我倾听了演武小学王志勤校长做的“养正开新，书写演武新气象”的专题报告，随后跟随督导评估团听课，观摩了课间操、课间活动，参观了校园文化建设。我真切体会到了演武小学以人为本的课堂，丰富多彩的阳光体育活动，处处育人的校园文化建设，切实体现在“养正开新”的办学理念、办学特色之中，时时奏响着新时代教育的乐章。

演武小学的领导非常重视这次跟岗培训，悉心指导、倾囊相授。精心安排我观摩听课评课、学科主题教研、“电子书包”课题研讨活动，安排观摩了思明区学校运动会和演武小学全校运动会，与学校各部门负责领导座谈交流，听取学校特色教育和教学经验介绍。学习期间，列席演武小学行政例会和教师大会，跟岗学习学校一日常规及一周工作运转。同时，学校还让我跟随演武小学庄少芸副校长到康桥外国语小学跨校送教，观摩辐射性的片区音乐主题教研活动，观摩学习中我领略了那种打破校际界限、形成团队研究合力的研讨方式。演武小学先进的办学理念、规范精细的校务管理、优质的课程资源、前沿的教育教学模式、有效的德育创新举措、快捷高效的“电子书包”学习模式，以及激烈角逐的运动赛场画面……在跟岗学习期间，捕捉到的点滴都让我耳目一新，思索良久，让我实实在在感受了演武小学“文”“武”齐抓、“文”“武”共建的办学思想和“养正开新”的办学理念，收获颇多，受益匪浅。

以学促教，学以致用

演武小学以“五还”教学理念、教师专业素养“四大工程”、360度线上评价体制、有梯度的多层级教育科研体系，形成了名校品牌和影响力，处处彰显名校风范。跟岗学习，我找差距，做对比，对新的教学理念、新的教学思想、新的教学方法有了更深的认识和思考。

新课程，新要求。为了适应新课改，教师就应加强自身业务学习，树立新的教学理念，注重把学习《课程标准》与构建新理念有机地结合起来。在课堂教学实践中吸取名师精华，努力上好“家常课”，使课堂教学体现新理念。课余时间阅读教育教学著作，撰写教育教学论文，促使自己的教学水平不断提升，同时还应树立科研意识，针对教学过程中发现的问题展开研究，查阅资料，积极实践，记录自己的教学过程。一边教学，一边研究，长此以往，努力在教学中积累经验，形成自己独特的教学风格，努力争做名师或向名师靠拢。

新教改，新教法。提高课堂教学，要把握校本教研基于学校发展、教师专业成长与发展的研究。以学校教学现实场景的真实问题以及提升教学常规、教学水平、教学管理等方面为研究内容，深深根植于学校与教师的现实需求；以课题研究、案例研究、教学比武等形式进行校本研究。这样不仅可以立足于自己的教学实践，提出问题，解决问题，使教学研究成为教师的职业生活方式、思想行为方式，还可以培植一种学校文化，强调科学精神、民主精神和团队精神，营造求真、务实、自由、融洽的教研氛围，形成对话机制，进而为教师的信息交流、经验分享、专业会谈、展示自我提供平台。每一所学校的校情不同，教师专业成长的基础与环境也不同，因此，突出“以校为本”，开展校本研究是一种有效选择。促进教师专业发展还有很多方法，比如在发扬自己学校教研优点的基础上学习演武小学“四大工程”，夯实教师专业素养。教师素养提升离不开教研，高效优质的教研活动是教师快速成长的途径。因此，一定要落实学校教研活动，并以此推动教师专业成长，提升教师专业素养。

新时代，新思想。在演武小学跟岗学习的这一个月，我感受到了演武小学素质教育的实施，目睹了名校的课堂教学风采。我认为提高教育教学质量的有效途径就是改变教学理念和改进教学方法，推进高效课堂教学模式。把课堂让位于学生，让学生在课堂的天地里充分施展自己的才华，发挥我要学、我会学的主人翁态度和精神。也就是说，我们教师在吃透教材的基础上认真解读《课程标准》，牢牢抓住教材重点，确定明确的教学目标，引导学生去思考探究学习。备课除了挖掘好教材、预设学情、设计教法学法，更应当注重研究具有创新性、高效性的课堂。

新思路，新举措。校园文化是学校的灵魂，是学校的品牌。不论是演武小学、厦门市康桥外国语小学，还是厦门市思明小学，校园文化气息都很浓厚，彰显着学校的办学理念，体现着优美的育人环境，真正起到了环境育人的目的。我家乡的学校因受场地、经济制约，校园文化不够鲜明，特点不够突出。我想学校可以因地制宜，因校打造自身特色。我们将利用校园精神文化、行为文化、环境文化、地域文化等，力争使校园内的一草一木、一事一景都染上浓烈的文化色彩，体现出富有本土特色的文化意蕴；让学校的人、事、物以及环境，对师生进行着娓娓动听的教育；让学校环境散发出的文化气息，对师生进行潜移默化的浸润和熏陶。

路漫漫，吾将上下而求索

金秋是收获的季节，在演武小学跟岗学习的一个月不仅开阔了我的眼界，拓宽了我的教学思路，还使我的教育教学思想得到了更新与提升，受益匪浅，收获很多。“读万卷书不如行万里路，行万里路不如阅人无数，阅人无数不如名师指路。”在与演武小学领导和老师们的思想碰撞中，我一次次对自己的教学进行反思，对本土教育教学工作有了新的思路。跟岗学习已经结束，但学习和思考不会停止，也不能停止！我将尽最大努力，抓住一切机会，使自己各方面的综合素质得到进一步的提高，努力做一名在教学上有自己特色的教师。

感动如此平凡

——赴厦门市思明区第二实验小学跟岗学习随笔

临夏市新华小学　史绍玲

2019 年 5 月 6 日，在临夏市教育局的安排下，我前往厦门市思明区第二实验小学进行了为期一个月的跟岗学习。在这段学习期间，我与思明实验二小的师生共同交流、共同学习，增加了友谊，促进了成长。每天的学习平淡而又充实，在我的心中留下了感动。

记得刚踏上厦门这片土地，迎接我们的是深夜的海风，对于我这习惯了西北风的汉子，海风的狂荡不羁竟让我有了一种压迫感，那种感觉又夹杂着温润与湿气，却很舒适。

厦门的天亮得很早，在晨辉的照耀下，我们迎来了在这个陌生城市中崭新的一天。走上大街，一阵热浪迎面扑来，虽然只是 5 月初，但清晨的热已让我们这些北方来客有点吃不消，大家的额头上已然微微见了汗珠。在去往思明实验二小的途中，不断映入我眼帘的是满城的郁郁葱葱，植被的繁茂时刻告诉我们来到了南国，这让我们既好奇又兴奋。

思明区实验二小坐落于厦门岛中南部，邻近风景秀丽的万寿山，虽地处城区，独特的地理位置却又使得它闹中取静，正是莘莘学子静心读书之所。这所学校年轻、充满活力，在短短 10 多年的时间里已经成长为一所有着自己办学特色的学校。

令我印象深刻的是，思明实验二小就像是一个大家庭，无论是校长、老师，还是学生，他们之间都亲密无间，既像是师生，又像是伙伴，有时又像是亲人，家委会的家长也像是对自己的家一样关心、帮助这个大家庭。难怪人家的教育会如此出彩，教育本就是一件用心去做的事，无论是老师、学生还是家长，大家都心往一处想、劲往一处使，就像是一个团队一样，并肩奋斗、携手共进。这才是教育，是文化孕育下的教育。

思明二实小是一所有着社会担当意识的学校，“以责育德，以智启慧”是他们的校训，作为新时代的学生，学习知识不再是唯一目的，只有责任意识、担当意识才关系到一个人学成之后能否报效祖国、贡献社会，这种前瞻性的办学定位很好地诠释了学校该培养什么样的人这个教育问题，这样的教育才是国家和社会需要的教育，也更好地证明了教育对社会进步的推动作用。思明二实小这种以培养责任来育德的担当意识让我对教育有了新的认识与敬畏。的确，一个人有了责任、有了担当，才能在不同领域独当一面、挑起大梁。无论对国家、对社会，还是对家庭来说，这样的人才是真正能够委以重任的。

漫步在思明二实小的校园中，只要国歌声响起来，无论是老师、学生、校警还是保洁，大家都会立刻驻足，停止手中的一切，面向国旗行礼，这一切不需要任何人去组织，一切都是那么井然有序，对国旗的敬畏和对祖国的热爱已经深深扎根于每一个人的心中，爱国就是一种发自内心的自觉行动，一种植根于心灵深处的敬畏和爱恋！

书香扑鼻，书声琅琅，无论身处校园何处，都能感受书的气息。“熟读唐诗三百首，不会作诗也会吟”，在这吵闹却又幽静的校园里，随处都可以听到吟诵的诗词，也可以见到身着汉服的学生，中国传统文化的经典就在校园里四处弥漫，一边听着、一边想着，思绪仿佛随着这些古老的诗句漫游在古典文化的沧海之中……可眼前的景物却又将人拉回了校园，配着雅致、现代的校园建筑，这些诗句似乎又有了新的内涵，是的，是这所校园让古朴的文字显示出了蓬勃的生机！

只要在体育课或是课间，在足球场上时时都可以见到奔跑着的足球小健儿，低年段的学生会训练足球的基本功，高年段的学生会定期举行足球联赛。看着球场上小队员一个个神气活现、传踢带射、奋勇狂奔，旁边时不时传来同学啦啦队的呐喊，就像是一场小小的世界杯决赛，看到这一幕，我的内心不禁有了一丝激动，这激动来自队员们的顽强拼搏，也来自他们对体育的热爱之情，在学习生涯、成长过程中，我们每一个人又何尝不是在拼搏的路上感悟着、收获着！

在厦门学习之行中，思明二实小安排我们去他们的兄弟学校厦门何厝小学交流学习，在名校林立的厦门，这所学校虽然并不出众，但是它所孕育着的红色文化却像一面鲜红的旗帜高高地飘扬在这片土地上。这所学校在历史上发生了太多太多的故事，也留下了太多太多的感动，它就是英雄小八路的母校、中国工农红军小学，也是每个人耳熟能详的《中国少年先锋队队歌》的发祥地。我们去的时候有幸遇见了当年英雄小八路之一的何佳汝奶奶。在风霜与岁月的侵袭中，何奶奶虽然失去了曾经小八路时的英姿飒爽，但是依然精神健硕。在我们的一再请求下，何奶奶给我们讲述了曾经的炮火纷争与艰难岁月。在何奶奶略重的闽南方言中，讲述虽然听得不是很清楚，却显得那么质朴与沧桑，新中国的诞生，就是因为有着这样无数不怕牺牲的革命先辈，我们要铭记这段历史，感恩这些最可爱的人，在那一瞬间我的心中充满了敬意与自豪，敬意是为了献给像何奶奶这样的人，自豪是因为我们伟大的祖国！

时光如水，岁月如梭！短暂的学习终将结束，友谊的交流也将作别，回首这一幕幕，虽然平凡，却给我留下了丝丝感动，这种感动并不惊天动地，但真实地留在了我的心里！

在厦门市思明第二实验小学跟岗学习心得

临夏市单子庄思明小学　马　伟

为全面贯彻党的教育方针，推进教育改革的发展，提高教育教学质量和教学水平的发展，临夏市与厦门市政府建立了“帮扶彩虹”项目，将发达的沿海城市与西部少数民族贫困地区紧紧地连在了一起，为使双方教育教学活动得到更好的交流，在临夏市教育局的支持下，学区根据上级部门下发的文件指导精神，组织了一批教师前往厦门市思明区第二实验小学跟岗学习，而我有幸成为其中的一员。初次来到这座美丽的鹭岛，所到之处，使我深刻地感受到了这座沿海城市的飞速发展，无论是城市建设，还是教育的先进理念和科学的教学模式，都值得我们学习。

走进思明第二实验小学，第一印象是满园的绿树成荫和浓烈的书香气息，很难想象这样一所环境优美、教学建筑布局科学合理、教学质量名列前茅的学校只有 10 年的办学历史，这也使得我对这所学校能在这么短的时间里取得的成就感到由衷的叹服。学校领导热情地欢迎我们，正值周一清晨，恰好是学校的升国旗仪式，我们一行人跟随学生的脚步来到了操场上，看着学生迈着整齐的步伐，随着音乐的节奏安静有序地来到操场上集合，对这所学校科学的管理和学生良好的组织性、纪律性深感敬佩，与我以往见过的升旗仪式不同的是，他们每周都会有相关主题的国旗下讲话，还是以情景剧、小品表演等形式呈现出来的，让人不禁感叹学生的多才多艺以及打破传统模式的创新。升旗仪式结束以后，我们在学校领导的陪同下，参观了学校的红十字生命体验班队课，在课堂上由学校高年级的学生担任“小小辅导员”，为前来学习的一年级学生从生存、自救、急救以及模拟发生火灾时使用灭火器灭火和打电话报警等方面，都认真地讲解，这些小小辅导员熟练地操作和耐心详细地讲解，不仅开拓了学生的安全知识，同时增加了学生爱护生命、远离危险的安全意识，在场的老师们对这些辅导员的精彩表现提出了高度的赞扬，也对学校对于学生安全意识的培养和重视给予了肯定。紧接着，我们还参观了学校的咨询室心理咨询师，这是思明第二实验小学和思明区政府共同创办的一所系统的、全面的心理咨询机构，不仅帮助解决学校内部学生的心理问题，还面向社会其他学生，负责老师向我们详细地介绍了各室的功能和使用情况，以及咨询室的规章制度和成功解决孩子心理问题的成功案例，使我们对这所学校先进的教学理念和现代化的办学环境更为震撼。在接下来的几天里，我们进入课堂里，听了一堂堂生动精彩的数学、了解了学校独具特色的电子书包课、感受了精彩的大课间活动、聆听了王跃校长关于“构建基于大数据教育理念的思考”专题讲座以及纪凌梅主任关于学生成长记录“三星评价”机制建设的解读，让我们深刻地领悟了思明第二实验小学先进的办学理念、严谨的办学宗旨以及“以责育德、以智启慧”的教育目标。同时，根据学校安排，我们参加了福建省黄坚定名校长工作室组织的全市观摩课，感受到了这些优秀教师过硬的教学素养和在课堂教学中渗透数学思想的重要性。

一周的时间很快就过去了，我感受颇多，受益匪浅。从大方面来说，我认识到了要把教学始终作为学校的重心，提高教学质量，才能办好人民满意的教育，教育的发展水平决定了一个地区的地位，也决定了一个地区发展水平，这进一步激发了我把家乡教育事业做强、做好的决心和信念；从学习的收获上来说，我见识了先进的教学模式和办学理念以及科学的管理和教学方法，这也使得我对于今后的教学工作有了前进的动力和努力的方向。

同时，我也衷心感谢学校领导给我如此好的学习机会，我会在今后的工作中将根据此次学习的收获制订计划，尽最大的努力去完成，使得我们单子庄思明小学的发展迈上新的台阶。尽管两个地区的教育发展存在很大的差距，但我相信只要我们大家携起手来，在党和政府的关怀下，在全社会的支持下，为临夏的教育事业贡献出自己的力量，临夏的教育一定会有美好的明天！

赴群惠小学“结对帮扶”交流学习感受

临夏市西关小学　马晓玲

2018 年 12 月 9 日，我有幸在武校长的带领下和我校几位老师到厦门市思明区群惠小学进行为期一周的“结对帮扶”学习活动。

通过本次的培训学习，我聆听了几位专家级教师教学的讲座及实践观摩课，参与了有关的讨论，颇有感受。

厦门市群惠小学是一所具有悠久历史的特色学校，被称为“百年老校”。几十年来，群惠小学在“办学有特色、教育高质量、学生有特长”的办学宗旨指导下，积极探索“以德治校、质量立校、科研兴校、特色强校”的教育管理机制，学校先后获得“福建省文明学校”“福建省实施素质教育先进校”“厦门市文明单位”等称号。学校“以人为本、全面发展、文化立校、人文见长”的办学理念，值得我们认真学习。

12 月 10 日上午 8:00，我们在陈美玲主任的带领下与群惠小学黄坚定校长以及其他导师进行会面。黄校长非常重视我们本次跟岗学习，亲自开启动仪式，使我们明确了本次学习的目标。

首先，我们聆听了黄校长关于“经师与良师”的专题讲座。黄校长以“一切为了人的发展、一切适应人的发展、一切促进人的发展”办学宗旨，关心学生的全面发展，努力提高办学水平，形成“诚信、明理、勤奋、博学”的校训，“团结、奋进、求实、创新”的校风，“乐教、善导、求实、敬业”的教风，“勤劳、善思、求真、创新”的学风，并取得了无数的成绩。让我感触最深的是，黄校长名校长工作室对“你喜欢教师这个职业吗？”这个话题展开的如何调整自己、做一名好老师的培训活动。他以亲身经历讲解了成为一名好老师的“十项习惯”“十项义务”，以及教师的境界等。还讲述了教师的“十项权利”，感觉黄校长就是一名睿智的领导，不愧是“名校长”。

然后我们学习了我们的导师陈美玲主任的观摩课，她对学生的引导、鼓励、培养让我们眼前一亮，枯燥的数学课堂原来也可以这么生动有趣。课后，我们探讨了有关群惠小学的数学教研组活动是如何进行的，第一次真正明白了什么叫磨课，什么叫团队精神，收获满满。

随后几天，我们听了几节实效、高效的课堂教学，让所有来学习的老师眼前一亮，又好像自己工作中的很多盲点豁然开朗了。

其间，我们还参观了其他学校的校园文化建设及体育改革情况，体会到学校管理方式的深刻影响。学校的管理体现着思维的灵活性、深刻性和创造性，坚持“以人为本”的思想，让每个孩子快乐地获取知识学习，让各位教师在快乐中获得成就。

通过这次学习，我觉得群惠小学的办学理念及黄坚定校长独特的教育思想，使得沉闷的传统教育工作变得耳目一新，积极地培养了学生好问、大胆、创新的思维习惯，同时也让每位老师的教育工作变得有趣、生动、轻松。我想这是百年老校的成功之处。我觉得我们要彻底转变对工作的认识和态度。我们的理念先导是让工作快乐起来。我们应试着学会在工作中体味快乐、品尝快乐，最后实现快乐。想一想，如果你不快乐，那学生更不会快乐。黄校长的一句话给了我很大的启发：“选择了就去承担，并且去热爱教师这个职业。”确实是这样的，我们应该去适应我们没有能力改变的东西，并从中找到快乐。那么具体应该怎样做呢？基本上有三点：第一，认知上有效思考，会不会想由我们自己权衡；第二，情绪上积极调整，高不高兴由我们自己掌握；第三，行动上主动出击，要不要变由我们自己决定。培训结束时，看到各位老师脸上都带着微笑，相信大家都学会了如何发现快乐，学会了如何提高自己业务水平，学会了如何有效地开展工作。希望我们可以如黄校长所说的做一名“说话让人喜欢、做事让人感动、做人让人想念”的好老师。

不改初心，不负遇见

——赴厦门市前埔南区小学学习所感

临夏市逸夫第一小学　王学红

每个人心中，都有对梦想的不同定义，
它或许遥不可及，或许只待你的努力。
我们有对教育事业赤诚的心，
我们有永不放弃探索的热情，
我们在育人逐梦的路上学无止境！

不经意间，我在厦门市前埔南区小学为期一周的学习交流已进入尾声。一周里，有我们认真聆听的身影，有积极热烈的发言，有对日常教学疑惑的辩论，有对今后努力方向的展望，也有对南小教师求知欲的由衷赞叹……相聚学习的日子里充满了收获和感动，开阔了我的视野，给我带来了心智的启迪、情感的熏陶和精神的享受。

“磨鑫山下书声琅，鹭岛东方翰墨香”——厦门市前埔南区小学坐落于风景优美的厦门岛东部。初见肖淑芬校长，她美丽、优雅，让我们如沐春风。在她的带领下，我们徜徉在南小树木苍翠、花草葱茏的校园里。在这里我看到了各种文化设施，手抄报、书画作品展示专栏以及文化墙。最特别的是，我看到在操场边有一块名为“梦想田园”的劳动实践基地，这是学校开设的“种植探索”的校本课程，听肖校长介绍，在这一方小小的菜地里，在老师们的精心指导下，孩子们组成小队进行综合实践课题的研究和实践劳动，亲身参与蔬菜从种到收获的全过程，从中体验劳动的艰辛，也收获果实的甜美。还有深受孩子们喜爱的“七彩兔园”，孩子们给兔子喂食，清扫兔笼，不仅了解了兔子的成长过程，掌握喂养兔子的知识，还使心中那颗亲近动物、保护动物的种子悄然萌发。前埔南区小学为学生们搭建了多元的展示平台：有读书角，有科技展览区，还有南小校园形象大使的展示墙，以此激励学生们不断前行。让校园的每寸墙壁会说话，让校园的一草一木都含情，这在前埔南区小学的校园里体现得淋漓尽致。最让我难忘的是，校园的中庭是充满诗情画意的凤凰苑，“叶如飞凰之羽，花若丹凤之冠。”前埔南区小学的孩子们一年四季都在凤凰树下嬉戏玩耍，不仅感受到自然之美，还感悟到生命的交替。值得一提的是，为了丰富学生的课余生活，学校在每一个楼层还专门开辟了不同主题的活动区域。在肖校长的娓娓讲解下，我对南小“博雅发展，志美行坚”的博雅教育有了更深的体会。

学校的发展，离不开教师的成长。“厚实底蕴，融合通达”，是前埔南区小学对教师的培养目标。在前埔南区小学有一群人，如蜜蜂般孜孜不倦，如明星般闪耀星空……接下来的学习中，前埔南区小学的老师们为我们展示了一场精彩的知识盛宴：肖淑芬校长的“把人的活力激发出来——高质量教育追求中的学校整体转型变革”、胡震宇副校长的“如何利用当地资源开展自然教育”、张雯副校长的“我是博雅领航人——东西部协作项目临夏市跟岗学习活动之党建品牌经验介绍”、陈娴主任的“科研路上的追光者”以及汪雅凤主任的“听，生命拔节的声音”等精彩的主题讲座，从多方面为我们展示了学校发展的创新理念、教科研成果、学生的德育发展途径等，这些全新的专业理念，使我耳目一新，给了我更多的帮助和启发。

“问渠那得清如许，为有源头活水来。”只有接受不同的思想、鲜活的知识，方能才思不断。精彩纷呈的授课使我收获颇多，在课堂中，每一个孩子都得到展示的机会，在合作交流的氛围中理解和掌握基础知识、技能和方法，在亲身体验和探索中掌握解决问题的能力。老师们扎实的学识，有效的课堂管理，知识与乐趣并存的教学设计以及学生良好的素养展示，令人意犹未尽。让我收获最大的是，观摩了语文组“聚焦语文课堂，用好统编教材”的教研活动，老师们结合自己宝贵的教学经验，分享如何在课堂上扎实地落实各个语文素养，老师们独到的见解为我解开了自己教学中的困惑，老师们热爱教育的那份情怀让我感动，之后的交流发言更是畅所欲言，激起了我们思想的火花。

同时，我们观摩了学校的社团活动，多样化的学生社团，让孩子们在活动中丰富自己的生活，发现自己、展示自己、提升自己。

学校用美丽的环境熏陶美丽的心灵，用丰富的活动促进学生全面发展，用内在动力和外在激励助力教师的全面发展。我觉得，作为前埔南区小学的老师和学生，他们是幸福的！而我，能有幸来这里提升自己，我也是幸福的！

有一种精神叫作敬业，
“为伊消得人憔悴，衣带渐宽终不悔”。
有一种力量叫坚持，
“既然选择了远方，便只顾风雨兼程”。
有一种激情叫追求，
“路漫漫其修远兮，吾将上下而求索”。
人如树，既要承受温暖的阳光，
也要承受风雨的洗礼。
经历风雨，走过泥泞，
定将收获鲜花硕果，获得心灵成长。

“采他山之玉为我所用，纳百家之长解我所困。”这是一场美好的遇见，在未来的教育之路上，我会牢记初心，以求真务实的态度，执着追求的精神，热情饱满的干劲，投身于我们逸夫第一小学的教育发展中！

两地两校两份情，一师一生一颗心

临夏市逸夫第一小学　张静娜

11 月的临夏已是初冬，太阳都开始吝啬它的温暖，让人瑟瑟发冷。千里之外的厦门，那里阳光正好，三角梅开得正艳。在临夏州、临夏市教育局的积极协调下，逸夫第一小学牵手厦门市思明区前埔南区小学，结成友好帮扶对口学校。我有幸在鲁可娟校长的带领下与其他六名老师一同踏上跟岗学习的取经之路。

2019 年 11 月 18 日，星期一，我们迎着朝阳步入校园，迎门矗立着庄严的孔子像，在晨光的映衬里显得格外伟大。在前埔南区小学的精心安排下，由肖淑芬校长带领，我们参观了校园文化建设，在肖校长的娓娓讲解下，前埔南区小学"以树人为核心，以立德为根本"的博雅教育让我们如沐春风。穿行在前埔南区小学树木苍翠、花草葱茏的校园，让人陶醉。校园的每一个角落都被建成了育人的堡垒，创设了各种文化设施，开辟了校园文化标语、手抄报书画作品展示专栏以及文化墙，让校园的每寸墙壁会说话，让校园的一草一木都含情，将育人体现在润物细无声中。

前埔南区小学不仅是一所美丽的学校，还有一群可爱的孩子们，在五天的跟岗培训里最离不开的就是这些孩子们。我们聆听了很多的优秀课，孩子们的表现也是积极大胆。课堂上，科学老师汪雅凤引导孩子们自己动手剪喜欢的星空，再用手电光照射在屋顶上，他们高兴地尖叫起来。印象最深的就是，郑雯雯老师的科学实验计算重量，三年（3）班第 3 组的同学们邀请我与他们一起实验。起初，他们怕我会把答案告诉他们，坚决不让我动手参与，后来在他们掌握计量技术后才让我加入，与他们一起认真整理试验报告，最后又一起收拾"残局"。课后，他们又拉着我们在学校里玩耍，开心地向我们介绍他们自己做的楼道文化——"时光阶梯"，观赏自己种植的小菜园、饲养的小动物以及胡校长发展的观鸟协会，他们是那么骄傲和自豪，让我时不时想到自己的学生。不只是我，我们同行的老师也对这些孩子们照顾有加，课前帮助孩子们搬桌椅、给孩子们积极协调座位，总是把孩子们放在第一位。其实，不论是在课堂还是课后，我们都像朋友一样，也是他们让我对三年级的孩子有了新的认识，自信、聪慧、独立。

当然，他们也对远在甘肃的临夏市逸夫第一小学的同学们非常感兴趣，经常追着我打听同学们的故事，让我给他们看照片，介绍我们学校的情况，催着我讲学校里的故事。他们最羡慕莫过于冬天银装素裹的临夏，可以打雪仗、堆雪人。哈哈，原来，孩子们都是一样天真。他们和我约定，一定要在冬天来临夏看看，好好感受神奇的冬天。

这么一群可爱的孩子定然离不开可爱的老师们。跟岗学习过程中，会根据所任学科高中低年级分段参加教研活动，因此我有幸结实了七位着实“调皮”的老师。第一次与她们见面是周一下午的三年级教研活动，我参与讨论三年级上册第七单元，这是一个关于大自然和生活的单元，不仅提出“感受语文生动的语言，积累喜欢的语言”，更要“留心生活，把自己的想法记录下来”。 在短短一小时的讨论里，她们会为了一个重点吵得不可开交，很快又会因为另一个难点相互妥协，共同交流，达成一致。正是这样“调皮”的老师们让我看到了前埔南区小学老师们的认真、负责和敬业。其实，这样的情况不仅在年级组内发生，在教研会上低年级与高年级的老师之间也相互提问、质疑，又共同解决问题，思想相互碰撞，产生新的观点。她们在这样一次次的“争吵”中，把教材剖解、研磨，成为教育的领航人。

活动后，我与几位老师成了朋友，我们讨论南北文化差异、教育地区限制，也倾诉教育中遇到的难题。例如，学生学习习惯的养成，学生自主能力的培养，还有学生习作素材收集等。三年（5）班的老师还告诉我一个提高学生写作能力的小技巧，她让孩子们准备摘抄本摘抄词句文章，而重点在于不仅周末，甚至寒暑假，她都会收集孩子们的本子去批阅。其他老师笑着说：“一年的坚持，她们班是整个年级写作能力最强的一个班，我们都开始向她学习了。”说是技巧，却是老师辛苦付出的收获。除了工作，她们也关心我们在厦门的生活情况，经常电话询问饭菜是否可口，生怕我们适应不了。

教育不是单打独斗，更不是孤芳自赏，是“融通”，是“自觉”。在前埔南区小学跟岗学习的一周里，我学习到的不仅是先进的教学理念、多样的教育方法，更多的是感受到“爱”。这份爱是东西协同发展的爱，是相互帮助的爱，是前埔南区小学勤勉的老师、努力的孩子们给予我们的爱。身处内陆的临夏和面朝大海的厦门有着经济、地理位置等方面各种各样的差异，但是有了这样的取经之路，我相信临夏的教育会有更大的发展。

晨昏相伴的东西友谊，不仅留给我们思念，也留下我们的印记。愿有一日，能够再次来到厦门这个开放而又有灵气的地方，与这里有更多的故事。

面朝大海，愿爱有声

临夏市第一中学　牛文瑾

为了开阔教师视野，更新教学理念，掌握新思想、新方法，不断提升教师个人的专业化水平，2018 年 12 月 8—16 日，临夏市教育局组织了在中学教师教学技能大赛中取得优异成绩的教师一行 30 人，在临夏市教育局党工委马燕芳书记、教研室鲁合林主任的带领下，赴厦门市思明区名优学校进行为期 8 天的跟岗学习。在这短短的几天时间里，我们先后在以“美的教育”为校园文化核心的厦门市第九中学，以“外语节”为教学特色的厦门市外国语学校瑞景分校，以努力培养具有民族胸怀和世界眼光的优秀人才为目标的厦门市双十中学思明分校，以“诚朴、勤勉、坚毅、竞取”为校训的厦门市金鸡亭中学，坚持“以人为本，以质立校”为办学理念的厦门市第十一中学，进行了跟岗培训学习。

其间，我们参观了校园文化建设，观摩了课堂教学，并与授课教师交流互动，聆听了专家的专题讲座，每天的学习都受益匪浅，同时也有很多镜头让我们铭诸肺腑。

走进五所校园，我就被学校干净幽雅的环境所吸引。独具匠心的校园绿化，如第九中学的“芬芳园”，用小桥流水辅以点缀，给校园增添了一抹灵动的色彩。富有文化内涵的标语设置，如十一中责任大道右侧刻有“隽雅”“弘毅”的文化石，是对师生的一种寄望。舒适温馨的走廊布置，如外国语学校瑞景分校在楼道平台设置的阅读休憩园，给人一种闹中有静的感觉。校园文化的建设，潜移默化，润物无声，让同学们在不知不觉中被感染被熏陶。校园浓郁厚重的文化氛围不仅是从校园的外在建设上能感受到，更多体现在学校领导、教师和学生身上所具有的一种精神和责任感。

通过深入课堂听课，座谈交流互动，聆听讲座等形式，我深切地感受到这里的教师们教学教育理念先进，专业技术水平高超，教学思想独到新颖，如《皇帝的新装》板书鱼骨图的设计，课堂上的一言一行都体现出他们扎实的基本功和亲切大方的教态。在课堂中，学生思维的活跃灵动，与身边同学的交流沟通，都是课堂学习习惯的体现。教师幽默的引导语言，更让课堂里充满了无限趣味。而且每所学校都通过教研、阅读交流等方式来不断提升教师的自身素养，努力让每一位教师发展成为研究型、创新型的教师，形成“乐教、会教、善教、精深”的课堂教学氛围。在外国语学校瑞景分校，一节英语展示课后，交流沟通环节，教务主任的一席话，让我记忆犹新。他们学校很重视学生的阅读，同时也注重教师自身阅读能力的提高。可教师们工作任务重，时间有限，读书的时间少之又少，于是有很多老师上下班都会背着书包，书包里准备一本最近阅读的书和笔记本，只要有闲暇就会看会儿书，他说这样的方式让很多老师有了更多的阅读时间。这让我想起了鲁迅先生说的："时间就像海绵里的水，只要你愿意挤，总还是有的。"他们以身作则，用身教代替言传，不仅教会学生珍惜时间的宝贵，更是让学生明白阅读的可贵。

叶圣陶先生说过"教是为了不教"。在这几所名优学校跟岗学习的过程中，我发现不论是课堂内，还是课堂外，学校教育教学的目的都是培养学生自主、独立、善思、探究的能力。比如，双十中学思明分校是一所很有科技感的中学，该校由美国建筑师拉里·凯勒整体设计，充满童趣和艺术感。双十中学思明分校通过开展棋类、船模、海模等社团活动，寓教于活动，在学生心中埋下热爱科技的种子，致力于培养未来工程师。双十中学思明分校封藏时光瓶活动给我们留下了深刻的印象，初一学生把对 30 年后的自己的期许，装进真空的钢瓶，埋进校园，相约 30 年后重聚启封，看看年幼的梦想是否已经成真。时光流逝，流过的是岁月，不变的是初心。30 年后再聚首，初心不变，归来仍是少年。

每所学校的功能室都设有心理方面的教室，而且都把对学生心理健康的关注看成学校工作的重中之重，运用多种形式来开展心理活动，丰富学生的内心世界。比如，第九中学以心理漫画的形式，让学生拥有自信。金鸡亭中学以心理健康教育全员化为办学特色，优秀教师陈婷老师以学生的心理健康为着手点，谈到了作为班主任和科任老师，如何通过特殊的心理辅导方式，让学生健康快乐地成长。更是让我们对初中生的心理变化有了进一步的了解，同时她也结合自身的教学案例、工作实际，给予了我们工作一些实用性较强的建议和意见。

这些学校丰富的学生社团，多彩的主题活动，灵动的领域课程，多元活跃的外语外事活动，不仅开拓了学生的国际视野，还锻炼了学生们的外语综合运用能力。多元文化，多种语言，培养了面向世界的人才。精彩纷呈的外语课堂，教学气氛轻松愉悦，学生们活学乐学，这样的教学氛围犹如一泓清泉，注入我们每个赴厦门交流学习的老师心里，并且日益滋养、壮大，在我们今后的教育教学工作中，起到了非常重大的作用。老师们的热情幽默的语言、认真钻研的态度，更是感染着我，让我对教育事业有了新的认识、新的理解，我希望自己也能成为他们那样的人，自身充满着无限魅力，引导孩子们提高探究知识的兴趣。

这次培训，我们不仅领略了厦门的沿海风情，更感受到厦门教师对教育的执着和付出。希望这种无声的爱能穿山越海，在临夏大地悄然绽放，芬芳永传。

赴厦门九中跟岗学习交流活动心得体会

临夏市第三中学　郭进鹏

根据《东西部协作厦门对口帮扶临夏教育合作协议》，我有幸与临夏市一中的张金平同志一同参加了在厦门九中为期一个月的跟岗学习交流活动，感谢领导们给我这次学习提高的机会。在这一个月的时间里，我们且行且思，颇有收获。

厦门市第九中学创办于1973年春季，学校位于思明区，坐落于风景秀丽的金榜山北麓，紧邻国家4A级风景旅游区金榜公园，占地面积53亩，建筑面积1.8万平方米。2004年11月，被省教育厅确认为“福建省普通初中示范校”。学校始终坚持“为每一个学生的终生发展奠基”的办学理念，以“强自身素质，创一流学校”为办学目标，全面推进素质教育；秉承“科研兴教、质量立校”的原则，优化教学管理，尊重学生差异，分层教学，因材施教。通过构建“生本化”课堂，向深化备课，深化课堂教学，提高效率要质量。近年来，学校中考成绩始终保持着良好竞争态势，在市同类学校中名列前茅。

坚持“美的教育”

早在20世纪90年代，学校就提出了“美在九中”的校园文化建设理念。通过创建“美的环境”、建设“美的课堂”、塑造“美的心灵”、普及“美的语言”、养成“美的行为”等一系列教育活动，经过长期酝酿积淀，九中已逐步形成“以美育人，和谐发展”为主线的“美的教育”这一校园文化特色。

“四季常青，三季有花”，是校园环境的生动写照。校园南侧为占地近1000平方米的集地理园、生物园为一体的“芬芳园”。园内，学知亭、志高亭与小桥流水、叠瀑、假山交相辉映，构成和谐的校园奏鸣曲。书香长廊、涂鸦墙、厦门历史名人墙、润物池、教育家碑林等园林小筑错落有致地点缀着校园。漫步校园，树木苍翠，花草葱茏。优美的校园环境不仅彰显着环境育人的理念，也为学生们学习、锻炼、课余放松提供了良好条件。

在深入课堂听课观摩的过程中，我发现建设“美的课堂”理念深入人心。老师们注重“美的引入”，经常看到老师们以含有深意的故事、身边的例子等引入，例如，在一堂生物课“三道免疫防线”上，老师以“泡泡男孩”的故事引入，既渗透了德育教育，又顺利过渡到免疫的话题，学生们反应强烈，表现出了浓厚的学习兴趣，为整堂课的成功打下了良好的基础。课堂中重视“美的发现”的引导，教学中重视知识的得出过程和方法，善于调动学生的主动性积极思考、感受和体验，及时调动学生交流分享，让课堂迸发生命的火花，发现知识的内在美。

孔子曾说过“不学礼，无以立”，“播种行为收获习惯，播种习惯收获性格，播种性格收获命运”。养成教育是提高孩子修养、完善人格不可缺少的教育，良好的行为习惯，会使孩子受益一生。不管是行走在校园，还是静坐于课堂，都会发现语言美、行为美无处不在。学生们在课间嬉戏时，充满了欢声笑语，很少听到说脏话，遇到老师会很礼貌地让道。老师在教导学生时，虽然有时比较严厉，但听不到刻薄、挖苦的言辞，充满了教育的智慧，校园中处处看到的是和谐、融洽的师生关系。实行垃圾分类制度的校园干净整洁，行走于校园，看不到一片随地乱扔的纸屑，环保意识深入人心。

“活动育人”效果显著

德育培养了学生的精气神，让学生有积极进取的力量。但不能因为德育重要，我们就将德育知识直接灌输给学生，那就如同空口吃盐，难以下咽。有效的方法之一就是将育人理念融入活动之中，让学生在生动活泼、形式多样的活动中，享受德育潜移默化的浸润和熏陶。

厦门九中每学期都安排了丰富的系列活动，可谓是缤彩纷呈，如“读书节”“校园艺术节”“备战中考”“国旗下讲话”等，以及利用周末时间进行的“大型亲子活动”“劳模进校园活动”“我的家风家训征文活动”等，以各种学生活动为载体，立德树人，促进学生全面健康发展。

以“喜阅新一代，博学好少年”为主题的第十九届读书节活动为期六周，其中有趣的“我最喜爱的图书”分享会，丰富多彩的“精美书签”“亲子阅读”“读书笔记”优秀作品展示，还有“经典诵读”、“诗词大会·飞花令”诗词大赛和“博学少年团才智大比拼”，比赛现场激动人心。

校园读书节活动，让学生亲近书本，喜爱读书，学会读书，培养良好的读书习惯，倡导读书明理、读书求知、读书成才的新风尚，逐渐养成热爱书籍，博览群书的好习惯。读书学习活动是一项长期、有效、文明、健康的教育工程，丰富多彩的活动，对每个学生的健康成长产生深远的意义。

第三十届校园文化艺术节中有书画作品大赛、心理漫画创作，有艺术板报展示，有手工剪纸制作，有班级合唱比赛，也有个人才艺展示，更有校合唱团集体会演等集体活动项目。文化艺术节为全体师生展现魅力提供了一个平台，是学校文化的浓缩，是学校办学特色的呈现。在校园文化艺术节中，同学们充分展示着自己的才华和创造力，将课堂知识和课余文化艺术巧妙地融合在一起，很好地呈现出了师生朝气蓬勃、奋发向上、勇于创新的精神风貌，彰显了九中丰富的文化内涵。

教育视野中的体验理念具有其独特的含义，它是包含认知与非认知在内的多种心理活动的综合，是知、情、意的全面投入，是心灵的感悟，经验的升华，生命力量的体现。只有在丰富的活动中，学生才能更形象、更具体地感知新鲜事物，引发情感萌动，震撼幼小心灵，从而在内心深处悟出一定的道理。

校园信息化助力教育教学

学校建成了数字化校园，实现了网络办公，在校园网站上及时进行了各种通知和宣传。学校网络首先接入厦门教育局主网，然后校园端安装了网关设备，并对教师上网账号进行了实名登记，严抓网络安全管理，营造出一个绿色上网环境。构建了校园局域网，实现资源共享，提高了办公效率，也为集体备课提供了良好的平台。学校引入考试质量分析系统，极大地提高了组卷、阅卷、考试质量分析的质量和效率。

学校建有一所建筑面积 1 万平方米的图书馆，藏书约 4.6 万册。馆内设藏书区、学生阅读区、教职工阅读区。在与专职图书管理员马飞老师交流时，我了解到，学校图书实现了上架、借阅电子化管理，极大地节约了人力物力。图书馆内科学分类的图书整齐地列于图书架上，阅读区摆放着师生阅读频率高的书报杂志，桌上绿植生机盎然，营造出一个舒适的阅读环境。图书馆做到了中午不休息，不回家的学生和老师可以在此阅读。

积极实践素质教育

厦门九中按照要求开设了国家课程、地方课程、学校课程和综合实践课程，各科课时数严格落实教育局要求。学校重视学生体质健康，每周开设三节体育课和两节体锻课，每天有 25 分钟的课间操和两次眼保健操。体育课上男女生分开授课，科学安排授课内容，课上高标准要求学生，务必每项要达到满分，达不到的由教师专门进行训练辅导。学生身体素质普遍较好，操场上球星随处可见。综合实践课程初一为兴趣小组活动，初二为研究性学习，初三为电工、环保。其中研究性学习按学科特点设置了 32 个课题组，学生按兴趣全员参与，教师指导学生的研究过程，组织学生填写“研究性学习活动记录手册”，课题学期末结题。通过自主参与类似于科学研究的学习活动，学生获得亲身体验，逐步形成善于质疑、乐于探究、勤于动手、努力求知的积极态度，产生积极情感，激发探索、创新的欲望。学生获得亲自参与研究探索的积极体验，学会分享和合作，激活各科学习中知识的综合联系。开展研究性学习有利于创新人才的培养、学生素质的全面提高，有利于培养学生的科学态度和科学精神。

不断探索教学模式

厦门九中实行教师集体备课制度，每周安排固定时间以学科组为单位，组织组内教师研读课标、教材，研究学生，制订教学计划。探讨某一具体课题的教学目标、重难点、教学方法和互通教学情况。一般做法是，由备课组组长负责分解任务，然后集中交流完善。各学科组不光备出新授课教案和课件，还备出具有学科特色的校本作业，作业内容包括知识梳理、典型例题、基础训练、能力提升等板块。通过集体备课活动，老师们交流合作，互相借鉴，充分发挥集体智慧和力量，提高备课质量和效率。

经过多年的实践探索，将数学和英语学科学生分为A、B两层，到初三时数学学科又细化为5个层次，形成了很有实效的分层走班制教学模式。这是一种对因材施教、分层次教学的有效探索。“走班”并不打破原有的行政班，只是在学习这些文化课的时候，按各自的程度到不同的班去上课。“走班”实际上是一种运动式的、大范围的分层。它的特点是教师根据不同层次的学生重新组织教学内容，确定与其基础相适应又可以达到的教学目标，从而降低了“学困生”的学习难度，又满足了“学优生”扩大知识面的需求。在期中和期末考试结束后重新进行学生分层，及时做出动态的调整，确保每个孩子享受到高效的教育。

教师上课使用多媒体技术频率高，操作熟练，几乎没看到不使用白板和投影的老师。教师不光制作了一节课完整的ppt，更是制作了许多单张ppt，单张ppt主要是一些对重点知识和易混淆知识的归纳、总结，以便提高课堂容量和效率，也为学生提供了做好笔记的模板。在课堂上对学生检测和练习的内容都做到了学校统一印发的稿纸上，便于在投影上展示，加大了课堂检测密度。在授课过程中，观察到教师都具有极高的专业素养，基本功扎实，驾驭课堂游刃有余，课堂提问、引导、评价很有技巧。当课堂上有开小差的学生时，教师会轻轻地拍一下学生，既没有打断课堂教学，也提醒了学生。师生之间的对话更多的是关心和平等，在这种课堂氛围下学生更愿意参与到课堂教学中，对于学生的回答不断提出反问，即使学生答错也不是立即纠正，而是不断地抛出问题加以引导，让学生不断思考，发现错误，得出正确的结论。

一个月的跟岗学习一瞬而过，感谢九中领导与师生们对我们的帮助和支持，九中美丽的校园、和谐的育人环境、敬业的教师队伍、朝气蓬勃的学生、优异的教育教学成绩，给我留下了深刻的印象，也让我看到了临夏与经济发达地区的差距。在今后的工作中，我们要对比差距，思考原因，寻求方法，将他们先进的教育教学理念借鉴到工作中，不忘初心，砥砺前行，为临夏教育发展贡献自己的力量。

支于心，教于行

临夏市实验幼儿园　林　琳

如果你问我，孩子们什么时候是最开心的，作为一名幼儿教师，我会毫不犹豫地告诉你，孩子们在玩游戏时是最开心的。每当看到孩子们玩游戏时的可爱笑脸，我也会被他们的快乐所感染。活泼好动、爱玩游戏是孩子们的天性，孩子们就是在玩游戏的过程中一天天长大的。怎么让孩子们玩得开心，并在玩中有所收获？怎么样更有效地开展一系列游戏教学活动？这些问题一直困扰着我，直到2019年9月29日厦门市华侨幼儿园的许淑芳老师来我园进行了为期一个月的支教工作，我才恍然大悟，原来孩子们的活动可以很丰富，原来引导孩子们开展活动的方法有很多种。

学习组织开展三大游戏

在去厦门市华侨幼儿园观摩学习之前，三大游戏这个概念在我的教学活动中是完全缺失的。2018年10月，我有幸去厦门市华侨幼儿园观摩学习后，便在心中暗暗发誓一定要让我们的孩子也能进行三大游戏，在游戏中得到更好更全面的发展。可是回来之后，我只能凭着在厦门学习到的一点点经验领着孩子们进行所谓的表演游戏。在许老师还未到我园进行支教的那段日子里，我在表演游戏的组织过程中全凭一个字在支撑着，这个字就是“吼”。作为活动的组织者与引导者，我必须让活动能正常进行下去，可是经验不足的我只能凭借比孩子们更大的声音去“镇压”。我知道这样的游戏活动肯定不会被孩子们喜欢和接受，每当这时我多希望能有个专家为我“指点迷津”。这个专家——许淑芳老师于2019年10月8日来到了我的班级。我信心满满地在许老师及全园教师的面前带领我们大五班的孩子进行了表演游戏“月亮姑娘做衣裳”。让我深受“打击”的一句话是“这样的表演游戏模式适用于小班的孩子们”，让我瞬间“无地自容”。

很快我又调整自己的心态，虚心向许老师请教表演游戏的组织方法。许老师耐心地为我和全园的老师解答疑惑：“就‘月亮姑娘做衣裳’这个表演游戏来说，场景的欠缺及单一是调动不起孩子们积极性的主要原因，另外老师的高控让孩子们无法按意愿进行自主游戏。”在之后的关于表演游戏的研讨会上，许淑芳老师详细地介绍了有关表演游戏的特点及组织方法，让我知道了表演游戏的特点为表演性、游戏性、创造性，在组织表演游戏时教师要善于发现和掌握幼儿的兴趣点，及时了解幼儿的需要和经验，要把握有效的指导时机并且要采取适宜的指导措施。

许老师不厌其烦地到我们班进行指导，孩子们也非常喜欢这位总是笑眯眯地与他们进行表演游戏的厦门老师，在许老师的耐心指导下，我们班孩子的表演游戏能力得到很大提升，孩子们表演游戏时兴高采烈。

去厦门市华侨幼儿园学习之后，建构游戏给我触动最大，在建构游戏里我看到了厦门市华侨幼儿园孩子们思维的逻辑性、系统性，每个孩子身上都体现着合作性。孩子们化身为小小建筑师，从设计到搭建完全自主讨论进行，他们把作品呈现出来时，我默默问自己，为什么我们的孩子没有这样的合作意识？为什么我们的孩子在平时的建构活动中总是自己搭自己的，而且作品没有一点点系统性、整合性？答案呼之欲出：老师不会引导！所以又在内心开始呐喊："谁来教教我们？"

2019 年 10 月 9 日开始，许老师对我们幼儿园的建构游戏进行了指导，孩子们有条不紊地进行城市主题搭建，各司其职，配合得非常好，这让我对孩子们有了更大的信心，相信他们也会像厦门的孩子们一样设计搭建出自己心中最美的城市。果然，不负众望，在短短的两个星期内，孩子们在许老师的引导下知道了如何更好地进行建构游戏。这一系列的成果，离不开许老师的指导。我们积极向许老师请教有关建构活动的各种问题，许老师细心地解答，我们明白了建构游戏里老师既要让幼儿学习建构的技能，又要保证幼儿主动性、积极性、创造性得到发挥，还要注重幼儿之间协商、合作能力的培养，从而使游戏的教育价值和作用得到充分发挥。方法和技能是结构游戏的支柱，需要老师由浅入深、循序渐进地引导。在感性认识的基础上，建构游戏必须借助一定的方法和技能，将自己对生活的观察创造性再现出来，并且要尽可能多地与孩子们一起准备建构游戏中所能用到的辅助材料。

角色游戏是最贴合孩子们日常生活的游戏，每个孩子都特别喜欢在角色游戏里找到自己喜欢的角色并进行游戏，以前我们的孩子们在进行角色游戏时没有很好的游戏常规，也没有养成勤于思考的好习惯。也许更大的问题在老师身上。许老师来我园支教之后，每位老师茅塞顿开，原来在孩子们进行角色游戏时需要随时随地地观察介入，在教师的引导下孩子们能自己发现角色游戏中缺少的东西，并且能总结出在游戏当中出现的问题，讨论出解决问题的方法并付诸行动。经过许老师的指导，我知道了要想角色游戏更加有趣，必须引导幼儿将每个不同的角色串联起来，使游戏具有一定的故事性，这样孩子们的角色游戏会有趣很多。

更好地开展区域游戏

对于区域活动，我们的老师并不陌生，但是进入了瓶颈期，不知道该如何更有效地开展，引起孩子们更浓厚的兴趣，急需注入新的想法。许老师着重指导了区域材料的投放与更换，让我对区域活动有了更深的理解。在材料投放方面，要以科学的态度和方法来提供多元化的材料，要根据集体教学的主题不断地更换区域材料，要做到材料因时因主题的变化而变化。另外，在区域材料的投放中要有一定的层次性，只有这样，孩子们才会对区域活动保持浓厚的兴趣，得到更好的发展。

户外活动的整合与改进

幼儿园的一日活动中必须保证孩子们每天有两个小时的户外活动时间，之前孩子们的户外活动内容主要是玩滑滑梯，这样单一的户外活动模式怎么能够发展好孩子们钻、爬、跑、跳等方面能力呢？许老师为我园的户外活动注入了新的内涵，她对我园户外活动以班级为单位进行单样器械运用的方式进行了调整，根据不同年龄段孩子的特点，为孩子们户外活动建立了体能大循环模式。许老师从器材的选择、摆放，教师的引导等方面为我们做了详细的指导，在短短的两个星期内，孩子们的户外活动时间变得更丰富、更有趣。

许淑芳老师在我们园帮助的时间是短暂的，但是这一个月我们收获的东西却是无价的。无论是从思想上，还是专业上，我都有了很大的提高。帮扶支教活动传递的是爱心，营造的是希望，交流的是经验。今后，我一定更加积极地思考探索，提高自己组织开展各项活动的能力，为孩子们得到更好的发展而不断努力前行！

千里支教，温暖相遇

临夏市第二幼儿园　郭永姣　石小莉

2019年7月8日，厦门市实验幼儿园的林园长及骨干教师带着对二幼孩子们的关怀，带着对幼儿园的期待，跨越千里来到了甘肃省临夏市第二幼儿园，开始了为期一周的结对园帮扶工作。她们的到来使二幼的老师和孩子们心存温暖、如沐春风，浸润每一个人的心田。

现在就一起来感受一下她们留在二幼的每一个感动的瞬间。

当看到新鲜的面孔，二幼的孩子们异常兴奋，纷纷围到她们的身边，好奇地询问："老师，你是谁呀？你叫什么名字？从哪里来的呀……"看着孩子们质朴而又可爱的脸庞，林园长耐心地一一解答。孩子们的热情渐渐增加了厦门专家教师的亲切感，专家教师们很快就融入了我们二幼这个大家庭。

为了保证本次结对帮扶活动的意义，最大限度地帮助我园提升，使我们的老师有所收获，她们根据我们的需求，进行了全方位的帮扶指导。

优化园区环境，创特色活动区

我们幼儿园经费比较紧张，基础设施有限，环境比较简陋，如何利用现有资源为幼儿创造一个温馨、良好的学习环境，提高幼儿园的保教质量，让幼儿健康快乐地成长，是幼儿园的一项重要任务。

从户外走向室内，在和老师们的交流中，得知场地限制区域活动的开展一直困扰着二幼的老师，林园长提出要以班级为单位，围绕"区域的合理规划""材料的分类投放""区域的有效指导"等几方面进行有效的指导。

在林园长的带领下，我们与厦门市实验幼儿园的专家老师们一起通过集中研讨、查阅相关资料，充分挖掘家长资源和幼儿园周边的各种自然资源，创设了有班级特色的环境和活动区。林园长与罗盈老师对各个班级的区域活动进行现场指导，在全体老师的共同努力下，各班的班级环境和区域环境有了很大的变化，处处以幼儿为中心，既让孩子真正成为环境的主人，又体现出灵活性和趣味性。

在观摩之后，来帮扶的老师对每个班级的区域开展情况进行梳理并提出了有针对性的意见。除了和我们的老师们个别化的交流，还开展了"如何有效进行主题性探究活动"的专题分享。个别化的交流与经验的分享，让老师们深受启发，同时，老师们也从她们身上学到了乐于钻研与勤于实践的精神。

开展教学研讨，促教师专业化成长

为了促进教师专业化成长，林园长和罗盈老师组织我们开展了园级教研、人人一公开、片段教学等活动。我们围绕着“区域材料的分类投放”开展了全体教研。

林园长为二幼全体教师的工作注入了新的教育理念。在了解了我园的教育教学现状和需求以后，她凭借自己过硬的业务素养，每天巡回指导，为老师们答疑解惑。为了更有针对性地解决教学活动中的实际问题，走进孩子们的一日活动，林园长和孩子们结下了深厚的师生情。

都说教育是一份良心工程，而师爱是人间任何一种爱都无法比拟的，因为这种爱是一种不计回报的、无私的、广泛的、没有血缘关系的爱，是无比神圣的。我们的林园长就在用实际行动践行着教育工作者的初心。

这次教研打破了机械化的模式，老师们以“操作区”为例，重新对区域材料进行了分类投放。在这个过程中，老师们一改往日教研的沉默，纷纷发表自己的想法，意味着本次教研活动的有效性。

作为被帮扶的幼儿园，我们要努力向她们学习先进的教育理念和教学方法，虚心总结经验。每次活动前，我们都会利用课余时间，和老师们一起讨论、反复推敲，研究每一个教育活动的方法和价值，活动结束后，会及时针对教学中遇到的问题和老师们一起反思，共同研究、探讨，寻找问题的解决方法，在学与思、教与研中达到经验共享，进一步优化教师的教学行为，促进教师专业化成长。

创特色区域活动，激发幼儿兴趣

《幼儿园教育指导纲要》指出：幼儿园的教育要“以游戏为基本活动，寓教育于各项活动之中”。陈鹤琴先生说过，游戏是儿童的心理特征，游戏是儿童的工作，游戏是儿童的生命，从某种意义上说，幼儿的各种能力是在游戏中获得的。游戏是幼儿最喜欢的活动，充分根据我园各班主题性探究活动特点开展活动区游戏。在活动中，专家老师主动提出改进中班活动区游戏的开放任务，从本班孩子的年龄特点、兴趣需要和实际发展水平出发，对班级活动场地进行合理规划，引导孩子一起参与布置环境，设计一些内容丰富、趣味性十足、富有教育意义的活动区，投放一些低结构、操作性强的材料，激发孩子的学习兴趣，引导幼儿自主探索，在活动区游戏中主动学习，健康快乐地成长。开放活动，也为年轻老师做好示范引领作用。

为期一周的结对园帮扶工作是短暂的，忙碌的，也是充实的，它是一种收获，对我们来说更是一种人生财富。通过此次帮扶学习活动的交流，我们学习了一些先进的教学方法和教学理念，制订出了符合我园实际的各项工作计划，我们会一直保持这样积极向上的心态，不断学习，不断进步，和结对园共同进步。本次的结对园帮扶活动，加强帮扶园之间的交流合作，携手并进，实现资源共享，共同发展，有效搭建帮扶园之间幼儿教育的桥梁，提升了我园教师的业务能力，将在我们全体二幼老师工作生涯中留下多彩的一页，让我们受益匪浅，终生难忘。

宛若春风

临夏市南龙镇单子庄思明小学 怡淑娟

时光飞逝，岁月如流，带着无限的思绪。张春燕老师，容光满面，瘦瘦的身材，亮晶晶的眼睛，穿着是那样的大气美丽，透着一种师者的魅力，笑眯眯的，如一阵春风，就这样走进了我的生活。原以为，她是高高在上的指挥者，不承想，她如此平易近人，平日里与我们谈笑，工作时又严谨认真，无声无息地吸引着我，以至于我总想要靠近她，向她学习……

最让我难忘的是，她的笑脸，配上她那亲切的话语。记得我们邀请她来听课评课的那段时间，我们很紧张，总觉得自己会被批得“体无完肤”，第一节课后，就进行了评课，张老师却说感谢我们能有这样的安排，她首先肯定了授课教师的一大堆优点，不时夸一句，让授课教师顿时放松了下来，这才慢慢地指出不足，没有批评，而是一个个询问和建议，让我们参与活动的每个人都有收获。

因为工作安排，我有幸翻阅了张老师的听课记录，我一对比，才发现自己有多少问题。首先，我只是做了一个忠实的听众，记录了授课的教学过程，没有自己的思考和疑问，观察不仔细，只是为了听课而听课，而张老师不仅有听课过程，还有自己的想法和建议，一堂课写了满满两页，看似杂乱，却比我们整齐的记录有看点，更真实，更有利于日后评课和自我提高，她让我看到了一个为师者的业务素养！

她的到来实现了我心中的一个小梦想——让孩子们喜欢上阅读。我是一个因为阅读而受益匪浅的人，作为一名老师，我希望我的孩子们也能从书本里找到宝藏，我一直在考虑如何让孩子们爱上阅读，可惜，因为种种原因，总是无疾而终，虽心心念念，可也不知道该怎么去做。令我欣喜的是，亲爱的张老师给我们掀起了阅读的浪潮，她培养阅读兴趣的方法很独特，我尝试着照样去做，居然有了可喜的收获，我班上的孩子们现在大多数有了阅读的习惯，其中有一个孩子，因为阅读学习成绩提高很快，他也带动了周围的小伙伴一起阅读，原以为坚持不了多久的我开心了好几天，其实我觉得，要让这群小家伙读课外书也不难，就是张老师的那句话：使劲夸，死命地夸，找到一点优点就夸，没优点就鼓励他，让他们有成就感，做他们的“书友”。

张老师很喜欢和孩子们在一起，她会和孩子们一起讨论阅读的任何话题，聊得有趣了，还会传来她和孩子们愉悦的笑声。记得学期快结束时，有这么一件事，我很有感触。一周一次的社团活动课开始了，可六年级的孩子们没有一人出来参加，我有点火，就去教室看看是啥原因引起的，进教室门的那一刻我懵了，没有老师在教室，可所有的孩子们都低头认真地做着什么，没有一丝吵闹，只有画笔和纸摩擦的声音，这可是以前从来没有过的情况，我轻声问："怎么都没去参加社团活动？""老师，再给我们一点时间，张老师要走了，我们在给她做卡片。"每个孩子眼睛里充满了渴求，还有几个有泪光在闪烁，我心里一颤，几时他们有过这样的表情，不是每次都有调皮捣蛋的家伙唱反调吗？看我没说话，有几个孩子竟然说："求求你了，张老师明天就不来了！"我又一顿，"快点，做完马上进社团。""好"，再一次进入安静的状态。默默走出教室，我不禁想起张老师和孩子们在一起的每一瞬间，是啊，只要你真心去爱他们，他们怎会不知你的爱呢？又怎会不爱你呢？我被张老师的魅力深深吸引，以她为榜样，反思自己的教育教学方法，忽然觉得自己还真应该改进好多好多方面。

时间匆匆，回想起我与张老师相处的时光，她如一阵和煦的春风，吹拂着我的心田，她总是在不经意间让我看清自己的问题，一句句真诚的赞赏的话语让我鼓起勇气和力量。原来，张老师吸引我的，是她身上特有的教师气质！

用爱引领阅读梦

甘肃省临夏市逸夫第一小学 韩世玲

满怀着对教育的热爱与执着、对西部孩子们的关怀与希望，她从温润的南方来到了干燥的大西北，开启了一段神圣的支教之旅。她就是支教老师——张春燕。

2019 年 9 月中旬，临夏市逸夫第一小学有幸迎来了厦门市园南小学张春燕老师。这是厦门教育系统对临夏市教育工作的极大关怀，也是我们学习先进教育理念、全面提高教育水平的难得机遇。张老师为我校全体语文老师做了“让阅读成为逸夫时尚”的引领讲座，分享了阅读的指导策略。张老师深厚的理论修养、生动的实例阐述、睿智的个人魅力，感染着在场的每位老师，使我们真正感受到近年来教育部对中小学生阅读能力的要求，以及课外阅读对小学生学习的重要性。阅读不能改变人生的长度，但可以改变人生的宽度，和孩子一起阅读，从现在开始培养孩子爱读书、读好书的习惯，让阅读促进孩子成长，使孩子受益终身。

张老师为我校五年（3）班进行课外阅读的授课，作为班主任，我感到非常荣幸。张老师的这次到来给我和孩子们不仅带来了一段欢乐的时光，还带给了我们很多收获。

美国作家崔利斯的《朗读手册》中有这样一句话：很少有孩子会主动喜欢上阅读，通常都必须有某个人引领他们进入书中奇妙的世界。而张老师正是那个成为引领孩子们进入书中奇妙世界的那个人。

“同学们，你们为什么要读书呢？”一走进教室，张老师就提出了问题。同学们各持己见：有的认为“读万卷书，行万里路，读书能够丰富我们的知识”，有的觉得“读书可以帮助写作”，还有的认为“读书可以懂得许多做人的道理”……听着孩子们的回答，张老师露出了欣慰的笑容。为了调动学生阅读的兴趣，她精心设计了一张课外阅读登记表，这张阅读表清晰地呈现了孩子们每天阅读的书目、阅读的内容、阅读的时间、家长签字和评价。要求孩子们如实地填写自己每天的课外阅读情况。她耐心地给孩子们推荐了一些适合他们的图书，鼓励孩子们要每天都抽出时间读课外书，并及时地给予评价和鼓励。课堂上，张老师以巧妙的引导、生动的讲述、机智的回应，与孩子们一起阅读，引领孩子享受阅读的快乐。

张老师特别注意与学生间的互动，和孩子们一起读，一起聊，一起辩，一起争，让他们感受到老师重视阅读，更感受到老师也在不断学习。课堂更多引用课外读物的知识和内容，来激发学生的读书兴趣，顺便向学生推荐读物。对学生的阅读给予充分的肯定，让孩子们想读什么就读什么，没有了任务的限制，孩子尽情地享受着读书的快乐！

张老师每天都会花很长时间来批阅学生的阅读单，从阅读单呈现的信息当中来分析学生的阅读情况，阅读内容由浅到深的更换、阅读时间由短到长的改变、对同一本书的坚持，这些张老师都会注意到，并且都会在当天的课上给予肯定，给予表扬，比学生自己还要重视他们取得的每一点进步，让学生体会到阅读不但丰富了自己，还可能获得阅读之外的尊重和快乐，学生阅读的积极性一天天增长，孩子们越来越爱阅读了。

她告诉学生，如果阅读课外读物不能给你带来快乐，可以不读，如果老师推荐的读物不能让你高兴，可以不读。她更愿意为学生创造一个宽松的环境，而不给学生任何压力。读不读、读什么、怎么读书都由学生自己决定。当然，张老师会从另一些角度、时机、方式来提醒学生，做一些引导。比如，她会找出几个典型，给他们做好榜样。她会以幽默的方式告诉同学们，读漫画这一类书，就像吃零食，而读好书是吃主食，吃主食才会对我们的身体有帮助，从而让学生明白应该读什么书。

张老师每次上课的氛围都是轻松的，自由的，像朋友聊天一样。在聊天的过程中，她让学生谈谈读课外书的收获，然后稍作引导。学生兴趣盎然，视野开阔。学生们虽然不一定有独到的见解和高深的思想，但他们有他们的视角，有他们的想法，说出来倒也新颖、别致，很受大家欢迎。通过点评，学生们不再迷信别人，学会用自己的眼光去阅读。打开这扇大门后，学生们进步得很快，对自己都充满了信心。学生们知识丰富了，语感增强了，表达能力提高了，一举多得。

张老师在推荐阅读《青铜葵花》后，让学生们说出自己的读书体会，恰到好处地帮助学生发现了书中蕴含的爱。我们班的班长是一位可爱的小女生，当她走上讲台，讲述着书中感人的情节时，眼里饱含着泪水。在阅读交流中，学生们懂得在天灾人祸面前，青铜一家齐心协力，艰难、困苦而又快乐地生活着。学生读懂了孩子、朋友之间的友谊，家人之间的亲情以及人与人之间的爱，读懂了乡村孩子童年的苦难生活。

大家都说张老师“神”了。哪最“神”呢？我想应是那双炯炯有神、充满爱的眼睛。班上有一个叫周堃的小男孩，开学初我接手班级的时候，他特别胆小，不爱读书，不爱写字，只要是和学习有关的事情，他统统不喜欢。有一次在阅读课上，张老师请他说一说最近这几天读了什么书，有没有想和同学分享的故事。他讲得结结巴巴，张老师却当场表扬了他：“啊！你的声音真好听！你是未来的小主持人吗？老师相信你一定行，好好准备，明天再分享，好吗？”周堃抬头看着张老师，眼睛闪闪发亮。第二天阅读课时，竟举手主动要求分享，勇敢地走到了张老师的身边。阅读是让他最高兴的事，他也喜欢上语文课了。上课时，他背挺得直直的，小手举得高高的，眼睛亮晶晶的。正是因为张老师一次次欣慰的目光，无数次地给予了孩子们赞扬与鼓励。这一切，让他们发生了变化。

孩子们非常喜欢上张老师的阅读课，每天都期待从张老师的阅读课中能有所收获！每当张老师走进课堂，拿着阅读单点评时，孩子们的喜悦之情溢于言表。看着孩子们开心的脸庞，幸福的目光，我不禁感慨，做张老师的学生真的太幸福了。

短短的两周时间，清新而淡雅的“书香”已经飘满了班级。孩子们在张老师的带领下慢慢养成了每天读课外书的好习惯，班里的阅读氛围越来越浓厚。自习课中、课间总能看见孩子们认真读书的样子，这一幕深深地打动着我，感染着我，因为以前很少看到孩子们主动读课外书。课堂上孩子们发言更加积极了，各抒己见，能自信地表达自己，孩子们的语言组织能力、对题目的理解能力都有了明显的提高，他们对课文、字词的理解更加准确，整个课堂变得比以前更加活跃了，就连平时从不主动发言的孩子也大胆举起了手。在孩子们的习作中，他们能够运用在课外阅读中学到的优美句子和动人的故事，为自己的作文增添色彩。

感谢张老师陪伴孩子们度过了一段愉快而有意义的美好时光！是您把阅读的种子播撒在孩子们的心中。虽然您的支教结束了，但您的认真、温暖和爱永远留在了临夏，我会带领孩子们继续培养课外阅读的好习惯，争取让每个学生都爱上阅读，让阅读的种子在孩子们的心田生根发芽……

一颗种子的旅程

临夏市实验第二小学　金淑萍

这棵种子在我看来有两种含义：一是张春燕老师到临夏支教，开展的很多贴合临夏本土实际的活动像一颗破土而出的种子在临夏生根发芽；二是张老师发起的阅读记录活动更像在临夏教师和孩子心中播下的阅读种子。我相信，这颗种子总有一天会开花结果。

笑对生活的态度

张老师的生活态度，最让人钦佩。2019 年 3 月 15 日那天下午，我跟张老师第一次碰面，记得那天张老师临下班前才赶到我们学校，没有舟车劳顿的疲惫，我只看到一副笑靥如花的面庞，还不忘夸赞我一句："多么可爱的小姑娘。"就这样，张老师给我留下了很亲切的第一印象，我也愿意配合张老师开展阅读工作。

和张老师简短对话之后，我得知张老师来临夏没有休息过一天，行程都被安排得满满的，实验二小、西关小学、教研室、新星小学、实验三小、单子庄小学、逸夫小学……这些学校都要去指导。尽管如此忙碌，每次见到张老师，从她脸上根本看不出一丝疲惫，脸上带着笑容，脚底仿佛踩着风火轮，轻盈而矫健，时刻给人一种干劲十足的感觉，与人交谈时能轻易创造一个极其舒服的氛围。作为一名年轻教师，在活力四射的张老师面前，我反倒有一种老气横秋的姿态。而且，从张老师的朋友圈可以看出她是一个爱生活的文艺女青年，其实这也是我最向往的一种状态，因为人都是健忘的，只有文字才会帮你永远地记住某个节点发生的事。与张老师相处的这七个月中，她这种乐观向上的生活态度一直在熏陶着我，我也在不断努力，让我也保持年轻人该有的活力，并且学着用文字记录生活的美好。

评价学生先扬后抑

张老师在我们学校展开了两周的阅读试点，每天都亲自批阅阅读单，并能及时反馈学生当日的表现。在评价学生中张老师总是先表扬，或者肯定全班同学做得好的方面，再说个别同学的阅读单中出现的问题。比如一开始的时候有个别同学的阅读单中的书名没有添加书名号，张老师不会一上来就指出这个同学犯的错，而是提前按照大家阅读的书分门别类地整理、归纳，先肯定学生会选择适合自己的书来阅读，然后再慢慢引导学生们在书名上加书名号。这样评价符合孩子们的心理，能够抓住他们的注意力，不然一上来就先批评或者说不好的方面，学生会形成一个潜意识——“你会批评我，我还是选择自我屏蔽”，这样不利于后期点评的开展。

多角度评价学生

张老师点评的两周时间里，每次的点评内容都不重复，有时表扬某个同学选的书比较贴合实际，有时表扬某个同学一天中能多方面挤出时间来阅读，阅读时间长达四个小时，有时又会说某个同学来交阅读单时既拘谨又可爱。就算有个别同学表现得不太好，张老师也不发怒，只会以一个朋友的身份先与学生拉近关系，然后把他身上的闪光点使劲地夸一夸，再说存在的问题，这样不仅给学生留足情面，而且让学生觉得自己是一个非常不错的人，不能犯这么低级的错误，这应该就是张老师搞教学这么多年来自己摸索出来专门对付问题学生的好方法，这一点更值得我这个轻易动怒的年轻教师来学习。

点评中渗入要求

敲一下黑板，喊一声安静，再将自己提前列好的要求跟学生重复两三次。这是我平时提要求的场景，可就是这样，学生的吸收效果还不好，说完就忘了。可张老师会将她的要求拆分，注入点评中，一点点去引导学生该怎样做。当学生的精力不够集中时，张老师就会走到一位同学面前说：“老师现在要表扬这位同学。”这一举动很快会将开小差的同学拉回课堂，去积极观察老师表扬的这位同学，孩子们的观察能力和好奇心极强，他们会特别想知道老师为什么要表扬他，才发现这个同学一直坐得非常端正，等自己观察好都会一个个照着这个同学的样子去做，坐等表扬。这样老师既不费力，学生也特别爱听，举两得。

关注、了解学生

我刚上班就接手了这个班级，虽然是高年级，但管理起来并不太难，因为我有两个得力的干将——正副班长。副班长马英彪责任心极强，班级管理能力更是一等一的优秀，我想这得益于他的家庭条件，家里开饭店，眼里能看见活。就因为他的优秀，偶尔不写作业或者书写粗心点，我都会自以为是地认为是他贪玩，偷懒了。可张老师每次对待那几个不按时完成阅读单的同学都会格外有耐心，仔细询问他们不能按时完成的原因。有一次，马英彪也没有按时阅读，经过张老师单独约谈，才得知他每周有两天都要去给别的店面送发子面肠，前一天晚上送完回来都半夜了，所以才没时间读书。当张老师告诉我的时候，我很惭愧，也让我受益匪浅，学生是很单纯，但也有自己的思想和自己分内的其他事干，我有时候做判断不应该那么武断。

万事开头难

这一点是我接手阅读计划以后遇到的困难。

张老师为期两周的阅读试点一结束，就要去西关小学报到了。剩下的交给我干下去，我其实很有压力，但张老师当时承诺一个月回学校一趟，我才放手去干。不夸张地说，没有了张老师温柔的叮咛与悦耳的夸赞，我要想继续督促所有学生每天坚持阅读真是难于上青天。

“换着花样把学生夸成一朵花，夸到他不好意思为止。”这是张老师告诉我的诀窍。可北方人生来粗犷豪放，性格直来直去的，总觉得情感只要记在心间就好，不擅长表达感情，更不擅长夸人。再加上我性格内向，换着花样来夸学生对我而言太难了。第一天、第二天我可以换个花样来夸赞学生，但时间一长就变不出花样了。我承认并不是所有的北方人都不会夸人，我只是嘴太笨。每次评价前都会照着张老师说的那样详细登记，觉得也会来一段行云流水的点评。可我只会就事论事，不会就这一个小点将它发散开去评价，导致我的评价时间都不长。所以，我特意在闲暇之余关注一些提升关于说话技巧的书或者脱口秀节目，看归看，自己实践起来又是另一回事，但我知道，说话是一门艺术，不可能一蹴而就，还得长年累月地练，这个没办法走捷径。

张老师在的那两周，每天顶多五六个学生不交阅读单，可我一接手，交上来的阅读单越来越薄，不交阅读单的同学直言自己不爱看书。我一开始一直提倡他们先看自己喜欢的书，学着静下心来，培养他们喜欢读书的习惯，再去看别的图书，但这个办法也不奏效。一开始他们说只喜欢看漫画书，我觉得也可以，只要能坐在那儿安静地看会书，总会发现读书的乐趣，可好景不长，漫画书也吸引不了他们。

跟张老师交流之后，我每个月做一次阅读明星的申报活动，并制定奖励制度，说不定能激发他们的兴趣。可我开展的两次活动中踊跃参与的都是能坚持阅读的学生，那些不喜欢读书的同学总觉得跟他们没关系。我们班的学生成绩很明显是两极分化，当我制定奖励制度时，虽然这个制度会面向所有同学，但在开展时，拔得头筹永远是好学生。这一学期我们学校换了一位新校长，在教学方面张校长很有见解，觉得给学生每一次发放奖状已经不起作用了，改换星级评价制度，新华小学已经在使用，效果较好。但在我们班，我说过书写也包含在星级评价制度内，作业本连续五个笑脸可以换三朵小红花，三朵小红花可以换一面旗帜，最后五面小红旗可以换一个玻璃奖杯。可就是这样，最后竞争的还是优秀的同学。就我们学校而言，靠近乡镇，家长的重视度不够，学生没有一个很好的读书环境，这样不喜欢读书的同学不止一两个，还比较多，我至今也没有一个好办法来督促他们来重拾阅读书。

每次张老师来学校，问起还有多少人坚持阅读，我都好惭愧的，阅读人数实在不好意思说出口。上个月张老师来我们班，那天正好有几个同学偷懒没读，或者忘记交了，只有七个同学上交阅读单，但张老师也没有责备我的意思。其实我知道，学生都一样，我如果抓得紧点，他们也上心点，不然直接撒手不管了。有时候学校事情忙一点，点评的事我就几句带过，那些不交阅读单的同学我也顾不上去管，久而久之，他们也懒得去看书了。我想，除了那几个实在不喜欢阅读的同学，其他几个不能坚持下去的同学有一半责任还在于我，我给他们的时间太少。我如果中午抽出点时间把学校的事情干一干，把时间往课堂匀一匀，说不定现在坚持的同学会更多。其实，这段时间我已经有所改观，我和孩子们都动起来了。之前张老师捐赠的一系列书籍学生看得也差不多了，我又带着学生去图书馆借阅他们喜欢的书来读，而且，可以跟我一块去图书室，有这个决定权的同学必须是近期表现比较好的。所以，这在一定情况下，真正激发了个别学生的读书兴趣。

虽然张老师已经回厦门了，但她在我心中的印象不会淡去，因为我深知阅读对于每个孩子的重要性。我会努力培养孩子们听书、读书的好习惯，在他们内心种下一颗读书的种子。

暖心逐梦，助学成长

单子庄小学　梁丽丽

有人说她是一位来去匆匆的过客，在时间长河中她的身影只在临夏这片土地上留下了一个模糊的背影，我们还没来得及看清她那花一般的容颜便已经踏上了回乡的旅程。即使万般不舍，她已经离去。

和张春燕老师相识于临夏的 4 月，还记得她和王老师走进我们学校时的情景，她穿着一袭长裙，纤细高挑的身影，迷人的微笑，一下子拉近了我们的距离。在为期半个月的支教里，她真的好忙啊，一会儿翻看学生的作业，一会儿又和校长开研讨会。而我也非常幸运，能在校长的安排下与她共事，参与到她的阅读教学中。

在学校的安排下，我和张老师有了单独接触的机会，这对于我这个刚刚工作半年的年轻教师而言是非常难得的机会，张老师是厦门非常优秀的高年段语文老师，她给我讲解高年段学生的学习特点，指导我在教学中应该注意什么，还告诉我阅读对孩子学习的重要性，这些都让我收益颇丰。当她问我在教学中有没有要求孩子们读课外书的时候，我一时语塞。作为一名语文老师，我深知阅读量对孩子发展的重要性，每次考试学生失分最多的就是阅读啊，可我在教学中却忽视了课外阅读，我只能非常诚实地告诉她没有，同时也找了一大堆理由，想要为自己的疏忽作些解释。她只是默默地看着我笑，等我说完我自认为的开脱理由后，笑着说："妹妹，没事的，我们现在做起就好了。"在紧锣密鼓的安排下，她当天下午就走进了教室，同学们看着这位非常漂亮的老师，在她亲切的话语感召下，都坐得异常端正。张老师轻声细语地，告诉孩子们阅读在生活和学习中的重要性，当问起孩子在课余时间有没有读课外书时，我的脸一下子就变得通红，我为自己在教学中的疏忽而脸红。孩子们面面相觑，只有一两只手犹犹豫豫地举了起来，看着零星的小手，我也在反思。在第一节阅读课上，张老师向孩子们展现了读书人的魅力，她张口能背诵出大文豪的成名佳句，能将曹文轩、沈石溪、三毛的故事讲得头头是道，一节课变得生动极了。紧接着张老师就开始向孩子们推荐一些非常优秀的儿童读物了，然后带孩子们去图书室选书，孩子们认真地选书，她认真地给孩子们推荐，当看到一本好书时，她会像发现了宝藏一般惊呼一声，孩子们蜂拥而至，簇拥着她，听她讲这本书里的故事。挑完心仪的课外书，她又给孩子们发放阅读记录单，要求孩子们认真填写。第二天中午，我午休后到学校，就看到她在办公室忙碌的身影，我好奇地走过去，原来她已经去过了教室，收齐了阅读记录单，并在认真地批改记录。在课堂上，全班37名同学，她的点评没有落下一位同学，从学生阅读的图书、时长、家长签字、自我评价等各个方面都做了细致点评，这节课整整上了一个多小时，孩子们坐得端端正正，安安静静地听张老师讲，时不时地在自己的阅读记录单上修改补充，而我作为他们的班主任，却从来没有花费一个多小时认认真真地像张老师那般，一个不落地当堂点评过一次。她不仅给学生上了生动的一课，也给我上了终生难忘的一课。在后来的工作中，有时我也会担心每天花费宝贵的课堂时间进行阅读教学影响正常的学习进度，但在张老师的影响下，我们一直坚持了半个月。在这半个月里，她每天都会收学生的阅读记录单，然后自己花费一两个小时把学生的阅读情况记录到本子上，等一切准备就绪就带着我到课堂中点评。半个月后，教学成效已经展现出来了，从刚开始部分学生读半个小时书到后面读两个小时都不是问题了，从以前一下课就在教室操场打闹到现在一下课迫不及待地拿出书来读，这群孩子的变化我都看在了眼里。随着时间的流逝，张老师在单子庄小学的支教也画上了句号，在她离开前的最后一节课里，她特意走到教室，告诉孩子们要听梁老师的话，将阅读进行到底。在后来的日子里，我的班成了张老师阅读教学的试点班级，而我也接过了她的工作，将阅读进行到底。在一学期的努力中，学生的成绩也因为阅读而提高了不少，我想阅读对一个人的影响是潜移默化的，在短期之内看到的只是一点点小小的成就，但长远看来，对人一生的发展将会产生深远的影响。

张春燕老师虽然结束了在单子庄小学的支教，但她在临夏支教的这一年里却牵挂着这群孩子。因为我们是一所农村小学，图书资源有限，她就联系厦门园南小学的孩子们给我们捐书，一册册书从厦门邮寄到单子庄小学，因为有了这批捐赠的图书，班里有了图书角，有了图书管理员，学生们给这些书编上编码，登记记录，一学期下来书看得越来越旧，但没有丢失过一本书。去年11月28日，张老师又带着崭新的100多册图书来到了单子庄小学，来到教室，孩子们簇拥着她，给她赠送精心制作的贺卡，农村的孩子不善言辞，对张老师的爱都在一张张卡片里。

爱孩子才能教好孩子，她对单子庄小学的孩子真的是宠爱至极，给孩子捐书，联系爱心人士助学，想孩子们了就带着巧克力、明信片来看他们，已经结束支教的她，昨天凌晨又给我发来了她录给孩子们的小视频，在视频中她不忘自己的初心，还在鼓励着孩子们将阅读进行到底，我心里除了感动还有感激。在短短十五天的相处中，孩子们遇到了能够改变他们一生的良师，这是何等幸运，而我也因为阅读，遇到了我的良师益友，在她的身上我还要学习好多好多啊，我也是幸运的啊。

遥寄思念

临夏市实验二小　马　慧

亲爱的老师，您还好吗？我和同学们都非常想念您。您的学生们都还好吗？这次的疫情好严重，老师您一定要保护好自己哦。我在假期做作业的时候，总会想起您。记得您和蔼可亲的样子，也记得您绘声绘色给我们讲述故事的样子。

记得印象最深刻的一次是，那天在写作指导课上，我本来对作文不感兴趣，总觉得没什么好写的，平时也懒得积累词语和优美的句子，那次您要求我们写一件感动的事情，我磕磕巴巴写了几句，就不知道写什么了，看着其他同学认真写着作文，我心里也很着急，就在这时，您过来了，看了我写的小短文，轻声地读了出来，我羞愧地低着头，本来以为您要骂我，结果您却表扬我的作文，说它短小但感人。接着，您又教我怎么扩写开头和结尾，怎样应用好的词语，在您的耐心指导下，我的作文很快成了长篇，您还让我将作文读给同学们听，我听着同学们对我的赞美，顿时对写作文有了极大的兴趣。接着，您又给我说了写作文的好办法，就是积累。我现在每次都会将读到的好句子和词语记录下来，都积累了两个小本子了，前几天我又买了一个非常漂亮的本子，我想继续将这个好习惯保持下去。

老师，我们学校里的树叶都落光了，您说过，等到校园里的花草树木重新开花，校园一片翠绿的时候，您还会再回来看我们，和我们一起上课、玩耍，我现在都盼着校园里的树早早发芽，那时候，您又会回来了对吧？

老师，厦门的天气还是像你说的温热吗？我现在对厦门有着无尽的向往，我想去看看您说过的厦门的鼓浪屿、沙坡尾、集美学村、南普陀寺、铁路公园、厦门大学、中山路、胡里山炮台、万石植物园、曾厝垵……记得您当时在幻灯片上给我们看了这些美景，我当时就对这些景点非常着迷，我从小喜欢看大自然，喜欢感受大自然的风吹过我的脸，喜欢雨水滴落在我的脸颊上，我记得您在给我们上课的时候说过，不要逃避春天的细雨，它柔柔地滴在脸颊上很舒服，您也说过，不要厌恶雷云滚滚的天气，试着去观察天上云的变幻，试着去听每一次的雷声，有何不同。所以我一直都想亲自去看看，去感受厦门的美丽和厦门人民的热情。今年放假本来我已经和妈妈达成协议，早点写完作业，并且取得好成绩，爸爸妈妈就会带我去厦门玩，我一直很期待，但愿望被打破了，因为疫情，我们不得不坐在家里，保护自己。老师，我很遗憾没能在假期去看您，但是您放心，等这次疫情结束，我们都安全之后，我再去厦门玩耍，到时候，我还有很多问题想问问您呢。

好了，亲爱的老师，我想说的话太多太多了，一封信，不，十封信也说不完，我想以后有机会再碰到您，我要和您好好说说心里的话。老师，我也诚挚地邀请您来我们临夏旅游，到时候我带您去您没有去过的地方旅游。

最后祝您身体健康，生活愉快！

一个特别的老师

临夏市单子庄小学　张梦圆

我知道很多职业，比如有英勇的警察，救死扶伤的医生，起早贪黑的环卫工人，但我还是最敬佩诲人不倦的老师，老师是个神圣的职业，凡是有老师的地方，就有祖国的栋梁，老师是蜡烛，点燃自己，照亮别人，老师是我们的“母亲”，无私地关心照顾我们，我遇到过很多老师，但有一位很特别。这位老师虽然只教过我们班短短几天，就已经留在我们心里了，她就是从厦门过来支教的张春燕老师。

张老师秀气的脸上有一双大大的眼睛，还有一张像樱桃似的小嘴，一头乌黑的头发，微微卷起，就像仙女一样，记得张老师第一次来，进教室后，张老师跟我们打了招呼，介绍了自己。张老师 40 多岁，在厦门教学，她却有一颗童心，像一个小孩子一样，可爱极了。张老师也给我们讲了很多有关阅读的事。还问我们“腹有诗书气自华”中的腹是哪个腹？我们也不知道，所以就开始讨论，有人说是父亲的父，有人说是复仇的复，但都错了，突然高晶晶站起来，大声地说是月字旁加复仇的复，张老师过来亲切地问她叫什么名字啊，这就是正确的答案。我们鼓了鼓掌，把羡慕的眼光投向了她，说实话，张老师的声音非常好听，细而不腻的，跟我们说话就有莫名的熟悉感。我们很开心地跟这位新的老师上了几节课，大家脸上都洋溢着灿烂的微笑，这就是我们跟张老师的第一次见面。下午我们放学了，张老师也要走了，我们都有些依依不舍，但张老师说她下次还会来看我们的。可真期待和张老师的下一次见面，会有什么有趣的事发生呢？

时隔几天张老师来了，这次张老师来还给我们带来了厦门的孩子们捐的书，所以我们在教室里放了一个书架，摆上了那些书，今天张老师还给我们班里的 13 个同学发了摘抄本，其中也有我哦！张老师鼓励我们要好好读书，读书才能成为国家的栋梁，从那时起，我就决定要好好读书，不让任何人失望。我是这样想的，也是这样做的，我每天都会认真读书做摘抄，希望自己继续加油努力！

张老师是个很好的老师，她会给我们买小零食，给我们讲故事，让我们更有了读书的动力，张老师非常亲切，对我们非常好。谢谢您张老师！

张老师的穿着很时尚，总能穿出和我们不一样的感觉，六一儿童节来了，在这天每个班都表演别出心裁的节目。张老师也给我们大家带来了特别的节目，张老师朗诵了一首诗，张老师读得非常有感情，我们听得也很认真，觉得张老师都读进了我们心里。记得张老师在上台前还撩了撩头发，哇，张老师太美了，我们班同学们都说张老师好漂亮啊！

张老师来了，这次张老师是带着任务来的，什么任务我来告诉你们吧，因为有个阿姨要帮助我们班的某位同学，经过她们认真挑选，她们选择了我们班的高明瑞，说一直要捐助她到读大学，因为她读书多，也很认真。我们也很羡慕她，但老师告诉我们继续努力，有可能下一位就是你，所以我们也要好好读书，不让任何人失望。

现在我们班的同学都爱上了读书，甚至有些人还买了书，在张老师来看我们的时候，让张老师签名。张老师告诉我们说下一次她来，会给我们每个人带她亲手签了名的明信片，我们都沸腾了，好开心啊！不愧是张老师，说话算话，张老师这次来果然给我们带了明信片，还带了巧克力，是美国进口的。张老师说因为寄来的太迟了，所以很抱歉，我们感觉张老师实在是太好了，给了我们巧克力后，张老师还嘱咐我们赶紧吃，不然就融化了。接着张老师就给我们发亲笔签名的明信片，还在上面写了鼓励我们读书的话，每个人的都不一样，可以看出张老师是多么一丝不苟。在我的明信片上，正面是厦门的景色，分成上下两部分，上面是一座座拔地而起的高楼大厦，下面是那种乡村景色，里面有好多绿树，郁郁葱葱的，一看就觉得空气非常好，中间还隔着一条大大的河，可好看了，正面张老师给我写的是“阅读，可以成就一个更加美好的自己！”下面是张老师的签名，我都高兴坏了。

不知不觉又过了好多天，11 月 28 日，张老师来了，还带了许多书，张老师说这是她班里的一位小姐姐，用 2000 多元的零花钱给我们买的 100 多本书，都是新的，还都是适合我们读的书，虽然我们跟这位小姐姐只差两岁，但她已经看了好多书，很厉害，我现在将她设为学习的目标，努力前进。我也很感谢这位陈屹芊小姐姐，她让我们将世界看得更远，了解了我们从来不知道的知识，谢谢你！我们会好好读书的。

我们班也给其他学校的同学们拍了视频，让他们和我们一起阅读，加入这个神奇的队伍，让读书成为生活中的一部分。

读书让我们完美，而读好书，让我们更加完美，在书中我了解了好多知识，阅读真的可以成就一个更加美好的自己，我很感谢张老师的出现，让我看到了一个不一样的自己，学到了不一样的知识，看到了不一样的世界。我很想对张老师说声谢谢！因为您，我开始变得不一样，我会好好看书，不会让你失望，迎接更美好的未来吧！

致张老师的感谢信

临夏市单子庄小学　高明瑞

亲爱的张春燕老师：

您好！

老师的爱，有太阳的温暖，有春风的和煦，有清泉的甘甜，老师是最美的播种者，最美的耕耘者，如果我是诗人，我一定会用全世界，哦不，应该是全宇宙最好的诗词来赞美你。如果说我们是彩虹，那您就是太阳，给予我们七彩之光，如果说我们是小草，那您就是春季的雨滴，给予我们生命的源泉。

今天我想在这感谢你，因为您给了我希望，而这种希望来自阅读，我以前也喜欢阅读，但因为您的出现，我更加喜欢阅读了，书中有描写十分生动的人物，有迷人的风景，有好词佳句。您来的时候，第一堂课就让我们初步了解了阅读的魅力。之后，您让我们一有时间就读书，只要自己读了，多长时间都可以。现在我读书多了，速度快了，都是因为您给的希望与鼓励。

对您的感谢，千言万语也无法表达，对您的祝福百十万年也不会改变。

我读过一本哲理故事书，它让我受益匪浅，懂得了许多人生道理，也为迷茫的我指引出了一条宽阔的道路。其中一则文章让我明白，每个人都有自己的优势和长处，充分发挥自己的才干，才会出人头地，还让我明白每个人都会遇到挫折，但是不能放弃，要勇敢地站起来面对挫折。

还有一本书就是《巫猫之国》，读了这本书，我得到的收获是，不管别人说的是什么，都不要盲目地去相信，要自己观察一下，去寻找一下，动手做一下，只有这样你才知道是不是真的像别人说的那样。

读书带给我的变化有很多。从以前的不知轻重到现在的知书达理，从以前的莽撞到现在的稳重，我变得认真仔细，有耐心，想象力丰富，这些都是阅读带给我的。

张老师，感谢您，感谢您的细心指导，感谢您的温暖鼓励。

学生：高明瑞

2020 年 1 月 25 日

感谢信

临夏市单子庄小学 高明瑞爷爷

敬爱的爱心人士：

您好！

我是甘肃省临夏市单子庄小学六年（1）班学生高明瑞的爷爷，首先，请允许我向您表示衷心的感谢！感谢所有关心贫困学生的爱心人士们，这次资助对我和我的孙女可谓意义重大，使我们感受到了社会的关怀，使我们看到了生活的光明和希望，使我们对未来充满了信心。对于我们这样的贫困家庭可谓久旱逢甘霖，圆了孩子的上学梦，也圆了孩子爱阅读的喜好！

我们来自甘肃农村的一个贫困家庭，家里有五口人，孩子属单亲家庭，家里无固定收入，光靠孩子父亲修车来维持不宽裕的生活。我孙女从小就感受到了生活的艰难，在学习上不甘于人后，并取得了优异的成绩，受到了老师和学校的夸奖，生活上孩子从不和同学攀比，“饭疏食，饮水，曲肱而枕之，乐亦在其中矣”，醉心于学习，便忘了物质条件的艰辛。并且，我孙女在家里做一些力所能及的事，减轻我们的负担，使劳累的我们感到一丝欣慰。

为了孩子能背上新书包，用上许多的学习用具，有那么多人在奔波，更有那么多的爱心飞入我们寻常百姓家，不敢相信在物欲横流的社会，还有这样一道亮丽的风景，也没有奢望过这爱是你牵着我们的手，作为家长，我们教育孩子要学会感恩，要让孩子知道，父母把他带到这美丽的世界，而更应感恩于为他成长付出心血的老师，要努力学习，做对社会有用的人，还要感恩每时每刻在他身边扶持的每一个人，是他们证明了我们存在的价值。

我们家孩子特别喜欢阅读，为了培养孩子，我们省吃俭用，从孩子 3 岁开始，家里购买了一些绘本，只要有时间，我和孩子爸爸都会和孩子一起阅读，等孩子上幼儿园，周末我会带孩子去图书馆，在里面一待就是一上午，孩子完全沉浸在书香之中，多年的阅读也大大提高了孩子的专注力，这不仅仅表现在平时的阅读和写字上，还表现在其他方面，比如画画，只要孩子有想法就画个不停，孩子思维活跃，想象力丰富，这无疑也得益于日常的阅读，平时在家里，孩子爸爸经常会和孩子交流阅读心得，孩子都会有许多不错的见解，娃娃没有识字前，看书都是看里面的图案，起初我们以为她看不懂，后来发现，她不仅看得懂，而且还会看图编故事。有时候，她看到搞笑的图片还会向我们描述一番，时间长了看图理解能力提高了不少。

孩子随着识字量不断增加，越来越体验到阅读的乐趣，同时她也尝试自主阅读，现在我们终于可以慢慢解放，不用天天讲得口干舌燥了，孩子自主阅读，这是我们教育孩子十几年来最为开心、最为自豪的一件事情。

现在，收到您的爱心资助，我们全家很激动，我们家只能以此方式感谢您的善良和仁爱，感谢您对我们家高明瑞的热心帮助，同时也祝您及家人工作顺利，一生平安，家庭美满，我孙女高明瑞也一定不负您的期望，更加努力学习，克服困难，努力成才，回报社会。最后再次致以诚挚的感谢！

受资助学生爷爷：高占武

2020 年 1 月 25 日

我读书，我快乐

临夏市逸夫第一小学 王怡楠

小的时候，我虽然爱读书，但是我经常是一目十行、囫囵吞枣地读书，一点也不爱记笔记、写摘抄和读后感，拿到新书也没有欣喜若狂的感觉。近几年，学校为我们开设了一门阅读课，上学期还专门请来了厦门的张春燕老师给我们上课。张老师是一位美丽大方的女老师，她设计了读书单，让我们把自己每天晚上读的书记录下来，家长签字，来督促我们每天读书。第二天她进行点评，教我们怎样阅读，读什么样的书，她的课轻松自然，没有压力，同学们都很喜欢上她的阅读课，从那以后我更爱读书了，习作水平也明显提高了。

高尔基曾说过，“书籍是人类进步的阶梯”。读书可以丰富知识，可以让你了解许许多多为人处世的道理，可以使你不再孤独，让你在知识的海洋里遨游。读书使我快乐，读书伴我成长。

书籍这一座智慧的殿堂，这一片思想的森林，这一片文明的沃野，包罗万象，藏珍蕴奇，怎能不使人心醉神迷，流连忘返？无论是朝霞灿烂的早晨，还是炊烟袅袅的黄昏，无论是月光如水的良宵，还是风雨大作的暗夜，打开书，我就忘记了一切悲伤与孤寂，心头充满了愉悦与宁静。

是啊！读书的好处无穷无尽。我曾经在一本书上看到这样一段话：“读书能医愚，读书能治穷，读书能疗病，读书能励志、致远、练达、聪慧，读书能知道怎样交友、识人、说话、做事，怎样活着才身心健康，读书能明白什么样的人生称得上完美无憾。”

是的，是读书让我由一个懵然无知的孩子，变成一个对世界有了认知、开始独立思考的小学生。因为阅读童话书籍，我走入一个纯净而美丽的世界。当看到小人鱼为了所爱的王子，毅然放弃了三百年的生命，化为海中的泡沫时，我忍不住潸然泪下，同时也为王子祝福。记得那一天，我整个下午都在小溪边徘徊，看着澄澈的流水，想着小人鱼的善良与美丽，一种难言的忧伤与真诚的感动，占据了我幼小的心灵。而当再看到童话中的主人公凭着勇敢与智慧战胜邪恶时，我又为之高兴不已，拍手称快，就这样，我开始懂得了真、善、美。

读书，使我懂得父母生我养我的艰辛，让我读懂了“谁言寸草心，报得三春晖”的含义。读书，使我面对老师在讲台上挥汗如雨时，我再也不敢神游于“洛克王国”之中。

读书，让我在面对落日、晚霞、青山、清风、美景时，能够随口吟出“宠辱不惊，闲看庭前花开花落；去留无意，漫随天外云卷云舒”，而不至于在面对美景时哑口无言。

读《三国演义》《水浒传》可以让我们对中国名著有所了解，看《十万个为什么》可以使我们的知识更加丰富，读《作文大全》可以提高我们的作文水平，就是看一些漫画、搞笑之类的，也可以让我们更加幽默，更加富有想象力。

同学们，要想做一个睿智、博学多才的人，只有通过读书才可达到。苏轼所说的“腹有诗书气自华”，是一种书卷气的自然流露。每当我一个人在家的时候，我都会拿起书，美美地看上一整天，每当我看见书中主人公面临巨大困难，我都会和他一起思考，寻找答案。每当我看到主人公被坏人捉住，受尽一切磨难，我都会十分愤怒，恨不得钻进书去，帮助主人公逃离，让那些坏人都得到惩罚。可是转念一想，没有坏人又怎会有好人？于是就不再追究了。每当我看见那些坏人遇到危险时我都会暗暗激动。

现在，我越来越爱读书，因为书给我带来了无穷的乐趣。当读到安徒生的童话集——《卖火柴的小女孩》时，我曾为卖火柴的小女孩的命运做过祈祷，当我看到《狼牙山五壮士》时，我为狼牙山五壮士的悲壮流过眼泪，当我读到《三国演义》时，我为诸葛亮的雄才大略钦佩不已。我深深地陶醉在书的海洋中，当我捧起《钢铁是怎样炼成的》，深深融入其中时，我感到自己是多么幸福，因为我拥有健康的身体，保尔虽然残废，但他那种不向命运低头、坚强的意志和顽强的精神，深深地把我折服，让我佩服。我对今后的学习、生活充满了希望，我更爱读书了。

读了许多书之后，我发现我的视野开阔了，懂得了各种知识，我渐渐地离不开书了。在这个知识时代里，书是不可缺少的。各位朋友们，各位同学们，我想对你们说，爱上读书，享受阅读吧，这会让你享受到阳光的明媚，空气的清新，享受到心灵的愉悦和生命的奇妙！享受阅读吧！让思想的火炬飞越乱云飞渡、雨脚如麻的岁月，穿行在漫漫长夜、亘古荒原，在坎坷中前行，在低谷中攀升，照亮你前行的长路。享受阅读吧！乘着书的翅膀，掠过千山万水，走近自然，期盼幸福，收藏阳光！

我和女儿的读书时光

临夏市逸夫第一小学 王怡楠妈妈

书是人类的好朋友，陪孩子一起读书，让孩子从小养成良好的读书习惯，是我作为家长总结的教育经验。

自我离开了学校后，在如今浮躁快速的生活中，在日常繁忙的工作之余，我更多地会融入快节奏的业余消遣，宁愿慵懒地看着电视，也很少能潜心看看书，家里的藏书也成了束之高阁的摆设，很少拿出来读一读。

今年我女儿 11 岁，在临夏市逸夫小学上五年级，从陪她在小卡片上的识物认字到如今陪她读书，她的进步使我很欣慰。孩子养成喜欢读书的习惯是需要循序渐进的，记得在女儿小的时候，每天睡觉之前一定要我给她讲故事，当我把记忆中关于小朋友的故事讲完了的时候，我最终选择了购买故事书，每天把故事书中的故事读给她听。后来，女儿上学后认识的汉字越来越多，她也喜欢在每天睡觉的时候自己看一会儿书，从连环画到故事书再到课外读物等。再后来我就陪她一起读书，记得在读《安徒生童话》的时候，我们商量好每人读一个章节，那时女儿才上一年级，读起书来还是一本正经、老老实实地念，故事虽然精彩，可从女儿的嘴里读出来却无比生硬，让我一点也笑不起来。于是，轮到我读的时候，就故意绘声绘色，手舞足蹈，以至于逗得女儿哈哈大笑。久而久之，女儿也学会了带感情地读书，并且在读书的过程中，能充分感受到书中人物感情的变化。

去年 9 月份的一天，孩子回家给了我一张读书阅读单。这张表简单记录孩子读的书名、读书时间等，最后让家长签字。和孩了交流后才知道，是学校请来的厦门老师给的，要给她们上阅读课。简单的读书单是对孩子读书坚持的记录，我每天在她读完后签字。

本来就爱看书的孩子，每天晚上都会自觉去读书，甚至偷偷在被窝里看，一问原来是因为张老师在课上表扬了她。

当然，她经常会在看书的同时，问我一些问题。为了不至于回答不出孩子简单的提问，我不得不提前补一下课了。比如，现在的女儿已经自己阅读儿童版的《西游记》《水浒传》了，当然，接下来，她还会阅读《三国演义》等更多其他的名著，可能有一天，她会问我："妈妈，你觉得曹操是小人还是枭雄？"为了不打击孩子学习思考的积极性，我就得重新整理一下自己的知识储备，重新好好看看书了。孩子的成长成了我重新学习最好的动力。

在女儿阅读的过程中，我最喜欢和她一起讨论和交流，并抓住适当的契机对她进行鼓励和教育。记得一次去买水果，女儿看见水果摊上的西瓜，就对我说："妈妈，你知道什么样的西瓜是生瓜，什么样的西瓜是熟瓜吗？"我说："妈妈不知道，你知道吗？"她说："我来告诉你吧，先敲一敲，声音像木鱼的是生瓜，声音闷的是熟瓜，还可以放在水里，浮在水上是熟瓜，沉在水下的是生瓜。"在一旁卖水果的老板娘直夸她聪明。回来的路上，我对女儿说："你看读书多好啊，可以学到很多的知识，可以把你变得越来越聪明，你可要每天坚持噢。"女儿兴奋地说："是的，要是我不读书，我也不知道怎样辨别西瓜的生熟，读了书才知道，我以后要每天坚持读书，我还要知道更多的知识。"

现在女儿已经喜欢上了阅读，每当她沉浸在书中，表情会随着阅读而变换，有时候开怀大笑，有时候暗自难过，有时候恍然大悟露出微笑，那一刻是多么享受。但我还是坚持陪她一起读书，目前她所阅读的书籍都是由她自己选择，我们家长提些建议，但都遵循了几个原则：必须对学习和成长有益的书；能提高写作能力方面的书；能增长阅历、开阔眼界的书。最近女儿喜欢读名人传记，我们读完以后还在家里对读书学到的知识进行问答，通过更生动的方式加强她的学习兴趣，我也在陪孩子读书的同时给自己一个安静的时段。

跟孩子一起读书后，我也沉淀了很多，学习了很多。为了能跟孩子一起交流读书心得，我又重温了小时候的故事，找回了曾经美好的童年回忆；为了给孩子更好的教育，我买了很多书，这些书给了我很多启发，很多甚至对自己的日常工作与为人处世有引导作用；跟孩子一起读书之后，我也学到了很多新的知识，再次体会到了学习与提高的乐趣；更重要的是，跟孩子一起读书之后，我从肤浅的应酬与娱乐之中脱身出来，静下心来感受亲子相处的乐趣，让我体会到了平静祥和的亲子之乐，而这对我们自身的精神境界也是一种新的升华。其实，当我在写这篇文章的时候，孩子正在旁边跟她爸爸一起读书呢。这让我体会到了另一种平静的感动与温暖。

和女儿一起读书是一种休闲娱乐的方式，也使我们母子关系更加融洽。在书的带领下，我们不断磨炼自己的意志，而我们的心灵也将渐渐地充实成熟。让我和女儿一起读书，一起成长，一起在书的海洋里无限快乐地遨游吧！

走进阅读梦

临夏市实验第二小学 马 洁

张春燕老师突然走进了我的生活。和她相处的只有短短的几个星期罢了。但她说的每一句话都深深地记在我的脑海中，她的到来给我们班学生不少的影响。

张老师的到来就像是一场微雨，将知识深深地灌入了土地里，微雨过后土地长出了茁壮的绿芽。她来过的地方总能留下一阵芳香。

她改变了大家，也改变了我。因为张老师，我开始真正地喜欢上读书。最初我对读书是烦躁的，是厌倦的。因为父母是老师，我不得不看书，却没有真正喜欢上读书。张老师来之后，我开始用心去阅读，感受到文字的美，对书中的故事牵肠挂肚，学会了用心去感受事物，真的很感谢这位前来支教的张老师。

这位被学长学姐称之为“女王”的老师确实有女王气质——长发披肩，凌乱且唯美，各色的衣服都能驾驭，且搭配得极其舒服，交谈时更让人舒服，有一种浓浓的书卷气，每次进教室都是和颜悦色的，点评时更是了得，金句随口就来：“办法总比困难多”，“挤一挤，时间总会有的”。生涩难懂的道理在她那儿总会变得如此简单，而且很快就能带动我们去实践，这样的老师可真是所有学生梦寐以求的。

张老师每次来的时候都会询问我们的情况。她说的道理很多很多。她曾经说过，时间就像从海绵里挤水，挤一挤呀，总会有的。对呀！其实读书就是这样。一有时间就读书，一有空闲就读书。因此每当读书的时候，脑海中总会隐隐约约有着她的影子。

这位“女王”老师词汇量非常丰富，擅长夸奖。每次的点评内容都不会重复，我们班的学生都被她表扬过，选的书比较贴合实际、·天中能多挤时间来阅读、交阅读单时既拘谨又可爱的样子……这些都可以成为张老师表扬的事件。就算有个别同学表现得不太好，张老师也不发怒，只会以一个朋友的身份先与学生拉近关系，然后把他身上的闪光点使劲地夸一夸，再说存在的问题，这样不仅给学生留足情面，而且让学生觉得自己是一个非常不错的人，不能犯这么低级的错误，让本来犯错的孩子在不好意思中又徒增一丝骄傲。张老师在我们班每个人心中都是知心大姐姐一般的存在。

转眼间，我们已经坚持阅读一年，张老师已经回到了她的家乡。虽说并没有全班同学都坚持下来，还是有二十名同学坚持到现在。我们从一开始只是读完一本书，到现在想弄清它的写作背景，还能尝试着写一写读书笔记，更有同学很用心地为自己心爱的书做了书签。从这些点滴中我知道我们是真正喜欢并享受读书了。相信我们会不断地从张老师走之前捐赠给我们的那么多书籍中汲取养分，茁壮成长。

坚持阅读之后，我的习作水平有显著提升，在写作中我会有意识地把各种修辞手法、描写方法用到自己的作文中，力求新颖，努力让自己的作文更胜一筹。而且，自从静下心来读书之后，自己的脾气也有所收敛了，不再那么暴躁，突然变温和了，对人、对事都能做到宽容。读书是一个长久之计，不能见好就收。我想如果我们一直坚持阅读，谈吐与气质都会与众不同，也会越来越像我们的“女王”老师。

我们总会记得，在我们青少年时期，来过这样的一位老师，让我们受益匪浅。

爱心起航，让梦飞翔

临夏市实验第二小学　蒋月菊

2019 学年，我校来了两位远方的客人，他们就是厦门市的张春燕老师和王晓菁老师，这两位远方的客人在我校开展支教听课活动，我分别听了语文、美术两节课。

两位老师从厦门给我们带来了新颖的教学理念和宝贵的教学经验，使刚入职教师行业的我如沐春风，深受启迪，我第一次意识到，教书原来还可以这样教！

给我印象最深刻的是语文张春燕老师的和蔼可亲，第一次见到她的时候，一身潮流装扮，精干利落，英姿飒爽，经过短暂的打招呼和交谈之后，才感受到，这位老师真的特别亲和，来我校支教，她一点都不见外，会主动跟我交谈，一起走路都可以跟她学到许多意想不到的经验。张老师对老师们和蔼可亲，对学生更是和蔼可亲，这才是真正的我要学习的，在我的印象中，孩子们都是顽皮的，如果老师不严肃，肯定会镇不住学生，但是，在她的课堂上我居然看到，她对孩子的奖励就是一个握手，一个拥抱，在她的课堂上，她一直都在过道里，在学生的身旁，从来没有高高地站在讲台上居高临下，摸摸学生的小脸蛋，抚摸学生的头，这些动作贯穿整个课堂，甚至有个学生回答的答案与问题风马牛不相及，如果是我，应该会生气的，可是张老师却说他的回答太可爱了，顺势询问学生如此回答的理由，进而了解这个学生的内心，使学生放下对老师的戒备，敞开心扉与老师做朋友。

是啊，学习本就是一件增长知识、不断强大自我的过程，别把学习变成学生的负担，让学生主动去学，愿意去学，才是学习的本质，才是我们每一个老师最根本的追求。

之后，我还观摩了美术王晓菁老师的一节美术课，全校没有课的老师都被吸引过来，这节课是“神奇的线条”，在我的观念里，小学生的美术课应该是给他们在黑板上画一只小动物，或者一些简单的卡通画，学生们照着画即可，可是王老师的这节课却刷新了我的观念，让我意识到，美术课原来也是需要系统教学的，一堂美术课在应该具有循序渐进的教学过程，最最重要的是要从简单的点线面来启发学生的创造性，王老师叫几个学生在黑板上随心所欲地画了几条线条，在孩子们看来那是一团乱麻的时候，王老师却将它绘制成一幅生动的风景画，学生恍然大悟，又惊奇又兴奋，满满地都是对老师的崇敬，更神奇的是，学生们争先恐后，指着线条说这个像个小姑娘，那个像小蝴蝶，那里还有一只小蜜蜂……哇！原来我的这些学生们都这么聪明，这么善于观察、善于发现。于是，我陷入了深深思考，略带一丝羞愧，学生本就是千里马，只等我去做一个像王老师一样的好伯乐。

是啊，教学，别让孩子抹去孩童时代的天真和创造力，顺应孩子的创造力，去启发、点拨，这才是我们老师对自身正确的定位。

在活动的最后，我还听了两位老师的评课讲座，并在讲座上提出来自己在教学过程中的许多困惑，两位老师与我分享经验，教了许多新颖奖励机制的具体操作，使我对自己的工作有了更深刻的认识，也有了更充足的信心。希望通过两位老师的帮助，我们实验二小的明天会更好！真诚感谢两位远方的客人！

令人感动的课堂

临夏市实验第二小学 丁晓瑜

在临夏这座小城慢慢寒冷、风越来越凉的时候，两位老师从厦门远道而来，风尘仆仆，她们带着专业的知识以及教书育人的心，来到我们临夏市实验第二小学，给我们指点迷津。

刚开始的时候，我并没有重视，只是自顾自地、按部就班地进行自己的教学以及学生的管理工作，总以为两位老师所在的学校地区比较先进，学生的素质以及家长的素质都很高，比我们这边高出一大截，她们的教学理念和教学方法不适合我们，所以，当学校给我们安排听课的时候，我们总觉得是占用时间，还有点不高兴。第一次听的时候，并没有很用心，所以收获寥寥，但是，老师的一次美术课，让我耳目一新，同时感动满满。

我记得老师的那节课是用线条作画，初见这个课题，我很纳闷，用线条作画，岂不是胡乱画一通即可？我便在自己的听课本上胡乱画，可认认真真地听了几分钟之后，老师教学的目的才慢慢浮现出来，她让孩子们用线条胡乱画一画，然后根据线条所构成的不同的形状，用自己的想象连接成一幅画。哇，这是一个多么好的方式啊，整堂课上，孩子们借着想象的翅膀，在乱作一团的线条中，涂染出一幅又一幅画作，而我四处一看，连前来听课的老师，都在听课本上画自己的画。是啊，我很久没有这样听课了，感觉自己就像一个学生一样，老师上课那么富有激情，她讲课的内容是那样吸引我，让我忍不住拿出自己的笔来画，这一瞬间，看着埋头苦画的老师，一阵感动之情涌上我的心头，同时，也让我反省自己的教学方式，我也承担了自己班级的美术课，可我上美术课的时候，只是画一幅简单的画来让孩子临摹，也没有很重视美术课，因为打心底里我觉得它并不是那么重要，可这一堂课让我受益匪浅，原来，美术课也能这么有趣，也能让孩子发挥出自己的想象力，看着认真作画的学生，就像一个个小画家一样，让我感动，也让我自省。

与此同时，老师上课的时候，她一而再，再而三地强调上美术课的要求，我从来没有那样做过，我以为没必要，可是后来老师告诉我们，上课前告诉孩子们这堂课的要求，那么他们会更加明白这节课要做什么，会更加努力，不断地提高自己去达到要求……短短一节课，让我醍醐灌顶，学到了很多。

这样一件件让人感动的事情，让我这个入职不久的老师受益匪浅。教学，要用心，只有这样，才会让孩子掌握知识，才会让自己更加有收获。

一瞬间的感动

临夏市实验第二小学　杨冬萍

人们总说："因为一个人，爱上一件事。"这句话真是形象，就是因为可亲可敬的语文老师，我爱上了阅读。

我清楚地记得，2019 年 3 月 20 日那天，语文老师风尘仆仆地跑到教室叫走了几个同学。过了一会儿，那几个同学一人抱着一大摞书走进来。随后语文老师要求我们每天做课外阅读，并记录在书单上，说着便把一张张书单发下来。一下课同学们争先恐后地跑向讲台，你争来我抢去的，都想要找一本自己中意的书，那场面真是混乱呀！我跑过去时，讲台上的书已经寥寥无几，我心里不免有些失望。忽然我看到了一本书面泛黄、边角卷卷的"老"书——《宝葫芦的秘密》……就这样，我有些不情愿地开启了我的阅读之路。

从此以后，每天中午其他老师还在休息时，张老师已经早早地到校开始批阅书单。每天老师都会发现一些问题，认真做好记录，再利用零碎时间给我们悉心反馈。每次反馈，老师都会一改往日的严肃，像一个朋友一样肯定我们的努力，并热情地激励我们继续坚持，还时不时教给我们一些实用的读书方法。一开始每天坚持阅读很难，为了激发我们对阅读的兴趣，张老师每个月底会让我们做读书小结，总结自己这个月一共看了几本书，并推荐一本最好看的书，写出好看的理由和推荐的原因。写得好且认真的，就会有积分奖励。因为我们班是积分制，每一个月就会开展一次跳蚤市场，积分就是金钱，积分越多换的东西也就越多，同学们自然而然都会很努力阅读，而且一个比一个棒。此外，张老师每个月还会让我们投票选出自己心目中的阅读之星、阅读未来之星、阅读感人之星等，每个同学都有得到荣誉的机会。就这样，阅读成了我们班的一件大事，一件让每个同学都有所期待的事。坚持阅读一个月了，每个同学都无比认真地填阅读之星推荐表，我也很慎重很仔细地填，心里还偷偷想，"会不会有人选我呢？那他为什么会选我呢……"很快投票结果就出来了，令我怎么也没想到的是大部分同学竟然都推举了我，我当时就觉得不是我人缘好，而是我的努力被大家看见了，便暗暗下定决心要好好阅读，要对得起同学们的肯定！

一开始阅读都不太会挑书，挑的全是些毫无用处的杂书。渐渐地，挑书时我有了点心眼：看书的封面有没有"著"这个字。一般有"著"这个字的都是些名家的著作，非常精彩，还有就是听其他同学推荐的书，因为大家都是同学，眼光都比较相近。再后来读的书多了，认识的作家也就多了，挑书时便会倾向自己喜欢的作家。例如，我比较喜欢雨果、老舍、冰心、泰戈尔等作家，挑书时总会被他们的书所吸引……回首自己的阅读之路，也有小一年了，这一年对于我来说真是充满坎坷而又收获满满的一年。从粗略地、大致的地、毫无头绪地读，到慢慢地、细细地"品"，从细细地"品"到身临其境般地探索，那一次次投入，一次次进步，真是让人感到无比享受与自豪。

书越看越多，作文自然越写越好。当别的同学的作文本上全是小圈小点的精彩时，我的作文本上则全是红色的波浪线，这都源于我阅读时的积累。每当阅读遇到优美的语句、片段时，我就赶紧拿起笔记本记下来，就好像一位寻宝的海盗找到宝藏，心情无比愉悦。

慢慢地，阅读对于我来说，不再只是完成老师的任务，更不是消磨时光，像是在一位向导的陪同下，无止境地探求智慧的源泉。书像一位老师教我诸多知识，像是一位妈妈抚愈我心灵，更像是一位难得的知己，读它时都不知道是我在理解它还是它在解读我。现在呢，所有我读过的书，我都会把里边的知识藏在眼睛里。我的眼睛亮亮的，一闪一闪的都是我藏起来的宝藏。

2019 年的最后一天，老师把这一年的书单全部发下来时，整整有一大摞。就像一棵幼嫩的小树上长满了硕硕的果实，一页一页地翻阅着我的书单，一幕幕场景在心中重演。想到自己因阅读一点一点变得更加美好，我的泪水夺眶而出！我种下的阅读种子，居然开了花，结了果！语文老师说得真好："所有的努力，都是为了在未来遇见最美的自己！"

记厦门对临夏单子庄小学的捐赠结对活动

临夏市单子庄小学 谢 鑫

2018 年，作为一名单子庄小学的教师，我有幸见证了厦门教育和临夏教育的友谊对接，见证了厦门教育对我们临夏农村教育的大力支持和帮扶，收获了满满的感动。

夏天的烈日炎炎阻挡不了爱心的脚步，在这个假期，单子庄小学的孩子们收到了一份巨大的精神食粮——由厦门瑞诚书屋和侨联青委会捐赠的爱心图书，此次捐赠的图书共有 2000 册，内容丰富，涵盖了小学各学科知识以及课外知识，非常适合小学生拓宽知识面，也为学校图书室开展活动创造了良好的条件。7 月 28 日，捐赠仪式在单子庄小学隆重举行。中共临夏市委常委、临夏市副市长李强，临夏市扶贫办副主任徐桃生等领导作了重要讲话，表达了政府对这次爱心活动的感谢以及此次活动的重要性，厦门捐赠单位代表也从捐赠图书的必要性出发作了讲话，之后厦门捐赠代表和学校领导进行了图书交接仪式，厦门爱心捐赠代表还给孩子们送来了 40 套棉衣，一一分发给贫困学生。单子庄小学校长马花兰致感谢辞，表达了对厦门捐赠单位的感谢，表明了要合理利用爱心图书的决心。接着举行两地孩子“手拉手”结对活动，两地小朋友彼此认识，互赠礼物。看着孩子们拿着书包，面对着高高堆起的书籍，露出的开心的笑容，我也深深替孩子们感到开心，在他们成长的过程中，有这么多书籍陪伴，畅游在知识的海洋里，多么幸运且珍贵啊！

之后两地领导一起去学生家里考察体验。学生家长热情接待了来访贵宾，在学校领导的介绍下，厦门爱心人士代表也了解到当地学生的家庭环境，厦门的学生也在单子庄学生的介绍下体验了农村家庭的条件，两地学生相处融洽，厦门的孩子们也很快融入当地环境中。政府领导和厦门代表也给学生家长提出了宝贵的建议，让家长们能在孩子的家庭教育方面更上一层楼。我们的学生面对厦门的小朋友时丝毫没有羞涩，反而大方热情地拉着他们参观自己的家，还耐心地介绍厦门小伙伴不认识的各种农村工具。印象最深刻的是，我们张军伟同学把自己做的桥梁模型送给了厦门的小伙伴，寓意着厦门临夏这座希望大桥让他们建立了友谊，也希望他们的友谊像桥梁一样坚固，孩子们在乡村的小路上玩耍打闹，笑语连连，这份纯真永远保留在了单子庄，保留在我们的心中。

我们从这一捐赠义举和孩子们的结对活动中看到了厦门教育对临夏教育事业发展的爱心、关心和责任心。我们希望单子庄小学的孩子们不忘恩情，珍惜机会，好好学习，自立自强，以优异的成绩回报社会，报效祖国！

领略名师风采，亮丽教学人生

临夏市第三中学 王巧燕

10月的天空，风已不再轻柔，阳光不再通透，花儿已失去了笑容，青草也没了光泽，可天空依旧那样湛蓝，在这个特殊的季节里，她犹如秋日里的一缕阳光洒满校园的每个角落，温暖着我们，她就是厦门市金鸡亭中学语文高级教师、教研组组长蔡桂琴老师，带着热情和对临夏教育事业的无私奉献，来到了临夏市第三中学进行支教，短短一个月的时间让我如沐春风，让我干涸的内心得到滋润，感到无比感动与震撼。

蔡老师来到学校，了解了学校的教育现状和语文教研组的教学情况后，立马投入支教工作中：耐心地听每个年级语文老师的常态课，认真做听课笔记，观察每节课的课堂动态，课后及时指导交流。在交流过程中，她用亲切的语言、深入浅出的讲授、恰到好处的点拨让我们感受到了她对每位教师热情的关注以及她自身良好的专业素养。课堂中一个细小的环节或一个词语她都记着，这让我感到既惭愧又震惊，蔡老师对教学的投入是那样地专注忘我，在她的身上我首先学到的是对教学工作的专注与热情。

让我印象最深刻、最感动的是，10月22日下午，蔡老师给七年级的学生上了作文写作指导示范课。本节课的教学重点是让孩子们如何学会观察、思考和表达。她的导入很有新意。从所借班上课学生的集体照上做文章，让孩子们仔细观察，并说说照片背后的故事，从而告诉孩子们，只要有心，处处都有写作素材。接着，蔡老师通过16个成语，巧妙地点了全班学生的名字，并以此告诉学生只要有心，皆可成文。这别致一格的导入，一下子就消除了师生间的陌生感，拉近了和学生的距离，学生的学习兴趣一下子就被调动起来。蔡老师利用大量的图片、作文片段、视频等教学资源，生动有趣地教给孩子们观察的方法：观察要调动多种感觉器官（要全方位）；观察要善于抓住对象的特征（要学会比较）；观察要善于思考提炼（要联想和想象）；观察后要及时记录表达（灵感稍纵即逝，需要捕捉住）。她让孩子们明白，会观察是写作的基础和源泉，善思考是作文情怀的催化剂，能表达是作文的终极目标。课堂上，她让学生观察、思考，更让学生学着去表达，包括口头表达和书面表达。从她当堂要求学生写片段作文并进行交流点评的环节可以看得出来，她教给孩子们的方法，可接受，且好用。在这次听课活动中，目睹了蔡老师不凡的教学风采，感受了每一个精彩的瞬间，让人有种拨云见日的感觉，以往自己在写作教学上总是头疼犯难，而今，我茅塞顿开。陶行知说："生活与教育是一个东西，不是两个东西。”的确，语文源于生活，运用于生活，发展、完善于生活，我们的教学应切实注重与生活的联系，写作教学亦如是。蔡老师的这节写作课从头到尾都贯穿了一个思想，那就是“生活即语文”。很多学生对写作有畏难心理，教师要学会引导学生从生活的点滴观察中获得独特的心理体验，并将这种体验转化为写作动力，再用得体的语言表达出来，这个过程应该成为一种自然而然的行为，让语文、让写作成为一种生活方式，而不是一个硬邦邦的作业任务。

我既是语文老师又是班主任，在班级管理方面有时很盲目，总觉得现在的孩子不好教更不好育，在班主任的道路上一直是迷茫的。尤其是班会课更让我无奈，可听了蔡老师的“德育无痕且无根”的专题讲座后，迷茫的我终于看到了阳光。蔡老师针对我们忽视班会课作用的问题，常把班会课上成“批斗课”“通知课”“万能课”“竞技课”等现象，提出应该精心设计班会课，让每周一节的班会课真正成为帮学生学会做人的“帮会课”。首先，她觉得要明确班会课的目的，要根据不同年龄段学生的身心特点，形成系列班会课。如对刚踏入中学大门的七年级学生可侧重于行为规范养成教育，而处于“叛逆鼎盛期”的八年级学生则可侧重于人际关系（亲子、师生、同学间关系）教育，而对面临中考挑战的九年级学生，则可侧重于励志教育。其次，她认为，班主任应该随时关注学生的思想动态和行为表现，适时适地为解决班级存在的问题而举行班会课。并且，生本课堂在班会课上也应该得到充分体现。班主任在开班会课时，要充分调动学生的主体积极性，让学生参与进去，才能让班会课生动而有效。她以自己举行过的一次主题班会“架起心与心的桥梁，共度手牵手的青春”为例，跟我们分享了她是如何在班会课上通过让学生参与各种活动，解决亲子、师生、同学间的矛盾等问题。

关于德育资源开发的问题，蔡老师举了一个很生动的例子。有次她在厦门胡里山炮台看到“天下奇观”景时，想到的是“断枝自接”如何成为德育资源。她的第一层思考（对于班主任来说）：老榕树不嫌弃离根的枝条，是否让我们想到，作为老师和班主任，我们是否能够像这棵老榕树那样，怀着仁慈之心，宽容接纳那些后进生？我们是否应该对每一个后进生都做到不嫌弃、不抛弃、不放弃？我们是否也能伸出双手，关爱如初，给这些后进生爱的滋养，让他们不至于遭冷遇或被遗忘？她的第二层思考（对于后进生来说）：如果你是一个后进生，当你看到这个断枝自接的奇观，又会有什么特别的感触呢？当你面临困境或堕落时，你是否在努力借助外力的帮助，重新抓住一线生机，努力地向上生长，而不是一味地堕落和自暴自弃？她的第三层思考（对于我们每个人来说）：断枝那强烈的求生欲望，是否让我们每一个人都产生一份感动——生命来之不易，需要加倍珍惜。轻视生命的人，是否也应该从中得到一些感悟？不漠视生命，珍惜生命的主题教育，是不是也可从断枝自接中形象地得到？“十年树木，百年树人”，德育是学校教育工作中的重要组成部分，蔡老师的讲座让我明白了教师除了要努力在自己的学科教学中渗透德育，还应努力在日常生活和学习中去寻找对学生身心有益的德育资源。一旦有了这样的思维习惯，就能给德育带来更精彩的内容，更多样的德育教学方式，这样才能充分发挥德育在学校教育中的作用，帮助学生树立正确的世界观、人生观、价值观，从而成就美丽人生。蔡老师的讲座犹如一剂强心剂，让我对班会课、对德育工作充满信心！

曾经看到这样一句话：名师是大树，能改善一方环境，且在枝叶间闪动精彩。我想，蔡桂琴老师就是这样的名师，她让我们领略了专家型教师的风采，感受到了她对学生、对教育、对语文那深情的爱，感受到了她身上所透露出来的无穷的知识力量。今后，我会带着这份宝贵的收获认真钻研自己的教学工作，提升自己的专业素养，亮丽自己的教学生涯。路漫漫其修远兮，吾将上下而求索。

“手拉手”活动交流心得

临夏市单子庄小学　陈　红

这次非常有幸参加单子庄小学与厦门思明区实验二小开展的“手拉手”结对活动。厦门和我们临夏两地各八名学生及其家庭参加结对。

参与结对的厦门家庭来到我们临夏市单子庄小学开展结对活动，向我们学校捐赠了2000册图书和40套棉衣。最重要的是，结对学生相互认识了解，互赠礼物，开展活动。在此次活动中，让我受益匪浅的是，了解到了厦门小朋友课外书的阅读单。深深为他们的阅读量之大而感到震惊，更值得一提的是，他们除了学习，还精通其他特长才艺。这让我有了很强烈的危机感，看到了自己与他们的差距。

不单单如此，随后厦门家庭分别深入我们临夏学生的家里走访，相互了解生活环境和家庭教育环境。厦门家庭针对如何有效地教育孩子和合理发展学生特长给出了大量的建议。由于生长生活的地域经济水平方面的不同，我注意到厦门家庭对于孩子教育方面的重视，以及对孩子特长方面的发展。通过与厦门小朋友们谈论，我了解了他们的课余生活。最重要的是，我发现他们有合理的作息时间。假期期间，既有对文化课方面的扎实学习，也有自己喜欢且精通的一门才艺的学习，还会参加一些自己力所能及的社会公益活动，真正地做到德智体美劳全面发展。

而且，他们为我们讲述了厦门的地理位置与气候特征。我感到奇特之余，也对外面的世界充满了憧憬。我心里的念头更加强烈，好好学习，将来一定要出去看一看，去体会变幻莫测的气候，去广阔的大海边追逐寻找快乐。当然，我们也给厦门的学生展示了各自的学习成果和获得的荣誉，他们也对我们称赞有加。在学校，他们看到了我们的剪纸作品，大加称赞。而且我们还和他们一起去参观了八坊十三巷，他们也了解到了我们临夏的一些特有的风俗。厦门小朋友们也说到了我们临夏真的增长了不少见识，丰富多彩的回族特色、别具一格的回族建筑、能歌善舞的回族小姑娘小伙子，都让他们耳目一新。此次的游学活动不论对我们还是对厦门学生来说，都是有一次意义的学习之旅。

就在去年年底，我们单子庄小学成了思明区教育帮扶对象，思明区投入200万元支持单子庄小学教学楼建设，思明区实验二小与单子庄小学结对，展开全方位的帮扶。而现如今，我们能够坐在崭新的教学楼中，在温暖的教室里聆听老师的谆谆教导，在多媒体设备上了解丰富的知识与精美的图画，还能倾听美妙的音乐，与厦门小朋友一起上课，真的让我自己感受到了“手拉手”结对活动的意义。

我们在 8 月迎来一群新的朋友，他们给我们带来了温暖，也让我在无拘无束的交流与互动中塑造自己的情操，张扬自我，深化友谊，而且厦门老师在课堂中的“导入”也是如此自然，丰富无比。真的将无声变成了有声有色的语言，在无形之中有形地提高了我们的学习积极性与学习动力。

开阔了眼界，看到了差距，此次学习之旅让我明白自己诸多方面的不足，启迪了思维，坚定了信心。以前总是认为一些才艺表演对于自身发展没有什么帮助，甚至家长和我们学生眼里学习才艺无疑是浪费时间。而正如厦门老师所说的当今社会真正需要的是全能型人才。学以致用，路在脚下，这次活动中，我还发现厦门小朋友的文采及口才都挺好，而他们说多读书、读好书就能真正提高自己的写作水平。而对于我来说，就是要把他们的这些好的方法、正确的观念运用到自己的学习之中。

生活就像万花筒，缤纷精彩，于是便有了那些所谓的快乐、幸福。厦门小朋友们的到来无疑增添了那些快乐，像清风，像雾岚，萦绕在我们身边。他们的到来，送来的不单是惊喜，还温暖、坚定了我的梦想。作为大山之中的孩子，我想走出看看那些小朋友口中外面的精彩。他们给我最重要的礼物——坚定梦想，完成理想的欲望和永不放弃的坚持。此次的交流学习真正使我得到了成长。未来的日子我们与厦门小朋友一起加油！

与厦门朋友交流后的心得体会

临夏市单子庄小学　张军伟

2018 年 8 月，单子庄小学迎来了远方的贵客——厦门思明区实验二小的学生及家长，有幸能与沿海城市的朋友们一起进行“手拉手”结伴活动。此次活动让我们不仅获得了友谊，也对我未来的发展给予了莫大的帮助。

认识这些好友，首先要从厦门对我们学校的资助说起，两年前，在从校门通往教学楼的小径两旁耸立着葱郁的松树，小径一侧便是洋溢着欢乐的幼儿园，虽然幼儿园的建筑形式是我们北方常见的平房，但四周的墙面上画有色彩缤纷的卡通人物及花花草草，相较城市中的幼儿园可能有点小，可小朋友们仍然玩得极其开心。

白色的教学楼里有教室、图书室、计算机室，图书室中的图书琳琅满目，借书的同学也很多，这些是我们所自豪的。不过每当严冬来临，就会看见同学们在课堂中举起的卷曲的手，即使教室中有火炉，可也是杯水车薪。

快乐的课间

厦门朋友的到来，可谓是为这年冬天雪中送炭，如今的幼儿园好似童话中的城堡，图书室在被同学们借阅了不知多少次的泛着黄色的旧书之间新添了一本本从未见到过的书。闲暇时还可以听到老师在崭新的钢琴上面弹出的美妙的琴音，课间如果不去周围铺有花草的操场奔跑，也可以在花香四溢的楼道里浇浇花，看看书，并且在寒冷的冬天看到的同学专心致志听讲的温馨画面。再次走进校门，两排金黄的金钱榆耸立着，校园的一切焕然一新。

厦门支教老师走访家庭，带来温暖

其次，要说的是与我的新朋友厦门伙伴的交往。记得他们初访我家时，热情的他们带给我精美具有意义的礼物——书本。其实他们带来的不仅仅是这些能看得见的东西，看不见的东西居多，对我的生活环境及家庭教育提出了相当有用的建议，当看到一座友谊之桥（我的杰作）后，他们希望我能在数学上有更大的提升，并建造一个如工程师的远大梦想，与厦门同学交流后，我发现他们性格活泼开朗，英语发音准确，语文阅读量大，普通话标准，这让我产生了极大的危机感，突然意识到自己仅靠老师补给的知识及学校图书室供应的知识是远远不够的，与此同时，父母也察觉要自我提升，为孩子树立一个好榜样，有效地教育孩子，合理地发展孩子的特长。

他们还有两项优点是皮肤白、爱干净，当然这只是所处地域不同所造成的。不过地域不同也造就了两地不同的文化，在简单的交流与认识后，我们踏上了文化观赏之路。

厦门思明区政府投资 200 万元重建的教学楼，瑞诚书屋和思明区侨联青委会捐赠的 2000 册图书、40 套冬衣，竭尽所能为我们营造良好的学习环境，对此我们深表感谢，不仅如此，将来我们也要把这种“美”发扬光大。

对于厦门伙伴在教育方面的建议，我们也应积极采用，并且要树立远大的志向，对未来充满希望，这也是我在厦门同学身上所看到的发光点，永远充满希望、自信、阳光。

厦门的爱心家庭，给予我们更好发展的希望，在良好的学习环境、合理的教育方式下，我们会努力学习，并以厦门同学为榜样，仰望星空，脚踏实地。并祝愿厦门的伙伴们前程似锦，幸福安康。

第四篇

夏天的回响

东西教育协作：“临夏—思明”中学生夏令营开营了

傅龙金

2019 年 7 月 23—27 日，“临夏—思明”中学生夏令营在厦门市思明区未成年人思想道德建设基地开营了，临夏市和临夏县 60 名中学生及 12 名教师将在思明区开展为期 5 天的夏令营生活。

“临夏—思明”中学生夏令营开营

临夏市第一中学的李睿莹说，感谢思明区的领导和老师们搭建“临夏—思明”中学生夏令营这个平台，让她有机会来到 2434 公里外的厦门，感受不一样的人文风景，结识更多的朋友，相互交流、相互学习，加深彼此的友谊，她和小伙伴们都很期待这趟旅程。

营员代表临夏市第一中学李睿莹同学发言

思明区教育工委书记、区教育局局长方勇财在开营时表示，在国家东西部交流协作的政策指导下，临夏、厦门两地交流日趋紧密。这也是思明区第二次开展夏令营活动，今年老师将带着同学们走进博物馆、科技馆和大学校园，去感受鼓浪屿的诗情画意、厦门大学的浓郁书香、闽南的民俗风情，开展科技体验、才艺展示、登山远足等特色活动，希望同学们能感受不同地域文化艺术的不同魅力，感受祖国文化的丰富底蕴，陶冶自身的爱国情操。同时，他希望同学们能发扬乐观向上、积极探索的精神，遵守营规营纪，培养团队意识，认真主动完成研学任务，展现中国当代学生的精神风范，在夏令营活动中能有所得、有所获。

厦门市思明区教育局方勇财局长致辞

今年“临夏—思明”夏令营活动涵盖了文化、科技、体育、思想道德等多个内容，鼓浪屿文化、厦门大学研学活动，参观厦门科技馆、厦门奥林匹克博物馆、思明区“红色剧场”、夏令营联欢晚会…… 相信参加“临夏—思明”夏令营活动的同学们都会拥有一个难忘的记忆。

龚书鑫老师做了题为“品天风海涛，赏诗情画意”的讲座

参观厦门大学海洋科技博物馆

参观厦门大学

参观厦门大学校史馆

参观厦门科技馆

全体营员和领导、老师们合影

据悉，此次“临夏—思明”中学生夏令营在厦门市思明区委宣传部的指导下，由厦门市思明区教育局、临夏州临夏市教育局、临夏州临夏县教育局共同组织开展，厦门市思明区青少年宫、厦门市思明区未成年人思想道德建设中心承办，为更好地落实东西部扶贫协作厦门市思明区教育局对口帮扶临夏州临夏市和临夏县教育工作，加强两地教育交流，本次夏令营活动得到了爱心企业安踏体育用品集团大力支持，为来厦参加夏令营的同学和老师提供全套营服营鞋。

自两地建立教育对口帮扶以来，思明区教育局已推进 13 所学校与临夏州学校展开结对帮扶，聚焦教育管理、课堂教学改革、师资培训、教学研究、资源共享，全方位推动教育精准帮扶工作取得实效。此前，思明区教育局选派 8 名优秀骨干教师到临夏州开展为期一年的长期支教，24 名优秀骨干教师开展为期一个月的短期支教，39 名校（园）长及骨干教师开展为期一周的送教送培活动。

此外，据统计，近 2 年，临夏州教育局选派校长、业务骨干教师到思明区开展跟岗培训 500 多人次。2019 年临夏州有 12 名教师在思明区学校挂职一个月，48 名骨干教师跟岗一周。

飞越千里，只为这一次相聚

——记 2019 年暑期临夏州师生来厦夏令营

厦门市第九中学 张欣怡

每年暑假，由厦门市语委办、思明区语委办主办，厦门市第九中学承办的厦门市中小学生语言文字规范化夏令营活动（初中营）在厦门九中徐徐拉开序幕。

语言文字夏令营开营仪式

2019 年 7 月，我校德育处举办的第 29 届厦门市语言文字规范化夏令营迎来了 19 位来自临夏州的优秀教师、学生代表，他们飞行了 2000 多公里来到厦门，开启了他们 5 天 4 夜的厦门之旅。通过此次活动，同学们对“祖国的语言文字和闽南文化”都有更深的认识，懂得如何更加规范地使用语言文字，更加深入了解了闽南地区的风土人情、民风民俗。

19位来自临夏州的优秀教师和学生代表参加厦门市第九中学语言文字夏令营

校内两天的活动主要是厦门市教育局语委办廖河树教授的语言文字法规报告、许宗和老师的语言文字规范化知识讲座以及九中苏少熙老师的闽南语讲座。值得一提的是，在厦门电台的黄丽嘉老师主讲的“语言的晕轮效应”上的一次即兴朗诵表演，这些临夏的孩子们各个身怀绝技，踊跃上台展示风采。几个小学生跃跃欲试，在胆识与技巧方面，一点也不比厦门的中学生逊色，并且得到了台下老师与同学的认可。

厦门电台黄丽嘉老师主讲“语言的晕轮效应”

临夏的学生积极参与即兴朗诵表演

第二天参观布偶戏传习中心、歌仔戏研习中心，让孩子们意犹未尽。

全体营员参观歌仔戏研习中心

参观布偶戏传习中心

第三天，在厦门岛外游学的过程中，由于厦门湿热的气候与西北的大不相同，有一名孩子身体不适应病倒了。此时，恰逢市教育局语委办缪秋华老师正联系我校带队老师关心同学们的活动情况，一听这个情况立刻打车到岛外，与我校德育干事周文梅老师一同带着生病的学生到附近的医院就医，还亲自掏腰包为孩子支付医药费用和交通费用。而我校吴少杰老师则继续带领着队伍与剩下的同学们继续走完一天的行程。

参观陈嘉庚纪念馆

四天充实的行程走完后，同学们收获满满，有的满怀期待回去与家人、朋友分享在厦门遇到的新鲜事物，有的孩子依依不舍还想在厦门多玩几天。

游览厦门中山路步行街

然而，天下没有不散的宴席。最后一天还是如期到来，临夏州的孩子们带着浓浓的喜悦与满足，和些许的不舍与遗憾踏上了返程之路。

飞越千里，只为这一次相聚！不，让我们期待未来更加紧密的联系，来年我们再见！

厦门，你好

临夏市第一中学　杨国霞

明媚的春光携带着阵雨匆匆离去，气温骤升，一时闷热异常，一场暴雨马上驱走热浪，顿觉清凉。盛夏时节，借“临夏—厦门思明中学生夏令营活动”的东风，我有幸成为一名带队老师参加了此次活动。五天的时间匆匆而过，若要对这几天做一个总结，只有一句话——出发时轻轻松松，是愉悦的心情；归来时沉甸甸，是满满的收获。没有华丽的语言，没有高深的见解，有的只是我的一些真情实感……

“夏日炎炎似火烧”，用来形容厦门的夏天刚刚好，到达时虽已是深夜，但一下火车就感受到了厦门的“热情”。未来得及细细体味，便匆忙睡去。让人感动的是，在这个陌生的城市，我、我的同事和我的孩子们都被厦门的老师安排得妥妥当当，他们丝毫不怕麻烦，认真耐心地解决我们遇到的每一个问题。我在一片温馨中沉沉睡去。

晴空中的太阳没有一点羞涩与拘束，它尽情地舒展阳光与热力，让每一个角落都洋溢着夏天的风情。第二天正式开始了此次夏令营之旅，在思明区未成年人思想道德建设实践基地举行开营仪式。龚书鑫老师那时而平淡、时而慷慨、时而悲愤的话语带我们切身体会了鼓浪屿的前世今生，历史的痕迹让学生们在研学鼓浪屿时脚下多了几分沉重，心头更是多了几分敬重。吃过午饭，龚老师化身导游带我们参观了鼓浪屿，炎炎夏日，汗水打湿了龚老师的衬衫，我很好奇眼前的老人为什么在花甲之年还有如此的精力与热情，便随口问了下同行的厦门老师，他说了很多，我想借用艾青的话来总结，“因为我对这片土地爱得深沉”。夕阳西下，一个老人领着一群孩子，老人在讲，孩子在听，这就是传承。

一天的行程结束，大家都累瘫了，学生回宿舍洗漱休息，终于清闲下来的我们坐在楼下聊天，南北文化的碰撞开始了，基地的老师们给我们泡起了功夫茶，让我们也体验了一把南方的茶文化，只是可惜没能让厦门老师们体验一下我们的酒文化。在聊到这次夏令营时，厦门的一位老师说：“这次要是加一个本地学生和临夏学生的互动就好了，把两地学生合在一起，然后分组，在鼓浪屿就地取材制作美食，最后进行评选。”听完我就觉得眼前一亮，好创意！如此有趣的活动连我这个老师都跃跃欲试，对临夏学生们来说肯定意义非凡，可惜时间不允许。事后，我在思考，为什么我没有这样的创意，仅从我自身来讲，是我没有跟上教育发展的浪潮，作为老师的我们不仅要时时扩充自己的知识储备，更要学习新的教育方法，从不同的角度，用不同的方法促进学生的全面发展。果然老话说得好，千秋大业一壶茶啊。

一个城市的大学不折不扣应该成为这个城市的文化元素，此次活动中我和好多孩子最期待的就是厦门大学了。不知是什么时候有了对厦门大学的向往，或许只是一篇文章，它是这样介绍的，“厦门大学，依山而建，学校里的道路或拾级而上，或蜿蜒宽敞而上，都是向上，向上！”遗憾自己无缘到如此高等学府深造，但此刻脚踩在厦门大学的路上，仿佛自己还是一位怀揣梦想的学子，只想低头看路上坡，踏踏实实地走过每一步。志愿者的讲解，更是让我们领略到了这所大学一草一木之秀丽，一砖一瓦之厚重，也被腹有诗书气自华所折服。看着孩子们求知若渴的眼神，我深知自己肩负的责任之重大，突然，感觉浑身也充满了力量，心中默默地对自己说，“教好孩子们就是你最大的追求”。总之，不虚此行是我最深的感悟。

下午我们到了厦门科技馆。“哇，这里有热带雨林！”“哇，这里有北极熊！”“嗯？这是什么？从来都没见过呢！”孩子们一脸的好奇，一脸的惊讶，他们兴奋地在馆里四处探奇。其实不光是他们，我和同行的几位老师都直呼过瘾。厦门科技馆是厦门市展示“文化之城、艺术之城、科技之城”的重要窗口之一。厦馆里设施齐全，布局合理，以“人类 · 科技 · 和谐”为主线设置了五大展区，分别是“海洋 · 摇篮”展区、“探索 · 发现”展区、“创造 · 文明”展区、“和谐 · 发展”展区、“儿童 · 未来”展区，共计 400 余项展品，并设有动感 4D 影院、飞越影院，在这里，我们得到了许多前所未有的感受……去神奇小屋体验头晕目眩和尖叫连连吧，去 4D 影院里感受视觉冲击和心灵震撼吧，去磁电大舞台参加生动有趣的科学实验吧，去海洋馆探索深海奥秘吧，去创造文明馆真实感受人类创造的热情和智慧吧！ 这里的一切都是那么新奇，那么刺激，我不禁赞叹科技力量的伟大，更为祖国的进步与繁盛深感骄傲与自豪。

“一路欢歌一路笑，盛夏美景醉人心。”真的可以用这样的语言来形容这次夏令营活动。非常感谢厦门和临夏的各位领导，给了我们一个开阔视野、学习交流的机会，从中收获的思想、方法，将成为我人生中积累的一大笔财富。回到临夏，我的心久久不能平静，身居小县城的我大开眼界，同时我也感到许多无形的压力，落后的思想被先进、前卫的思想彻底感染，我急需充电，并且决心要将新思想带给我的孩子们。压力呀，愿你拖着我，蹚过大河，翻越高山，穿过迷雾，去享受阳光。

临夏—思明夏令营感怀

——转身抵达有蜜的芬芳

临夏市第二中学　马秀玲

7月，天高水阔。流光过境。

7月，万物葱茏。绿意盎然。

2019年7月，对临夏州60名中学生来说，更是放飞梦想与希冀的7月。

2019年7月23—27日，“临夏—思明”为期5天的夏令营活动如火如荼。此次夏令营由临夏市教育局、临夏县教育局、厦门思明区教育局主办。21日从临夏市一中出发，经过30余个小时的奔波，23日晚顺利抵达厦门。深夜的厦门灯火辉煌，一路的疲倦摁入闷热与潮湿的空气里，千里跋涉的疲惫已无心欣赏厦门夜景，咸咸的海风裹挟阵阵睡意，停靠在鼓浪屿夏令营基地。

24日上午，“临夏—思明”中学生夏令营在厦门市思明区未成年人思想道德实践基地举行。纯净的天空，深邃湛蓝的大海，娇艳的三角梅，热情的厦门老师……一切那么新奇，那么兴奋。大山的质朴与大海的浪漫在鼓浪屿碰撞出一首和谐美妙的歌。

有人说：“幸福看起来很物质，实际上很精神。有理想，精神生活丰富的人才有幸福感；没有理想，精神生活空虚的人缺乏幸福感。”

聆听

银灰色的头发，海风熏染的皮肤，泛着棕色的健康，格子衬衫、白色牛仔裤，龚教授一点也不像一个上了年纪的人。在大海的吟唱里，龚教授将鼓浪屿的历史、文化、音乐、建筑及山水之美向我们娓娓道来……“品天风海涛，赏诗情画意”的讲座是龚教授为我们精心烹制的一道精神食粮。“四十四桥纪落成，梁空支海渡人行。扶栏百丈水千尺，乐事年年长月明。”随着龚教授的生动讲解，我们深度感受“菽庄花园”的前生今世，感受主人林尔嘉先生的抗日救国、乐善好施的爱国情怀。万国建筑，百年名校……鼓浪屿的每一处风景都是一个美丽的传说，每一幢建筑都有深厚的文化内涵。在龚教授热情洋溢的讲述中，我们对景点的渴望愈加迫切。鼓浪听涛，天风海韵。在这个炎热的7月，文化与感恩的情愫在孩子们内心蓬勃。

饱览

青灰色的砖与粉墙黛瓦极致融合，古老与时尚并存。万国建筑博览馆，是鼓浪屿中西文化交流的精粹景观。“廓、亭、阁、楼、桥”为主的园林建筑在菽庄花园尤其突出。跟随龚教授的脚步，我们对伟大的建筑群赞叹不已。渡月桥、壬秋阁、蛇岭花苑长廊、十二洞天、人造瀑布、皓月园、毓园……这些建筑或小巧精致，或幽静别致，散落在山坡、海边的绿树丛中，构成鼓浪屿一道亮丽的风景线。山与水相得益彰，树与石彼此依靠，四十四桥的爱情映红三角梅的热情。清的水，蓝的天，圆润与古典的建筑流转在鼓浪屿的四季。飞檐翘角的传统庙宇、闽南风格的院落平房、中西合璧的八卦楼……构成了一幅幅精妙的鼓浪屿图画。

听，海的声音。

听，海涛阵阵诉琴（情）谊。

胡友义，一个视钢琴如自己孩子的人。

鼓浪屿钢琴博物馆正门内悬挂着一张巨大的照片，那是一位慈祥的老人手扶钢琴，露出会心的微笑。老人须发已白，精神矍铄，这便是钢琴博物馆中几十架钢琴的主人，一生呕心沥血发扬钢琴文化的胡友义老人。龚教授手指胡友义老先生的巨幅照片和一架大型钢琴动情地说，胡友义诞生在鼓浪屿，自小喜欢音乐，胡友义的童年在鼓浪屿天风海涛、琴音和鸣中度过。14 岁进入上海音乐学院深造，1965 年赴布鲁塞尔皇家音乐学院学习，自始至终，胡友义始终没有忘记祖国。白驹过隙，时光荏苒，20 世纪 90 年代，年过花甲的胡友义携夫人回鼓浪屿，并将一生收藏的钢琴运回鼓浪屿，建立了中国第一个钢琴博物馆。

漫步在钢琴的世界里，带着尊重与欣赏的眼光，我细细地参观着每一架钢琴，想象着当时胡老先生和夫人历经怎样的困难，把每一架钢琴完好无损地从墨尔本运回鼓浪屿。如果没有对祖国的大爱，和对钢琴的热爱，是很难完成的。驻足在钢琴前，绚丽的木纹、静美的琴架雕刻、洁净的黑白琴键，无一不诉说着胡友义老人一生的心血。这些钢琴见证了历史。龚教授动情地说，鼓浪屿是胡友义生命的摇篮，胡友义是鼓浪屿钢琴博物馆的缔造者。

厦门大学，国家双一流大学。1921 年由爱国华侨陈嘉庚创办。厦门大学依山傍海，校园建筑独特，风景秀丽，被誉为“中国最美的大学之一”。“凌云、凌峰、映雪、芙蓉”，这些让人充满无限遐想的名字出现在厦大标志性建筑上，足以说明它独特的气质。石板铺就的小径，掩映在各种树木之间，美不胜收。在郁郁葱葱的榕树下，瞻仰陈嘉庚与鲁迅先生的雕像，一股向上的气息在环绕着我。厦大是一个历经传奇的学校，陈嘉庚博大的爱国情怀，罗扬才的革命精神，萨本栋的自强不息，王亚南的艰苦卓绝，陈景润的刻苦钻研，鲁迅的犀利深沉，易中天的独特深刻……我想，这就是厦大真正的魅力。

60 名山里娃或凝神聆听，或提笔记之。此刻，一个个奋斗的梦想在青少年的心中渐次明朗、袅袅升腾。

在厦门青少年活动中心老师的带领下，学生们参观了厦门科技馆，实地体验国内最顶尖的科技项目。感受祖国的强大，体会科技兴国的意义。展览共展出 137 种雨林奇异活体动物，以及超过 22600 株的雨林原始植物。同学们或拍照，或讨论，详细地看、仔细地记每一个动植物的特性，生怕一不小心错过。“飞越影院”紧张又刺激的特效场景，是一场身临其境的奇幻动感科技之旅。在奥林匹克博物馆，学生们积极参与，模拟奥运会进场和点火仪式，体会奥林匹克精神。在演武大桥观景台、厦港沙坡尾，听鼓浪涛声，观轮渡海沧，感受渔民自强不息、坚忍不拔的精神，探寻思明文化之根。

26 日晚，孩子们自编自导自演节目，感谢厦门，感恩相遇。已经 66 岁的龚教授说，通过手拉手式的帮扶，不仅可以帮助同学们拓宽眼界，留下美好回忆，更能激励同学们勤奋学习，努力向上。

尾声

是宴席总要散，是相聚总要分离。五天，是短暂的也是漫长的。这五天给同学们带来的是在教室里五年都难以领悟的真谛：独立、自强、自尊、感恩、合作。美丽的厦门，浪漫的鼓浪屿，给予我们太多难忘的回忆。

以一首自己的拙诗作为结语：

太阳蹿出海平面时，
鼓浪屿的清晨热烈亦清澈，
早餐车“吱吱”作响，
豆浆、麻团、茶点，
沸腾在日光岩的缝隙里，
青石板路浸染海水的颜色，
有了蓝色的坦荡，
六姑娘的沙茶面和着鸡蛋花的芬芳，
炫耀一封情酥的温情，
芙蓉花峥嵘白鹭振翅的天空，
泅渡三角梅的春秋冬夏！

相遇在盛夏

临夏市第一中学　王学斌

星光灿烂，而你，更加耀眼；海风习习，而你，更加温暖。刚出车站，你给了我一个深情的拥抱，在这美妙的盛夏，缘分让你我相遇，真好！

漫步在鹭江边，你送来许许凉意，吹起我心中的阵阵涟漪，相距千里，隔不住的，是你我间的亲情，我知道，我已紧紧依靠了你。

第二天清晨，我与各位同学换好营服，准备走进你的心灵，与你共欢乐、同喜悦。我看见远方灯火闪亮着光，在热浪之下披上朦胧的轻纱，处身于庭院之中，我知道，这就是你；这，就是厦门。

2019 年 7 月 24 日上午，我们在厦门市思明区未成年思想道德实践基地举行夏令营开营仪式。然后，龚书鑫老师做“品天风海涛，赏诗情画意”讲座，带领我们走进“钢琴之岛”鼓浪屿的前世今生，了解鼓浪屿的悠久历史文化：参观鼓浪屿的八卦楼，我感动于爱国华侨胡友义先生无私奉献的伟大精神；欣赏菽庄花园，我感触于林尔嘉先生抗日救国的爱国情怀……

在一顿丰盛可口的午餐之后，我们将在龚书鑫老师的带领下亲身感受鼓浪屿的文化之美。走过万国建筑一条街，参观百年名校人民小学，游览鼓浪屿风琴博物馆，感受菽庄花园“补山藏海，海阔天空”的壮丽景象……每一处景色都引人入胜，每一道风景背后都有一个美丽动人的故事。在这艳阳高照的日子里，在这如诗似画的年华中，你，在我生命中划过一道最美的色彩，填补了我人生的空白。

坐在金黄的沙滩上，看着那一望无际的大海，我心中深受感动，却说不出为何感动。

终于，在第三天，我到了梦寐以求的地方——厦门大学，被誉为“南方之强”的“中国最美大学之一”。参观厦门大学校史展览馆，我了解到厦大自 1921 年开校以来的辉煌历程；走进生物博物馆，我学习到有关海洋生物与陆地生物的知识；置身于海洋科技博物馆，志愿者为我们展示了海洋科学史以及厦大海洋学科的发展和历史。

走进厦门科技馆，来一场说走就走的科技之旅。观赏磁电大舞台，感受声光电相结合的精彩表演；观看“飞越影院”，体验紧张刺激的 3D 场景；加入“虫现江湖”主题展，品味雨林动植物的无限魅力。每一次尝试，都是惊喜：当我与朋友尽兴地摇动摇杆，直至一声“巨响”，“火箭”承载着我俩的梦想“冲破云霄”；当我与同学走进“时空隧道”，从晕眩得站不住脚到走过这段“转桥”，我知道我穿越了一次时空；当我播放一段音乐，望着回形针“闻歌起舞”，感受到音乐的强大磁场……惊喜之余，更多的则是感动。

等到第四天，我们在“寻根之旅”中漫步于演武大桥，感受这条盘桓的白龙吞吐流水的恢宏气势；走进沙坡尾，欣赏金色沙滩连成一片的美丽景象；参观厦门华侨博物院，体会陈嘉庚先生的爱国情怀。这一切的一切，都在诉说着厦门不平凡的事迹。

在下午阳光正好、微风正噪之时，我们与厦门奥林匹克博物馆共同度过了一段美好而又不平凡的时光。走上二楼时，我了解了许多关于奥林匹克的历史，站在曾经的领奖台时，我体会到了做运动员的骄傲与自豪。

当我拿着那面小小的旗帜参加点火仪式时，心情无比激动，仪式虽小，却很庄重，每个人的内心都跟着那明亮的火光闪烁，此时，我们所有人的想法应是一致的吧。

仪式过后，我们换上汉服，体验投壶、射箭、高尔夫、台球等趣味项目，在我拉弓搭箭时，有一种说不出的感动萦绕在我心头，很朦胧却挥之不去……

等我们再次回到鼓浪屿时，天色已经红晕，这时我心头突然冒出“夕阳无限好，只是近黄昏”的感慨，面对这美丽的景色，我感到不舍。当我猛然回头看见落日的余晖洒满鹭江时，我才明白，我心中的感动不是因为任何其他东西，而是我的呼吸与你紧紧相连，厦门，这一路上感谢有你！

晚上，我们在红色剧场中载歌载舞，在欢声笑语中完美地绽放光彩，这次联欢会，大家准备了很多意义非凡的节目，“长得丑，活得久……”“高原红，美丽的高原红……”“厦门的时光是无忧的时光，精彩的年月不会被什么改写……”听着这动人的歌声，我的心久久不能平静……

当我们离开时，皎洁的月光洒满大地，正如我们来时一样，虽很安静，但内心却起伏不定，我戴上耳机，观赏着沿途的风景，我想，此刻，我们应是最欢乐的，因为我们收获很多，却也是最悲伤的，看见你送别时为我们悄悄落泪，我感到依依不舍……“远方灯火闪亮着光，你一人低头在路上……”

你我相遇在盛夏，海风吹，阳光照，真好！

感谢厦门

临夏市第一中学　王学斌家长

我家孩子王学斌参加了厦门夏令营回来后，变化巨大。首先在这里我要向厦门思明区的各位老师表示衷心的感谢！

一是开阔了视野。这是我家孩子第一次去远方，他回来时向我们讲述了在外边的所见所闻，他只要讲述起有关这次夏令营的事，总会激动不已，他一边拿着他的相片一边手舞足蹈，为我们诉说着新鲜的事。这次旅游之后，我发现孩子成长了很多，对待一些事情能够用全面的思维判断，原本做事丢三落四、马马虎虎的他如同变了一个人，他能够观察到生活中的一些细节，对待自己的不足也能够加以改正。

二是他的意志力更强了。在初中阶段，原本不懂得团队合作的他有了团队合作的精神，有了很强的班级荣誉感，很多事情都能够换位思考，在家主动帮助我们做家务，讲究卫生。对于他力所能及的事，不用我们提醒，他也能够主动去完成。这次旅游回来后他最大的进步就是自主生活的能力迅速提升，当我们不在家时，他自己的一日三餐不用我们操心，他总是在有空时打扫房间，清洗衣服。

三是他树立了正确的人生价值观。在本次旅行中，受到好学生的影响，他改进了学习计划，在学习上更加刻苦更加钻研，原本在寒暑假他的作业成了一个难题，但在这次夏令营后，不用我们费工夫，他便能积极主动地学习，对未来充满向往，树立了远大的目标，为中考而冲刺。

四是他改掉了不听话的毛病。原本在家我们说一他要说十，净跟我们犟嘴，这次回来后他对我们的教导不再感到厌烦，学会了悉心倾听。我语重心长地告诉他："你需要为自己着想，不能再像以前那样贪玩了。"他笑盈盈地点点头，说："我记住了！"眼中露出坚定的神色，我想，孩子长大了。

我非常感谢学校、国家能够为孩子们提供这么好的机会，也非常感谢老师们对孩子们的鼓励和关怀。这次夏令营旅行为孩子们搭建起了一个成长的平台，也非常感谢厦门思明区对孩子们的照顾。

看到自己的孩子在一个假期能够成长这么多，说实话，我心中感到无比欣慰，最后，在这里请允许我向各位老师、学校与国家表示衷心的感谢和祝福！

难忘厦门

临夏市第一中学　雷文洁

厦门，是我所向往的地方。因为对口扶贫，我的家乡——甘肃临夏，与这个海边城市厦门结缘在一起。现在临夏与厦门之间，已经产生了密不可分的情谊，两地互相交流，是伙伴，更是家人。

曾在八年级时，厦门的老师来到我上的学校，临夏市第一中学，虽只有一周，但是这可贵的一周对我来说受益匪浅。幸听老师讲课，课堂生动有趣，我这个“地理绝缘体”也在那节课后一改往常，更是对地理兴致勃勃。

当我听到我有机会参加“临夏—思明中学生夏令营”时，我的心情真的可以用欣喜若狂这个词来形容，这是我第一次出远门，第一次要到海边，想到能在海边感受阳光微风，可以和同学们拉着手环抱大榕树，四季花开不落，心中的激动与急切交织着，随意收拾几件衣服，恨不得马上就到那里去。

火车上的三天长途，我在急切盼望中度过。下火车的那一刻，我的心里欢呼：厦门，我来啦！

下了火车，坐上大巴，望向窗外，长长的桥架在广阔的海上，高高的楼耸立着。这是一座科技城市，又是一座生态城市，夜幕将降，码头边，我们等待乘船去颇负盛名的岛屿——鼓浪屿！漆黑海面上的鼓浪屿，好似暗黑天空中那颗最亮、最闪的星，光芒引导我们前进，这一幕何尝不是一种美的享受！

当阳光洒到鼓浪屿这个美好宁静的小岛上时，老师和同学们都已穿戴整齐，厦门之旅开始啦！龚书鑫先生带着我们展开了美好的第一天——游鼓浪屿！

鼓浪屿素有“海上花园”之誉，果不其然，岛上无车马喧嚣，处处鸟语花香，有绿树成荫，宛如一颗明珠镶嵌在厦门海湾的碧海绿波之中。沿着石板小道，边听龚先生讲解，边欣赏这如画风景。这一天，我们参观了鼓浪屿八卦楼，了解了爱国华侨胡友义先生无私捐助鼓浪屿钢琴和管风琴的事迹，参观菽庄花园，感受到了“补山藏海，海阔天空”的设计之奇。我喜欢这里，古与今的结合，带给了我美的体验，第一次看到大海，第一次踩在金闪闪的沙滩上，蓝茵茵的海面，让我心中也更加宁静美好，就像海子写的“我只愿面朝大海，春暖花开”。鼓浪听涛，天风海韵，美好于此，夜晚也是枕着涛声入睡。

每一天的欣赏都在熟悉这份美好，感受这场美景与知识交汇融合的旅途。“自强不息，止于至善”，这是被誉为“中国最美大学之一”的厦门大学的校训，在校史展览馆中，学生志愿者为我们讲解自 1921 年建校以来的辉煌历史，我们认识了这位厦门大学创办者陈嘉庚先生，更感受到了厦门大学历史的悠久，享受着文化的熏陶，内心对这所大学的向往之情更是油然而生。

我最喜欢的莫过于科技馆。在“飞越影院”中3D的基础上增加动感座椅与环境特效，我真是从未感受过如此惊险刺激的电影，一场电影好像是在坐过山车，大家直呼过瘾。我与机器人比腕力，在“时空隧道”中穿梭，许多东西对我来说是陌生的，也更是我想尝试的。在这个过程中，我再次为能来到这里感到庆幸，也更加感到骄傲与自豪，这些科技互动项目，彰显的是我们国家的进步与强盛。

这次厦门之旅，我想用两个词来形容：快乐与感动。乐于景，乐于事，乐于物，而动于情。这次带领我们参观并讲解的龚书鑫先生，是从外地专门赶回来的。已经66岁的他在这次夏令营中用生动有趣的语言为我们介绍。太阳烤着小岛，他虽然已满头大汗，还是坚持为我们讲解。到小亭子里，他让我们坐下休息，自己却站在一旁随意擦擦汗，便又兴致勃勃地给我们讲说。到一些著名景点他还帮我们摄影留念，对我们很和蔼。也是因为龚书鑫先生，我们在这次活动中受益匪浅，当时他要走时，我们都很舍不得，此时此刻又回想起您要离开的时候，当时的一个鞠躬又怎能将我们对您的感激全都表达出来呢？再次想对您致谢，谢谢您！

这次的学习交流之旅更是让我感受到了这个海边城市的人情之美。这里的人们热情好客，每个人脸上都挂着笑容。还记得那天早上乘船出鼓浪屿，一位老爷爷和我们同坐在一起，摇着把扇子，嘴里还唱着小调。注意到我后，他主动跟我聊天，他的和蔼可亲也让我们之间的交流十分愉快。当爷爷问我是从哪儿来的，我很高兴地告诉他说：“爷爷，我们是从甘肃临夏来的。”可说完之后便又想到我们这个小地方并不那么引人注目，何况对方是位老爷爷，可能都还不知道呢。没想到他一听我们是从临夏来的，竟比我还激动，他兴奋地告诉我他前不久才从临夏回来，提到临夏的牡丹、手抓羊肉，还有“八坊十三巷”时，更是一脸笑容，还和我打趣说：“那你冬天可得穿厚点喽！”离开时爷爷欢迎我以后常来厦门游玩。与他的交流中，我感受到了厦门人民对临夏人民的重视与交好，两地间的情谊，坚如磐石。

这次夏令营在学生精心准备的联欢会中落下帷幕。到活动最后，我们将每位为这次夏令营辛苦付出的厦门老师请上台，献上拥抱，鞠躬致谢，许多同学都流下了眼泪。我又想起夏令营刚开始的时候，从彼此不相识，因陌生而产生拘束，直到后来的无话不谈，彼此帮助。五天的时间很短，到最后都是不舍与感慨，却又很长，长到我的未来，记忆在我的心中，生根、发芽、长大……

难忘这次旅程，它将会是我最宝贵的经历。我们与美丽的海岛牵起了手，这是相隔2000多公里的厦门市思明区与甘肃临夏牵起了手，“海这边的思明，始终挂念着，山那边临夏的孩子们”，我们也永远不会忘记山海之间的情谊。

山海相逢，遇见鹭岛，难忘厦门！

感谢为孩子打开认识世界的那扇窗

临夏市第一中学　雷文洁家长

我是临夏市第一中学现九年 (13) 班雷文洁同学的家长，2019 年 7 月，孩子很荣幸参加了“临夏—思明中学生夏令营”活动。作为家长，我很为她感到开心。

这次夏令营，给了她一个机会。她遇见了许多人生中的第一次：第一次独自出远门，第一次乘坐过夜火车，第一次去厦门，第一次看海……起初，我们对她更多的是担心，害怕她不适应离家的生活，担心她无法与同学相处得很好，担心她不能照顾好自己。但最后的结果告诉我们，显然是多虑了。

孩子对于厦门，更多的是期待与喜爱。到厦门当天她就给我们发消息，说厦门非常的美丽，与临夏截然不同，是两种“风格”，无论是景观还是气候。在接下来的五天中，每天晚上孩子都会发来一些当天照的照片，兴致勃勃地跟我讲旅途中的欢乐。

“妈妈你看我给你发的照片了吗？今天龚先生带我们观赏了鼓浪屿的风景。”“看，这是菽庄花园……这儿是八卦楼……”“今天我们去厦门大学了哦！我越来越喜欢这个大学了，你说我有机会考上这所大学吗？”……厦门对她来说具有很强的吸引力，每天她的感受都是不同的，对发生的许多事，她有自己独特的见解与我们分享，她也告诉我们自己在那边很好，不用我们担心，我也感觉到女儿真的长大了。

说起厦门这座城市，我心中也是有说不完的话。两年前我也有幸到厦门一游，想起鼓浪屿历史、文化、音乐、建筑、山水之美，心中更是激动。这次孩子的旅程，又让我再一次感受到了鹭岛的宁静美好，有机会的话，我会和家人一起再到厦门，因为短暂的旅程领会到也仅是它的一小部分而已，鹭岛的美并非只是你想的那样，它的美是更深的、更广的、更久的！

我家孩子参加了厦门夏令营回来之后，变化很大。一是开阔了视野，第一次去远方，所见所闻都比较新鲜，对待一些事情能够用全面的思维去判断。二是意志力也更强了，班级的荣誉感也有了很大的提高，很多事情也能主动换位思考，在家里主动做家务，讲究卫生，做自己力所能及的事，同时也锻炼了她独立生活的能力，似乎又长大了不少。三是树立了正确的人生观、价值观。在学习上更加刻苦钻研，积极主动，对未来树立了远大的目标。

感谢老师在夏令营期间对我家孩子的关心、照顾和悉心教导，希望老师能够适当地给他加压，改掉浮躁的毛病。孩子也比以前更加努力学习，在学习上有了耐心，有了坚持。她说，这次厦门之旅，让她明白了，现在的临夏还有很大的发展空间，临夏正在进步，而自己想要做的事情就是未来为临夏更快发展贡献自己的力量，也期望着临夏在大家的努力下走进中国人的视野，就像厦门那样，让更多人爱上！

鼓浪听涛传两地，临风成长又一夏！东西协作帮扶让两个相隔 2000 多公里的地方，思明和临夏紧紧相连，也打开了临夏孩子们认识世界的一扇窗。相信这次夏令营，带给孩子们的，不仅是全新的体验，更是深深的思考！

厦门的时光

——记一段与厦门短暂而唯美的相遇

临夏市第一中学　李国鹏

在记忆中我对厦门的印象只有别人口中的，“城在海上，海在城中。白鹭红花，绿水青山”，一座海天一色、海水环绕、沙滩广阔、阳光和煦、风姿绰约的“海上花园”，而厦门大学是一座花园式的大学，有着南国四季的绚丽，让人怦然心动。可那终究还是从别人口中听说的，始终都无法满足我的内心对厦门的渴望，毕竟“眼见为实”嘛！我一直都期望能够有个机会去厦门看一看，看一看那儿与我们这的差异，一直都想去厦门大学参观学习，体验那里的学习氛围，感受大学的生活气息，看看外面的世界好不好，想去寻找我心之所向，想去寻觅我的人生目标，想去找到我的毕生追求，可是一直都未曾有过机会。

根据党中央关于东西部扶贫协作的决策部署，相隔2000多公里的厦门市思明区与甘肃临夏州临夏市、临夏县成了“兄弟”，也让两地人民成为“家人”，让我们身处异地的“家人”牵起手来共谋发展，共同奔向美好前程。就是这一英明的决策部署让我有机会去圆“厦门梦”。

这不，在这个暑假，在厦门最美、最热情的时节，我们这些来自临夏的中学生和老师跨越了山山水水，不远万里来到了美丽的厦门参加为期几天“临夏—思明”中学生夏令营。

7月22日，我带着许多美好的幻想，踏上旅途，前往厦门，去了结我的心愿，去拨开在我的记忆中关于厦门的朦胧印象上的一层雾霭，去见证那一座“海上花园”，去一睹厦门尊容，去揭开厦门神秘面纱，去那感受非同一般的境地。夏令营在筹备时，思明区考虑到我们中的大部分孩子都没见过大海，都想看看美丽的大海，特意将此次夏令营的营地选在美丽的海上花园——鼓浪屿。

24日上午，“临夏—思明”中学生夏令营在厦门市思明区未成年人思想道德实践基地举行，我们终于可以在心之所向的地方开始属于我们的旅行了。思明区委宣传部副部长、文明办主任蒋晓健，思明区教育局局长方勇财代表主办方，对临夏师生一行表示热烈欢迎，并为我们夏令营活动授旗。

一位年过六旬的老鼓浪屿人——龚书鑫，在开营式后为我们讲述了他眼中的鼓浪屿，让我们了解鼓浪屿的历史、文化、音乐和建筑，听着他绘声绘色的演讲，我内心有种按捺不住的急切，希望能快点开始这场“品天风海涛，赏诗情画意”的鼓浪屿研学游，希望能欣赏到不一样的景致，希望能有许多不一样的收获和感悟，希望能体验到美的意境，希望找到自己最初的那个梦，找到自己的心之所向。我都恨不得停止讲座，马上去鼓浪屿上走一走，体验一下海天一色的美丽风光。听了龚书鑫老师绘声绘色、声情并茂的讲解，我们对鼓浪屿有了深入的了解，不由得连连感叹：能有这样的学习机会，太值得了，感谢学校，感谢时代。

游“鼓浪屿”，品其中之美

在开营仪式后，龚爷爷就带着我们去一览鼓浪屿之美。鼓浪屿是厦门西南一隅的一座历史悠久的美丽小岛，有着“海上花园”“钢琴之岛”“万国建筑博览”之称，2017 年鼓浪屿申遗成功，被联合国教科文组织列入“世界文化遗产名录”。龚爷爷既是我们的摄影师，也是我们的导游。他带领我们去了许多地方，如鼓浪屿钢琴博物馆、菽庄花园等。一边听着他绘声绘色的讲解，一边欣赏鼓浪屿如诗如画的美景，我们都极其享受这里的一切，我们都不想离开这里，想在这永远待下去，都希望这段时光能够永存，都希望时间能慢点，都希望这段时光能永远留在记忆中。当晚我们还观看了一部红色电影，剧中人的举动，更加激起了我们的爱国情怀。

感受“南方之强”，品味厦大风采

25 日，我们如愿以偿，前往花园式的大学——厦门大学，开始了一场圆梦之旅。行走在厦大，我们欣赏着美景，颂恩楼、芙蓉湖……无不深深印入我们脑海中，不禁心潮澎湃：不愧为全国最美之一的大学啊！这树，这湖，这建筑，无不使我们赞叹，无不使我们向往，无不使我们沉醉，无不使我们驻足观赏。此景只应天上有，人间难得几回赏啊！要是自己能够考上这样一所大学，那么此生便无憾了。愿我能够为自己说过的话负责吧！随后我们走进了生物、海洋科技博物馆，在讲解员的详细讲解下，我了解到许多关于生物方面的知识。看着讲解员精致的演讲，我不禁羡慕起在这学习的学生，羡慕能够生活在大城市的孩子们。这一切给我确定人生目标提供了一个很好的参考，使我如梦初醒，体会到努力学习的目的，获得了学习的动力，驱使我为了目标而努力。

下午，我们前往厦门科技馆，科技馆紧紧围绕“人类・科技・和谐”的设计思想，设计了“海洋・摇篮”“探索・发现”“创造・文明”“和谐・发展”“儿童・未来”五大主题展馆，对人、科技、自然的关系进行了更为透彻的阐述，这更加激起了我对科学的向往与喜爱。这里面的一切使我们大开眼界，直呼过瘾。我们看到了许多未曾见过的东西，学到了许多东西。走进磁电大舞台，我领略到了磁电带来的奇妙现象；走进“虫现江湖”，我认识到动物在室内一样可以生活得很好；走进 4D 电影院，观看电影后我们都感到刺激、过瘾，加上椅子的摆动、风的吹拂、绳子的抽打等效果，我们身临其境。

感受厦港文化，寻访“厦港印记”

26 日，我们前往沙坡尾寻觅厦港印记。我们得知了许多关于厦门历史的知识，感受到闽南“讨海人”的可贵精神，体会到渔民自强不息的精神。前往华侨博物院，在欣赏了文物以后，我们感受到华侨的中国心、爱国情，由此也激发了我们的爱国热情，立志要为中华之腾飞而不懈奋斗。下午，我们前往国际奥林匹克博物馆，一睹奥运风采，重温奥运风度，感受奥运精神，体验投壶、射箭等趣味古代运动。在这里我仿佛穿越到古代参加运动会，和历史一起见证奥运的发展历程，体验古代人对运动的钟情，感受古人在运动中的快乐，理解古人运动的初心。

时光飞逝，这次夏令营活动就在我们的惊奇、欢笑和赞叹中结束了。最后，我们这 60 多个孩子自编自演了一场联欢晚会，虽然不算太精彩，但是同学们在舞台上大放异彩，都在尽力表演，都在努力留给厦门一个好印象，都想表达自己的惜别之情。

27 日，我们乘上火车，驶往久别的家。再见了，厦门。再见了，这一段在厦门简短的时光。厦门，等着我，不久以后，我还会再回来的。

真是一次难忘的旅行，在看到了这里的人、这里的景、这里的一切后，我想认真并负责任地说：“直到今天，我才在迷茫中找到了自我，找到了我的生活，找到了我的人生目标，找到了我的价值，找到了一件我心中一直想去做的事——我得好好学习，学习能够改变许多人的命运。很多人可能一辈子都走不出自己的家乡，而我相信通过努力拼搏，终将走出临夏，走出甘肃，奔向美好前程，拥抱美好未来。感谢我遇到了我自己，遇到了我身边的一切，遇到了这个好时代。我们生而平凡，就可以认命吗？不，我应该选择自立自强，选择努力地学习。请记住，努力，听起来简单，却是我们应该用尽一生去理解学习并掌握的。希望我能对自己说过的话负责，希望我能为了自己极力去改变自己，希望我现在努力能够改变我的将来。高考，虽说还有三四年，但是我想去理想的大学，实现最初的那个梦。现在就必须拿起笔，拿起书，努力地学，为梦想不顾一切地拼搏，为理想坚持不懈地奋斗！光喊口号是空洞的，将梦想和目标付诸实际，那才是一个追梦人真正应该去做的。”

感谢厦门，让我在认识你之后拥有了美好的时光。愿我能为梦倾尽所有，努力追梦。一生的追求，幸相遇。

研学以后孩子的改变

临夏市第一中学　李国鹏家长

近年，根据党中央关于东西部扶贫协作的决策部署，相隔2000多公里的厦门市思明区与甘肃临夏州临夏市、临夏县成为“兄弟”，也让两地人民成为“家人”，让我们身处异地的“家人”牵起手来共谋发展，共同奔向美好前程。通过对口帮扶这个平台，孩子靠着自己努力，获得了可以去厦门参加夏令营开阔眼界、锻炼自己独立自主的机会，并且能够去参观无数学子向往的厦门大学。

研学回来后，孩子改变真的很大。以前总是邋邋遢遢的他，现在学会了自己照顾自己，给迷茫的自己定了学习目标，能够独立自主地学习，增强了自信，变得更加自强，坚定了自己的志向，对自己的未来也有了一个更加清晰的认识，意识到自己以后的竞争将会有多么激烈；树立起自己学习的榜样，并努力向榜样看齐，努力成为更好的自己；学会怎样在这个竞争激烈的环境中适当放松心情，调节自己，让自己不会因为情绪烦躁而失去原有的一切，明白了“会休息的人才会学习”。回来以后他说看到龚书鑫爷爷拿着照相机记录美好，很享受，也想有自己的照相机，想要在拍摄美好的过程中，慢慢陶冶自己的情操。孩子变得开始积极主动参与社会实践活动，自发地走向自然，走进社会，并且能够融入其中；学会了感恩，能够意识到父母平时付出的艰辛，明白了父母的良苦用心，理解父母对自己的爱，并能够体谅父母，通过一些力所能及的事来表达自己的感恩和爱；意识到这个世界也需要自己付出创造，想要在征途中坦然面对一切磨难，使自己得到磨炼，得到升华，明白“人生的意义在于磨炼”；对待生活和学习的热情更加强烈，想要充实地度过每一天；更加珍惜自己的友谊，人际交往的能力也变得更好；有了团队意识，团队协作能力得到提高，学习到团队配合的技巧，感受到团队荣誉感，体会到集体的温暖，并能主动加入集体……总而言之，好像参加完夏令营，他整个都变了个人似的。

自古以来，我国书香墨客增长见识、提高学问的方式便是“读万卷书，行万里路”，不仅如此，许多古代人士在学有所成之后，依然坚持外出游历，阅遍祖国的大好河山，体会各地的风土人情，精益求精，成就非凡。因为世间万物皆学问。随着年龄的增长，我们的孩子，甚至连同我们自己，变得越来越没有想象力，越来越不敢表达自己的想法。试想一下，如果没有了想象，世界将会怎样？见识决定了眼界，眼界决定了未来，

所以只有让受教育者主动思考，有自己的主见，做出适当的选择，才能激发他们主动学习的愿望，培养他们主动思考的能力，并通过正确的学习方法，达到最佳的学习效果。

读万卷书不如行万里路，行万里路不如阅人无数。纸上得来终觉浅，识人阅人经历世事还需通过行万里路去获得，在这里的“行万里路”可以理解为实践经验，而非要到处漫无目的地奔波，所有事情只有亲身感受才能感悟到其中的奥妙。

从厦门回来以后，我发现他在慢慢成为我心中所期望的那个样子。我曾问他，以后想要考什么大学，他不想回答，只是一而再再而三地逃避，自始至终都无法给我一个明确的答案，我想可能是因为年纪太小了，就没有多问。可是在这次参加完夏令营回来后，他却主动跑来对我说，他确定了自己的目标，明确了自己的志向，并且下定决心要为那个目标竭尽全力。听到这我是多么欣慰啊，我想：只要他愿意，我愿意全力支持。我也想告诉他：“虽然这过程注定充满了酸甜苦辣，但在这个过程中，你将学会怎么做人，你将学会怎么做事，在这个过程中学到很多东西，最大的收获便是通过自己的努力让自己变得幸福了，而这种幸福是广义的幸福，不仅仅限于什么财富，内心的这种幸福感，是真正的幸福，是奋斗以后的欣悦。”

我希望他能读很多的书，学很多的知识，走更长的人生道路，并且在追梦的这条路上越走越远。

“厦门行”心得体会

临夏市第三中学 沈 雷

2019 年夏天，我有幸参加了“临夏—思明”中学生夏令营。夏令营虽然只有短短的 5 天时间，我却体验了很多新事物，也收获了很多的感动。

在夏令营的几天里，我感受到了鼓浪屿的诗情画意，厦门大学的浓郁书香，科技馆的新奇体验，奥林匹克的庄重仪式……度过了美好而又难忘的夏令营之旅。

首先要感谢厦门市思明区的领导和临夏市的领导，让我们临夏的学生有机会到厦门，感受不一样的生活。我们临夏位于大西北的深处，在大山里长大的我们大部分都没有见过宽广的大海，而这次参加夏令营让我们见到了蔚蓝的大海。

30 个小时的火车不仅没有磨灭我们的热情，反而让我们对厦门之旅充满了期待。到厦门时已是深夜，但是海风吹散了我们的疲惫，大家对接下来几天的旅程充满了期待……

在开营式上，领导和营员代表的讲话慷慨激昂，激起了我们对于探索鹭岛的热情。接下来的几天里，我们一一体验了鼓浪屿研学之旅，探索鼓浪屿的历史、文化、音乐、建筑，畅游八封楼、菽庄花团，感受鼓浪屿的诗情画意。

走进厦门大学，感受“南方之强”所散发出的浓郁的书香气息。厦门大学是中国最美丽的大学之一，依山傍水，临海听涛，人文气息浓厚。我刚踏进厦大时，就被它震撼了，第一印象就是大，我从未见过的大，从未想过的大。然后，我就被它的魅力深深折服。我们跟随老师参观了厦门大学，其中给我感受最深的是厦门大学校史展览馆、近现代文学馆、生物博物馆和海洋科技博物馆。一天的参观时间我学到了很多以前接触不到的知识，文学、海洋、生物以及厦门大学的校史等各个展馆使我陶醉其中，受益良多。

厦门科技馆中，在志愿者的带领下，我们体验了国内最顶尖的科技互动项目，我们观水钟、走进时光隧道、观察珍奇昆虫、体验 3D 电影。其中我最喜欢的要属“飞越影院”了，它在 3D 的基础上增加动感座椅及环境特效，让我们体验到了惊险、紧张又刺激的场景，身临其境感受奇幻动感的“科技”，让我们赞叹不已。

而在厦门奥林匹克博物馆，我们模拟奥运会进场和点火仪式，还体验了古代趣味运动——投壶。点燃火炬的时候，我内心无比激动，虽然仪式很小很短暂，我却感受到了祖国的强大和作为一名中国人的深深自豪感……

我们还到了演武大桥观景平台，它位于演武大桥演武路立交的外侧，由三座浅桥和一处观景平台构成，在观景台上面，我们更好地欣赏到了美丽的大海，远观鼓浪屿，眺望日光岩……

为了更好地感受厦港文化，我们还走进了沙坡尾。沙坡尾是厦门港的源起之地，从清代起就作为避风港，其名来源是因为这是一大片沙滩的最末端，而且各处的沙子都会流到这里来。早期的厦门港是一处弧形的海湾，这一带海湾呈月牙形，金色的沙滩连成一片，故有“玉沙坡”美称。最后我们寻访了“厦港印记”，感受到了闽南“讨海人”自强不息、坚韧不拔的精神。

在夏令营的最后一晚，我们举办了一场联欢晚会。参加夏令营的师生们精心准备了节目，展示自己的才艺。唱歌、朗诵、跳舞，在有限的准备时间里，大家充分发挥了自己的才智，团结一心，呈现了一次难忘的视觉盛宴，为夏令营画上了一个完美的句号。

在去厦门夏令营的这五天，对于我们来说，这是一次非常难忘的经历，也是一次挑战自我的机会——第一次独自出远门，第一次乘坐过夜火车，第一次来厦门，第一次参加夏令营，第一次看见大海……从刚开始的不适应到最后的舍不得。这次活动我不仅体验到了新事物也认识了很多新朋友，跟他们从一开始的不熟悉到最后的无话不谈，关系不断拉近，收获了真挚的友情……

这次厦门行，我见到了很多在大西北见不到的景色，感受到了不同的民风民俗，学到了书本上没有的知识，交到了很多新朋友……收获了友谊，收获了欢乐，收获了感动，收获了成长。我深深地感受到了临夏与厦门的经济之间的差异以及学生学习环境的差异，我们身为临夏的学生更能体会到这种差距将会对我们每个人产生的深远影响。在这种文化的差异与经济的差距下，我们更要努力学习，改变自己，提升自我，以后，到更大的舞台展现自己，去更广阔的世界实现自己的理想。相信这一段旅程将会伴随着我的成长，成为我记忆中难忘的一部分。

曾经那一瞬间的感动

临夏市第三中学 常 昊

回忆是人的财富，正是因为有它，人才会有积极向上的心态去迎接每一天。无论回忆是怎样的，都对事后的你有很大帮助。而对于我来说，最好的回忆就是 2019 年的暑假去了相距 2000 多公里远的厦门。这段经历让我回味无穷。

打开那本《临夏—思明中学生夏令营纪念手册》，五天内所发生的事情至今仍历历在目。虽然这手册很薄，而我们在厦门也仅仅经历了五天的时间，但在这五天内确实有很多一瞬间的感动，令我回味无穷。

首先，关于厦门这座城市，之前我也仅仅是从书中有所了解，对这个地方的印象来自自己的想象和书上的图片。而这一次，是我近距离地接触厦门，亲身经历的一切都无比真实。美好的岛屿诗情画意，每走一步就感觉这走动的旋律是如此美好。当看到鼓浪屿后，我非常激动。风景秀丽的鼓浪屿，已经被列入“世界文化遗产名录”，是一座平和安宁的钢琴小岛。至于问我为何而感动，大概是因为我是大山里的孩子，之前从未见过大海吧。当我领略大海的美景时，心中油然而生一股自豪之情。

菽庄花园景色秀丽、飞檐翘角，小桥流水、淡雅高洁，我不禁心潮澎湃，一时兴起，吟诗一首：

游菽庄

一亭直立板桥间，
桥背倚有日光岩。
眼望湖中鱼儿舞，
似与游人同乐和。

随后，我们来到了厦门大学。厦大成立于 1921 年 4 月 6 日，由陈嘉庚老先生创立，我们在陈嘉庚先生的雕像前合影留念，同时也参观了建南大会堂和上弦场。接下来，我们参观了厦门大学生物博物馆，馆内布展设计主要从海陆空的方面展示：第一层是以南方的海为主的海洋生物，如鲸、龟、豚、贝壳、珊瑚等；第二层以北方的山为主的陆地生物，如虎、牛、熊猫等；第三层主要是鸟类，它贯穿南北，许多鸟类在春天时飞回北方繁衍生息，而到了秋天便又飞回南方过冬，南北相互联系。正如同我们一样，从西北的甘肃到东南沿海的福建。看到这些，我十分感动。只有全国上下团结一心，我们才能实现中华民族伟大复兴中国梦，把我国建设成为富强民主文明和谐美丽的社会主义现代化强国。

在游览完历史悠久的厦门大学后，我们去了厦门科技馆。在那里，我体会到了科学的神奇。电与磁是物理学中很重要的两大学科，而电与磁的相互作用，既可以产生声波，也可以在其他方面给人们带来惊奇的效果。当我们进入“飞越影院”时，体会了惊险紧张而刺激的场景，令我相当震撼。而在“虫现江湖主题展”中，我们见到了很多热带雨林的动植物，这真的是难得的学习生物的好机会。这次的主题展让我大开眼界，也让我认识到了科学技术的神奇魅力。在领略科技馆的魅力之后，我们又去参观了厦门华侨博物院，领略五千年中华文明中的灿烂瑰宝。在博物院中，我又一次被中华文明所深深震撼，这一次博物馆之旅，令我大开眼界，受益匪浅。我深刻地认识到，只有努力地学习，坚持不懈地付出，才有可能走出大山，去领略外面精彩的世界，才会在未来更好地建设我们伟大的祖国。

只有领略过山的深沉与海的博大，才会具有像高山一样深沉的气势和深海一样的深沉。尽管有时我们的条件不足以让我们领略山海之气，但只要心中有梦想，永远保持一颗探索世界的好奇心，敢为人先，追求卓越，我们就能成就精彩人生。

正是因为我们有梦想，使得临夏与厦门用梦想这条纽带紧紧相连。梦想，打开了临夏孩子心中的窗户。

曾经一瞬间的感动，让你微笑着面对往后的每一天。回忆是财富，这种财富是一种鼓舞，让你在感到困倦、疲惫的时候重新获得力量，重新去拼搏，你将运用回忆去创造自己想象中的一片天地。

现在，好好努力，你走过的一切都是故事，等你到达时一一讲给他听。或许，我会对自己说：“你已经在路上了，走下去，不要停，不要迟到了。”